목간으로 백제를 읽다

목간으로
백제를 읽다

나뭇조각에 담겨 있는
백제인의 생활상

백제학회 한성백제연구모임 지음

사회평론아카데미

책을 펴내며

'문자 자료로 백제를 읽다' 시리즈의 두 번째 책인 『목간으로 백제를 읽다』를 내게 되었다. 『금석문으로 백제를 읽다』 이후 6년 만의 공동작업 결과물이다. 이 책의 집필진은 현재까지 백제에서 나온 모든 목간에 대한 판독 작업을 거쳐, 함께 검토할 주제와 그에 걸맞은 대표 목간을 선정했다. 그리고 이어지는 집필과 윤독을 위해서도 오랜 시간을 함께 보냈다.

목간이란 종이가 보편화되기 이전 시기에 문서 작성을 위해 쓰인 나뭇조각으로, 대개 나무를 기다란 모양으로 깎아 만들었다. 중국과 일본에서는 엄청난 수량이 발견되었지만, 안타깝게도 우리나라에서는 발굴조사 과정에서 오랜 기간 놓친 자료이다. 1975년 안압지에서 처음으로 신라의 목간이 수습되었고, 백제의 목간은 1983년 부여 관북리에서 최초로 모습을 드러냈다. 그러나 오랫동안 백제의 목간에 대한 관심은 크지 않았다.

백제 시대의 목간이 본격적인 연구 대상이 된 것은 1999년 부여 궁남지에서, 그리고 2000~2002년 부여 능산리사지에서 목간이 대량으로 출토되면서부터이다. 2006~2008년에는 백제의 수도 사비가 아니라 지방의 행정 치소治所였던 나주 복암리에서 다양한 크기와 형태의 목간이 여럿 발견되었다. 나주 복암리 목간이 고대

사학계의 뜨거운 이슈로 떠오르면서 목간을 이용한 백제사 연구가 활기를 띠었다. 2018년에는 부여 쌍북리 유적에서 논어 목간이 출토되어 백제의 문자문화에 대한 관심이 더욱 커졌다.

목간은 바로 그 시대에 살고 있던 사람들이 남긴 생생한 문자 자료임이 분명하다. 하지만 남은 기록이 단편적이어서 사료로 활용하기에 한계가 있다. 또 오래된 유물이다 보니 여기에 쓰인 묵서墨書를 제대로 판독할 수 없는 것도 많다. 그나마 적외선 사진 판독이 가능해지면서 연구의 진전이 있긴 했지만 글자 판독을 둘러싸고 여전히 의견이 분분하다. 이러한 어려운 여건에서도 백제의 목간을 소개하고 판독과 해석을 곁들인 자료집이 출간되었으며, 몇몇 분야에서는 백제의 목간 자료를 이용한 학계의 연구가 꽤 심도 있게 이루어졌다.

그러나 아직도 일반인에게는 백제의 목간 자료가 낯설기만 하다. 이에 집필진은 그간의 백제사 연구에 기반하여 단편적인 목간 자료를 어떻게 쉽게 소개할 수 있을지 고민한 끝에 이 책을 꾸미게 되었다. 백제사를 복원하는 데 중요한 단서가 되는 목간이란 무엇인지, 백제 목간에는 어떤 것들이 있는지를 소개한 두 편의 글을 포함해서, 다양한 목간 자료를 통해 백제의 '정치와 경제', '사회와 문화', '종교와 신앙'을 살필 수 있도록 총 16편의 글을 마련했다. 여기에는 목간을 통해 백제사를 새롭게 해석해 낸 흥미로운 주제도 있고, 기존과는 매우 다른 시각과 해석을 들려주는 주제도 있다.

'정치와 경제'에서는 외경부外椋部와 서부西部 후항後巷이라 기록된 목간을 토대로 백제의 중앙행정기구와 관등명을 비롯해 사비도성의 행정구역이 어떻게 조직되어 있었는지를 들려준다. 특히 나주 복암리에서 출토된 목간을 활용하여 백제의 지방 지배 방식을 살폈는데, 세부적으로는 호적 목간을 통해 당시 백제 사람들의 인구 조사 방법과 세금 수취 방식을 들여다봤다. 또한 대사촌 촌락 관련 목간을 통해서는 토지의 활용 방식뿐 아니라 당시 사람들이 무엇을 주로 재배했는지에 관한 이야기를 들려준다.

'사회와 문화'에서는 도성에 필요한 약재를 운반해 온 약아藥兒들에게 식미食米, 즉 식량으로 쌀을 지급한 현황이 기록된 목간을 통해 백제의 의약 관련 관직과 제도, 당시의 도량형을 살폈으며, 또 곡식을 대여하는 임무를 맡은 관청이나 관직을 뜻하는 좌관佐官에서 대식貸食, 즉 곡식을 빌려준 목간 기록을 토대로 백제의 구휼 제도에 대해 알아보았다. 그와 더불어 목간에 언급된 이름을 통해 백제 사람들이 어떻게 인명을 표기했는지 소개하였으며, 시가詩歌와 서간書簡 형식을 띤 목간으로는 백제의 문자문화에 대해 살펴보았다. 곱하기와 나누기를 배운 흔적인 구구단 목간을 통해서는 백제의 산술문화를 검토하였다.

'종교와 신앙'에서는 목간의 형태와 기재 방식이 독특한 남근형 목간에 담긴 백제인의 토착신앙과, 부여의 능산리 절터에서 출토된 목간을 통해 백제 왕실의 불교 신앙을 들려준다. 특히 능산리에서 출토된 송염送塩 목간을 살펴보면서 절에서 절로 소금을 보낸 사실이 의미하는 바가 무엇인지 깊이 들여다보았다. 또한 백제인의 도교적 불로장생 선약을 만들기 위해 그 재료가 되는 오석五石을 운송했던 물품의 꼬리표 목간에서는 도교의 흔적을 찾아보았다.

작은 나뭇조각인 목간에 기록된 묵서 하나하나를 좇아가는 열여섯 번의 시간 여행을 거치면서 독자들 또한 백제인의 생활상을 좀 더 입체적으로 상상할 수 있기를 바란다.

앞으로도 목간 자료는 계속해서 나올 것이다. 새로운 목간이 더 많이 출토되어 우리가 이 책에서 다룬 주제들이 더욱 보완되고 새롭게 쓰일 수 있게 되기를 기대해 본다. 우리의 작업 또한 계속될 것이다. 함께하면서 더 좋은 성과물로 보답할 것을 약속드린다.

이 책이 빛을 보게 된 것은 전적으로 사회평론아카데미의 도움 덕분이다. 조금은 생소하고 난해한 목간에 관한 책을 기꺼이 출간한 윤철호·고하영 두 분 대표와 편집진에게 깊은 감사를 드린다. 우리 모임에 격려와 지원을 아끼지 않은 백제학회와 오랜 기간 일과 후 늦은 저녁 시간에 이루어진 세미나 모임에 열의와 성의를 가지고 참석해 온 한성백제모임의 연구자들과 출간의 기쁨을 함께 나누고자 한다.

2020년 6월
집필자를 대표하여 김영심 씀

차례

일러두기

- 목간의 판독은 다음과 같은 기호를 사용하였다.

  ◎ → 구멍

  × → 파손(상단과 하단 모두 표시, 파손 표시가 없는 경우 완형 목간)

  ╳ → 절입부(세로쓰기일 경우)

  ∨ → 절입부(가로쓰기일 경우)

  □ → 판독 불가 글자

  ▨ → 판독에 이견이 있는 글자

  『 』→ 각서刻書

- 목간의 명칭은 대표 목간의 성격이 나타나도록 표기하였다.

- 목간 판독은 가로쓰기를 기본으로 하며, 특수한 경우에만 세로쓰기를 하였다.

1부

백제사 복원의 단서, 목간

1 목간이란 무엇인가

글자를 적은 나뭇조각, 목간

1975~1976년 경주 안압지와 주변 건물 터를 발굴조사한 결과 건물 터 26곳과 담장 터 8곳 등이 확인되었고, 토기와 기와, 금속품, 목제 유물 등이 3만 점 넘게 출토되었다. 그중 연못 안에서는 97점의 나뭇조각이 나왔는데, 무려 61점에서 먹으로 쓴 글씨를 볼 수 있었다. 나뭇조각에 쓰인 글씨를 판독해 보니 상당수가 젓갈 등을 뜻하는 글자와 그것을 담은 항아리를 뜻하는 글자인 것으로 밝혀졌다.

안압지는 신라가 삼국을 통일한 직후인 674년에 문무왕이 궁궐 안에 만든 인공 연못으로, 당시에는 '월지月池'라고 불렸다. 통일신라가 멸망하고 연못이 폐허가 된 후 이곳에 기러기와 오리들이 날

아드는 것을 보고 조선 시대에 '안압지雁鴨池'라 부르게 되었다. 안압지는 왕궁인 월성月城 동쪽에 위치하였고, 주변에는 태자가 머물던 동궁東宮의 주요 건물들이 자리한 중요한 곳이었다. 따라서 국왕이 신하들과 더불어 궁중 연회를 베풀며 물놀이를 즐기던 곳이었음을 짐작할 수 있다.

여기서 발굴된 나뭇조각은 당시 연회에 사용되었던 음식물을 담은 여러 항아리에 각기 무엇이 들어 있는지를 알아보기 쉽게끔 달아 두었던 꼬리표가 아니었을까 생각된다. 안압지에서 발굴된 나뭇조각은 이후 각지에서 삼국 시대와 고려 시대의 목간이 발굴되리라는 것을 알리는 신호탄이었다.

안압지에서 발굴된 나뭇조각을 흔히 '목간木簡'이라 부른다. 목간은 글자를 적기 위해 기다란 모양으로 깎아 만든 나뭇조각을 말하며, 보통 고대 동아시아에서 종이가 널리 쓰이기 전에 사용되었다. 목간에는 먹으로 글자를 쓴 것뿐 아니라 칼이나 바늘 등의 도구로 글자를 새긴 것도 있다. 그리고 나뭇조각을 재사용하거나 잘못 쓴 글자를 지우기 위해 문자 부분을 깎아 낸 부스러기와 문자를 적거나 그림을 그린 목제품 등도 목간이라고 한다.

이처럼 목간은 나뭇조각에 의사 표시를 하기 위해 글씨를 쓴 것으로, 고고학적으로 그것이 출토된 유적의 연대나 성격 등을 알 수 있는 중요한 자료이다. 또한 당대의 여러 가지 생활상을 보여 주는 내용을 담고 있어 문헌에 기록되지 않은 사회상을 유추할 수 있는 사료적 성격을 띠고 있다.

그렇다면 종이가 발명되기 이전에 옛날 사람들은 어떻게 자신들의 생각을 표현하고 남겼을까? 인류는 구석기 시대부터 동굴의 벽면이나 바위에 그림을 그려 자신들의 생각을 표현한 경우가 많았다. 이후 문자가 발명되고 나서는 갑골甲骨이나 청동기 표면에 문자를 새겨 점을 치거나 신에게 복을 빌기도 하였다.

그러나 이러한 것들은 당시 권력자들이 점유한 특수한 물품이어서 일반인에게까지 보급되었던 기록물의 재료로 보기는 어렵다. 종이는 중국 한漢나라 때 발명되었는데, 그 이후에도 꽤 값비싼 재료여서 누구나 쉽게 사용할 수 있는 물품이 아니었다. 이 때문에 당시 사람들은 주변에서 구하기 쉽고 부피가 작고 가벼워서 문자를 적어 넣기 편한 나무에 글을 남겼다. 옛사람들이 문서나 편지 등 기록을 남길 때 주로 나무를 사용하게 된 이유가 바로 여기에 있었을 것이다.

이러한 목간은 중국에서 처음 쓰기 시작해 한반도를 경유해 일본에까지 전파되었다. 중국 학계에서는 이러한 서사書寫 재료를 '간독簡牘'이라 부르고, 한국과 일본 학계에서는 보통 '목간'이라 부른다. 중국에서는 주로 대나무를 사용했는데, 대나무는 가볍고 길쭉하게 잘 쪼개지고 내구성이 좋아서 여러 편을 연결해도 형태가 고르고 무게가 많이 나가지 않는 장점이 있다. 한편 대나무가 자라지 않는 중국의 건조지대나 북방 지역에서는 버드나무 같은 일반 나무를 사용했는데, 나무로 만든 것은 가는 대나무 편을 이용한 간簡보다 너비가 넓고 두꺼워 '독牘'이라는 이름으로 불렸다. 그래서 전자를 '죽간竹簡', 후자를 '목독木牘'이라고 부르며, 이 두 개를 합쳐서 '간독簡牘'이라고 한다. 그리고 많은 내용을 기록하기 위해 여러 개의 간簡을 끈으로 연결해 놓은 모습을 본뜬 글자를 '책册'이라 불렀다. '전典'은 그러한 책을 상 위에 올려놓은 모습, 또는 두 손으로 받쳐 든 모습이다.

그러나 나무 역시 그 부피와 무게로 인해 많은 양의 문자를 기록하기에는 불편한 재료임에 틀림없다. 물론 당시에도 나무보다 훨씬 가벼운 비단을 사용하기도 했다. 비단은 많은 글을 쓸 수 있고, 더욱이 두루마리 형태로 말아서 사용할 수 있어서 운반하거나 보관하는 데 편리했을 것이다. 문제는 값이 너무 비싸다 보니 황실이나 소수 상류 계층만이 사용할 수 있었다는 점이다. 책의 수량을 세는 단위인 '권卷'은 바로 비단을 두루마리 형태로 말아 놓은 모습에서 나온 말이다. 중국에서는 비단에 글을 적어 사용한 것을 '백서帛書'라고 불렀다.

그러던 즈음 나무의 경제성과 실용성, 그리고 비단의 운반과 보관상의 편리성 등 장점을 두루 갖춘 혁신적인 서사 재료인 종이 〔紙〕가 등장한다. 종이는 중국 후한後漢 시대 채륜蔡倫에 의해 품질이 개선되면서 일반인에게까지 광범하게 보급되었으며, 이후 죽간은 점차 소멸의 길을 걷게 되었다. 결국 중국에서 종이 생산이 경제성을 갖게 되는 4세기를 기점으로 하여 나무는 부차적인 서사 재료로 전락한다. 6세기 이후 한국과 일본에서는 종이와 나무가 함께 사용되었는데, 많은 양의 정보는 종이에 서사되고 나무는 주로 간단한 메모나 발췌용 또는 종이에 정서正書하기 전 연습용으로 사용되었다.

그러나 종이가 보편화된 뒤에도 나무를 애용한 경우가 있었다. 나무는 종이보다 내구성이 좋았기 때문에 세금 수송이나 창고 보관을 용이하게 하기 위해 제작된 물품의 꼬리표, 신분을 증명하는 통행증 등 물품과 사람의 이동과 관련된 서사 재료로 이용되었다. 지금까지 발견된 목간을 보면 재료로 한국은 소나무〔松〕를, 일본은 삼나무〔杉〕를 주로 사용하였다.

목간의 종류에는 어떤 것들이 있을까

지금까지 한국에서 확인된 목간은 일반적으로 하나하나가 완결적으로 사용되었던 것으로 보인다. 앞면에서 내용이 끝나지 않으면 뒷면에 그 내용을 이어 기록하였다. 한국뿐만 아니라 일본에서 발견된 목간 또한 대체로 그러하다. 하지만 중국의 목간은 한국이나 일본의 목간과는 차이가 있다. 물론 목간 뒷면에 글자를 기록한 경우와 삼각형, 사각형 또는 다각형 나무막대의 각 면에 문자를 기록한 '고觚' 형식의 다각형 목간이 중국에 없는 것은 아니지만, 일반적으로 앞면에만 글씨를 쓴 것이 대부분이다.

이처럼 목간은 형태나 사용 방법에 따라 다양한 종류와 용도로 구분된다. 목간의 종류는 여러 가지가 있지만 중국에서는 형태·

재질·크기 등을 기준으로 하여 '간簡', '독牘', '고觚', '검檢', '갈楬', '부符', '폐柿' 등으로 세분한다.

'간簡'은 보통 글자가 기록된 대나무 조각인 죽간竹簡을 가리키는데, 이와 유사한 형태와 크기를 취하면서 대나무가 아닌 일반 나뭇조각에 글을 기록한 것은 목간木簡이라 한다. 진한秦漢 시대의 가장 표준적인 죽·목간은 일척간一尺簡으로, 길이 약 23cm(한대의 도량형으로 1척), 폭 약 1cm(5분分), 두께 0.2~0.3cm(약 1분)로 제도화되어 있었다. 하나에 보통 30~40자에서 50자 정도의 글씨를 쓸 수 있었다. 이러한 개별 죽·목간은 기록을 고려하여 일정 분량씩 끈으로 함께 묶어 편철하여 사용하는 것이 일반적이었다.

'독牘'은 『설문해자說文解字』에서 '서판書版'으로 풀이하듯이, 글을 쓰는 나무판이다. 길이는 일반 죽·목간과 비슷하지만 폭이 더 넓으며, 끈으로 엮지 않고 독의 상단부에 구멍을 뚫어 끈을 끼워 사용하거나 아예 구멍이 없는 경우도 있다. 지금까지 발굴된 독의 절대다수는 대나무가 아닌 일반 목재로 제작되었기 때문에 목독木牘이라 부른다. 독은 주로 편지, 계약서, 달력, 통행증 등으로 사용되었다.

'고觚'는 다각형의 나무토막으로, 일반적으로 3~4개, 드물게는 7~8개의 면을 만들어 글을 썼다. 많아야 두 면까지 쓸 수 있는 일반 목간에 비해 훨씬 많은 글자를 기록할 수 있다는 장점이 있다. 고는 군대의 명령서인 격서檄書 같은 특수한 용도로 사용되거나, 아동용 습자 교본, 기록물의 초안 작성, 글씨 쓰기 연습 등에 사용되었다.

'검檢'은 주로 관청에서 문서나 물건을 우송할 때 사용한 목독의 한 형태로, 용도에 따라 두 가지로 나뉜다. 첫째는 일명 서검書檢으로, 관청에서 문서나 서신을 보낼 때 상대방 관청의 이름과 주소 및 전달 방식 등을 기록하여 문서 꾸러미의 제일 겉면에 부착한 것이다. 오늘날 편지 봉투의 역할을 한 것으로 볼 수 있다. 이러한 검은 대체로 길이가 약 15cm(6촌寸)이고 죽·목간에 비해 너비가 넓은 목독 형태를 취하며, 두 줄 또는 세 줄로 기록하는 것이 일반적이다. 둘째는 기밀을 요하는 문서 꾸러미나 물건을 우송하는 데 쓰이는 일명 봉검封檢으로, 내용물의 외부 노출 또는 타인이 내용물을 뜯어 보는 것을 방지하는 역할을 하였다. 봉검은 목독 형태를 취하면서도 윗부분이나 중간에 요(凹)자형 홈이 있다. 검을 문서 꾸러미나 물품을 담은 상자 위에 얹고 요자형 홈을 따라 끈으로 묶은 후, 그 위에 진흙을 바르고 진흙 위에 인장[封印]을 찍는 것이다.

'갈楬'은 모양에 따라 크게 두 가지로 나뉜다. 첫째는 둥그스름하게 깎은 상단부에 먹으로 검게 칠하거나 그물무늬의 빗금을 친 경우로, 윗면에 작은 구멍을 하나 또는 두 개씩 뚫어 놓았다. 구멍을 뚫은 이유는 물품을 담은 상자나 바구니에 갈을 끈으로 묶어 달아 놓기 위해서이다. 지금까지 발굴된 이러한 형태의 갈에는 물품 이름, 문서 이름, 장부 이름, 무기 숫자 등이 기록되어 있다. 둘째는 상단부나 하단부를 삼각형 또는 반원형 모양으로 깎

| 그림 1-1 | **경주 월성 해자에서 출토된 고觚 형태의 목간**

중국에서는 앞면에만 글씨를 쓴 것이 많지만 한국과 일본에서는 삼각형, 사각형 또는 다각형 나무막대의 각 면에 문자를 기록한 고가 일찍부터 만들어졌다. 고는 군대의 명령서인 격서나 아동용 습자 교본, 기록물의 초안 작성 등에 사용되었다.

거나 그 양 측면을 요(凹)자형 또는 삼각형 홈을 낸 것이다. 이 역시 각종 물품을 담은 상자 또는 바구니에 갈을 꽂아 두거나 끈으로 묶어 놓기 위함이다. 갈은 봉검과 함께 상자에 붙어 출토되기도 하는데, 이 경우 봉검에는 물품 수신인의 주소·이름·운송 방식 등이 적혀 있고, 갈에는 상자에 담긴 물품의 이름이나 수량이 적혀 있다.

'부符'는 사신이나 여행자가 관문을 통과하거나 관청에서 자신의 신분을 밝힐 때 제시하는 일종의 신표信標이다. 원칙상 대나무로 제작되었으나(죽간), 일반 나무로 제작된 것(목간)도 있다. 부는 동일한 형태로 서로 짝이 되게 한 쌍을 제작해 두 관청에 한 쪽씩 비치하였다. 사신·관리·여행자 등이 관청에서 발급받은 부를 가지고 다른 기관을 방문하면 그곳에 비치된 다른 한 쪽과 맞추어 신분을 확인하도록 하였다. 오늘날 '부합符合하다'라는 용어도 여기서 나온 것이다. 일반적으로 부의 길이는 약 15cm(6촌)로, 약 23cm(1척)인 죽·목간에 비해 짧다. 두 개의 부를 맞붙여 상단 양옆에 삼각형 홈을 하나씩 파서 홈이 서로 일치하도록 하였다.

'폐柿'는 죽·목간에서 떨어져 나온 부스러기를 말한다. 죽·목간에 문자를 잘못 기입한 경우 또는 죽·목간의 원래 쓰임새가 다되어 기존의 내용을 삭제하고 새로운 내용을 기록할 경우에 기존 죽·목간 표면의 일부 또는 전면을 삭제할 필요가 있는데, 지우개가 없는 당시로서는 죽·목간의 표면을 칼로 깎아 낼 수밖에 없었다. 이를 삭의削衣라고 부른다. '폐'는 바로 이 삭의 과정에서 떨어

| 그림 1-2 | **수송을 위해 물건에 붙인 꼬리표 목간**

목간은 기능상 행정을 위한 문서 목간, 수송을 위한 화물 꼬리표 목간, 기타 용도의 목간으로
구분할 수 있다. 그중 물품 꼬리표 목간에는 수송용 화물에 붙이는 하찰목간과 물품을 보관할
때 정리용으로 쓰인 부찰목간이 있다. 사진은 함안박물관에 전시되어 있는 꼬리표 목간이다.

져 나온 부스러기를 말한다.

이상에서 본 것처럼 형태에 따라 다양하게 구분되는 목간은 기능적으로는 대체로 세 가지 용도로 나눌 수 있다. 행정을 위한 문서 목간, 수송을 위한 화물 꼬리표 목간, 그리고 기타 용도의 목간이다. 문서 목간은 사람이나 기관에 어떤 의사를 전달하기 위해 작성된 것과 사무 기록, 장부, 전표 등으로 사용된 것이 대부분이다. 꼬리표 목간은 조세租稅 등으로 보낼 물건에 부착하였던 하찰목간荷札木簡과 창고에 물품을 보관할 때 물품의 상세 내용 등을 기록한 보관 정리용 부찰목간付札木簡으로 나눌 수 있다. 그 밖에 낙서나 문자 연습을 한 습서習書, 전염병 차단 등을 기원하기 위한 주술용 부적 등의 목간도 있다.

동아시아에서 발견된 목간들

동아시아에서 목간이 발견된 대표적인 국가는 한국, 중국, 일본이다. 여기서는 먼저 중국과 일본의 목간을 살펴보고, 한반도의 목간을 소개하고자 한다.

중국에서 죽간이 발굴되었다는 기록은 전한前漢 무제武帝 말년까지 거슬러 올라간다. 그러나 목간이 처음 발견된 것은 1900년대 초이며, 현재까지 25만 점이 넘는 목간이 출토되었다. 목간은 초기에는 변경에 위치한 유적들을 중심으로 발견되었으나, 그 후로는 진한·위진남북조 시대의 무덤이나 우물 등의 유적에서 집중적으로 출토되었다.

중국 목간은 20세기 초 중앙아시아 탐험 시대의 막바지에 서역의 타림분지 남쪽의 니야尼雅 유적과 뤄부포羅布泊 호수 북서쪽의 누란樓蘭 유적, 중국 서북 변경의 옛 군사 시설에서 중국인이 아닌 일본인 탐험가와 서구의 고고학자들에 의해 처음 발견되었다. 오늘날 행정구역으로 보면 간쑤성甘肅省에서 허서회랑河西回廊을 거쳐 네이멍구자치구內夢古自治區 및 신장웨이우얼자치구新疆維吾尒自治區 동쪽 사막에 이르는 광활한 지역에서 주로 발견되었다.

이후 1951년 후난성湖南省 창사長沙 오리패 406호 묘에서 초나라 죽간 38매가 발굴되었는데, 이는 무덤에서는 최초로 출토된 것이다. 뒤를 이어 1974년 산둥성山東省 린이현臨沂縣 인췌산銀雀山 1호 묘에서 『손자병법』 관련 자료가 포함된 죽간 약 5,000편이 출토되었으며, 1996년 창사시 주마루의 우물에서 2,000매 이상의 목간과 10만 편 이상의 죽간이 출토되었다(참고로 죽간과 목간의 수량을 표기할 때 형태적 특징에 따라 각각 '편'과 '매'를 주로 사용한다). 여기서 출토된 것들은 삼국 시대 오吳나라의 조세 관계 문서로 밝혀졌다. 이 시기는 이미 종이가 보급되었을 단계인데 죽간과 목간이 여전히 대량으로 사용되었다는 사실이 눈길을 끈다. 2002년에는 후난성 룽산현龙山縣 진한 시대의 성곽 유적에서 진나라 시대의 공문서 목간 2만여 매가 발견되기도 하였다.

드넓은 중국에서 유독 서북 변경 지역과 후베이성湖北省·후난

누란고성에서 발견된 목간

누란고성樓蘭故城은 신장웨이우얼자치구 뤄창현若羌縣 뤄부포 호수 북서쪽에 위치한다. 누란이란 이름은 『사기』 「대완열전」에 "누란, 고사읍에는 염택에 인접하여 성곽이 있다"는 기록에 처음 등장한다. 한 왕조 때의 염택은 현재 신장 경내의 뤄부포 호수를 일컫는다.

기원전 2세기 장건이 서역을 통해 실크로드를 열었을 때, 누란성은 실크로드상의 중요한 교통의 중추로서 크게 번영하였고 사람들의 왕래도 잦았다. 누란국은 기원전 77년에 왕이 피살되고 새로운 왕이 등극하면서 나라 이름을 선선국鄯善國으로 바꾸었다. 이때 누란성은 선선국 내의 한 성이 되었다.

그러나 4세기 이후 이 성은 역사에서 완전히 사라지고 기록에도 보이지 않게 되었다. 1901년 스웨덴의 스벤 헤딘Sven Hedin이 탐험대를 조직하여 뤄부포 호수에서 조사를 하던 중 우연히 누란고성을 발견하여 세계를 깜짝 놀라게 하였다. 이후 세계 각국의 탐험대가 몰려와서 대량의 한

자 목간과 문서 및 카로슈티 문서 등을 발견, 도굴해 갔다.

　누란고성에서 발견된 유물 중에서 가장 중요한 것은 대량의 카로슈티 문자 목간과 한자 목간, 문서 등이다. 고성에서 가장 먼저 발견된 한자 목간과 문서는 1901년 스벤 헤딘 탐험대가 획득한 것인데, 그해에 발견한 한자 목간이 120매, 종이 문서가 35건이었다. 1906년 영국의 스타인 탐험대가 이곳에서 획득한 한자 목간은 161매, 종이 문서가 50건이었다. 그 뒤 1980년 신장문물고고대가 발견한 한자 목간과 문서는 60여 건이었다.

　이러한 한자 목간과 문서 가운데 명확한 기년 연호가 쓰여 있는 것이 38건인데, 가장 이른 연호는 삼국 시대 위魏 제왕齊王 조방의 가평嘉平 4년, 즉 252년에 해당하는 것이다. 그다음으로 원제元帝 조환의 경원景元 4년(263)·5년(264)과 함희咸熙 2년·3년·5년 연호(265~268년에 해당) 목간이 있다. 서진西晉 시기에 해당하는 목간으로는 무제武帝 사마염의 태시泰始 2년·4년·5년·6년(266~270년에 해당) 목간과 회제懷帝 사마치의 영가永嘉 6년(312) 목간, 그리고 가장 늦은 것으로 건흥建興 18년(330) 목간이 있다.

　이러한 목간과 문서의 주요 내용은 위진 시기 이곳에 설치한 서역 장사부長史府의 둔전 건립에 관한 것이다. 즉, 둔전의 사졸이 누란 지구에서 황무지를 개간하여 물을 대고 제방을 쌓으며 여러 종류의 작물을 파종하는 등 선진 농업 생산 기술과 제철 농업 공구 등을 확산한다는 내용이다.

　한자 목간과 동시에 발견된 대량의 카로슈티 목간과 문서는 고대 선선국의 당안黨案 자료로, 모두 48매이다. 주로 국왕의 조서, 공문서, 각종 계약서, 장부, 개인 서신이며, 종교 관련 문서도 소량 있다.

성 지역에서 목간이 집중 출토되었는데 그 이유는 서북 변경 지역은 극도로 건조한 사막지대여서 목재가 잘 보존될 수 있었고, 후자의 남방 지역은 연간 강수량이 많은 지역적 특성 때문일 것이다. 즉, 무덤에 스며든 물기가 토양과 섞여 진흙층을 형성해 공기를 차단함으로써 자연스레 부장품인 목간의 부식을 막아 준 것이다.

일본에서는 지금까지 970개가 넘는 유적에서 약 31만 점의 목간이 출토되었다. 대부분 고대의 것이나, 최근에는 중·근세의 목간 출토 수가 증가하고 있다. 일본에서 본격적으로 목간이 발굴된 것은 1961년 나라奈良문화재연구소가 헤이조쿠平城宮 터에서 40점을 동시에 출토하면서부터이다. 그중에는 763년과 764년경 홋케지法華寺에서 헤이조쿠 내에 있던 대선직大膳職(율령제하의 궁내성에 소속되어 궁중의 회식 요리 등을 관장한 관청)에 콩·식초 등의 식품을 청구하는 내용의 목간이 있다. 이것으로 보아 일상적인 사무 연락에 목간이 사용되었음을 알 수 있다.

우리나라에서는 신라의 수도였던 경주의 안압지에서 1975년 처음 목간이 발굴된 이래 각지의 유적에서 꾸준히 출토되고 있다. 목간은 나무로 만들어진 유기물질이기 때문에 시간이 흐르면 썩어 없어지는 경우가 태반이므로 고고학적 작업을 통해 발굴해 내는 것이 여간 어려운 일이 아니다. 목간 같은 유물은 사막처럼 건조한 기후 환경이나 연못, 저수지 등 외부로부터 산소 유입이 차단된 특수한 조건에서만 부식되지 않고 보존될 수 있기 때문에 다른 유물에 비해 양적으로 대단히 희소한 편에 속한다. 다행스럽게도 최근에 목재 유물이 잘 보존된 저습지 등에 대한 관심과 발굴이 늘어나면서 목간 출토 사례가 증가하였다. 현재 묵서墨書가 있는 목간도 250여 점에 이른다.

한반도에서 출토된 가장 오래된 목간은 평양 일대의 낙랑군樂浪郡 유적에서 발굴된 중국 한대漢代의 것이다. 일제강점기 채협총彩篋塚에서 출토된 죽은 사람에게 바친 물품과 제사 지낸 사람을 기록한 목독木牘을 시작으로 광복 이후에도 평양시 낙랑 구역 일대에서 『논어』제11권과 제12권 전문을 기록한 대쪽 묶음이 수습되었다.

한편 낙랑군 치소治所(행정기관)로 추정되는 낙랑토성樂浪土城에서는 낙랑군 소속의 25개 현 중 22개 현의 관인이 찍혀 있는 봉니封促(문서류나 귀중한 물건을 봉함할 때 사용한 점토)가 수습되었는데, 각 현에서 낙랑군에 보낸 문서 목간을 개봉할 때 떨어진 것으로 추정된다.

이와 관련하여 주목할 만한 성과가 보고된 바 있다. 최근 북한에서 발표된 보고에 따르면, 2005년 무렵 평양시 낙랑 구역의 한 목곽묘에서 '낙랑군樂浪郡 초원初元 4년四年 현별縣別 호구戶口 다소□□ 多少□□'라 이름 붙여진 목간이 같은 시기의 몇몇 '공문서 초사본'과 함께 출토되었다고 한다. 보고에서는 이 목간을 전한 원제의 연호인 초원 4년(기원전 45)에 집계된 낙랑군 25개 현의 현별 호구 수가 기재된 통계표라 표현하고 있다. 보고된 내용이 소략하여 목간이 출토된 무덤의 구조와 부장 유물 등을 비교하기 어렵고,

발굴된 목간의 목록과 수량, 형태, 서체, 판독문 등에 대해서도 상세한 언급이 없어 정확한 내용을 파악할 수는 없다. 하지만 이러한 목간의 발견으로 우리는 한사군漢四郡의 한반도 진출로 인해 한국 고대 사회가 매우 일찍부터 중국의 목간 서사 방식을 접하였음을 미루어 짐작할 수 있다.

기원전 1세기 무렵의 유적인 경남 창원 다호리茶戶里의 수장首長 무덤에서는 비록 목간이 발견되지는 않았지만, 필기구인 붓 다섯 자루와 함께 목간을 제작하거나 목간에 잘못 쓴 글자를 깎아 낼 때 사용했던 삭도削刀가 발견되었다. 따라서 기원전 1세기 무렵에는 이미 한반도의 정치체들도 한사군과의 교류를 통해 목간을 서사 재료로 사용한 것으로 추정된다.

고구려와 백제의 경우 고대 국가로 성장할 수 있었던 것은 낙랑군을 통해 중국 문화를 활발히 수용했기 때문일 가능성이 높다. 적어도 4세기에는 고구려와 백제 사회에 중국의 전적典籍(서책)이 유통되고, 중국의 문서 행정 시스템을 적극적으로 도입하려는 시도가 있었을 것으로 추정된다. 신라와 백제 지역에서는 6세기 이후의 것으로 보이는 목간이 출토되는 사례가 계속해서 늘어나고 있다.

한국에서 고대 목간의 대부분을 차지하고 있는 신라 목간은 도성 지역은 물론 지방의 산성 유적에서도 출토되었다. 산성 유적에서 많이 출토되는 이유는 신라 시대에 산성이 지방 치소 역할을 했기 때문으로 추정된다. 특히 함안 성산산성에서는 문서 행정의 실례를 보여 주는 자료로, 오늘날의 인덱스나 책갈피처럼 문서 내용을 알 수 있게 두루마리 문서 사이에 끼우는 제첨축題籤軸으로 추정되는 목제품이 출토되어 이러한 가능성을 더욱 높이고 있다. 또한 출토된 목간의 연대도 6세기 중반부터 8세기 이후까지 폭넓게 확인되고 있어 최근 신라사의 가장 핵심적인 문자 자료로 목간이 부상하고 있다.

한편 백제의 목간은 현재 사비(부여) 시대 유적들에서 주로 확인되고 있다. 『주서周書』에는 백제인이 "고서古書와 사서史書를 사랑하며, 그중 우수한 자들은 자못 문장을 짓고 해석한다"고 기록되어 있다. 또 『수서隋書』에도 백제인이 "행정 실무에 능숙하였다"고 기록되어 있는 점으로 볼 때, 백제 역시 6세기 이전부터 지방 관청에서 목간을 실무에 사용하였을 가능성이 높다. 부여의 도성 유적에서는 먹을 갈 수 있는 고급스러운 벼루도 발견되어 백제인들의 문자 생활을 추정해 볼 수 있다. 특히 6세기 초반으로 추정되는 목간이 부여 능산리사지 유적에서 출토되어 이러한 추론을 뒷받침하고 있다.

목간에 적힌 글자를 어떻게 읽을까

목간을 발굴했다고 해서 그 상태 그대로 목간에 적힌 글씨를 바로 읽거나 판독해 내기는 쉽지 않다. 따라서 발굴된 목간은 대

| 그림 1-3 | **함안 성산산성에서 출토된 제첨축 목간**

신라 목간은 도성은 물론 지방의 산성 유적에서도 많이 출토되는데, 그 이유는 산성이 지방의 행정기관 역할을 했기 때문으로 추정된다. 함안 성산산성에서 나온 이 유물은 문서 행정의 실례를 보여 주는 자료로, 두루마리 문서 사이에 끼우는 책갈피 역할을 한 것으로 추정된다.

부분 다음과 같은 보존 처리 절차를 밟는다.

발굴조사 등으로 수습한 목간은 우선 부드러운 붓을 이용하여 표면이 손상되지 않도록 이물질을 제거한다. 이어서 방부제에 해당하는 이디티에이2나트륨EDTA-2Na 3% 수용액에 목간을 담가 목간 내부의 분해 산물과 토양의 영향으로 흡착되어 있는 금속류 등을 제거한다. 이 과정이 끝나면 물속에 담가 목간 안에 남아 있는 방부제 성분을 제거하고, 다시 중성세제 용액에 담가 초음파를 이용하여 나뭇결 사이에 끼어 있는 불순물을 제거한다. 이후 2회 이상 물에 담가 세제를 제거하면 목간 세척이 완료된다.

그다음 과정으로는 목간에 남아 있는 물기를 없앤다. 이를 위해 에틸알코올로 목재 내부를 채우는데, 이때 에틸알코올의 농도를 5%에서부터 100%까지 올려 가면서 물기를 제거한다. 이러한 작업이 이루어지는 항온 수조의 수온은 44℃를 유지하고, 에틸알코올을 용매로 하여 제3부탄올의 농도를 50→66→90→100%로 단계적으로 높여 가며 수조의 용액을 에틸알코올에서 제3부탄올로 치환한다.

다음으로는 항온 수조 내의 수온을 55℃로 유지하면서 제3부탄올을 용매로 폴리에틸렌글리콜 용액의 농도를 5%부터 50%까지 단계적으로 높여 가며 목간을 강화 처리한다. 이후 강화 처리된 목간 표면에 남아 있는 폴리에틸렌글리콜 용액을 제거한 후 급속 냉동고에서 영하 40℃로 급속 동결해 24시간 보관한다. 냉동 보관되어 있는 목간의 수분과 유기용제는 동결 건조기를 이용하여 고체의 수분을 기화해 건조한다. 끝으로 동결 건조된 목간 표면에 남아 있는 폴리에틸렌글리콜을 제거하고 표면이 검게 되는 것을 막기 위해 제3부탄올이나 트리클로로에틸렌을 사용하여 목간의 표면을 처리한다. 이렇게 하면 목간의 통상적인 보존 처리 절차가 완료된다.

목간은 보통 1,000년 이상 땅속에 묻혀 있다가 발굴된 것이기 때문에 지상에 드러난 순간 공기 중의 산소와 만나면서 표면의 묵서가 순식간에 바래는 일이 허다하다. 따라서 앞서 소개한 보존 처리 절차를 밟았다 하더라도 맨눈으로는 글씨를 알아보기 힘든 경우가 대부분이다. 목간 표면의 글씨를 판독하기 위해서는 추가

적인 과학적 방법을 동원해야 하는데, 가장 보편적으로 이용되는 방법이 적외선 카메라 촬영법이다.

적외선 촬영법은 일반 카메라에 적외선 필터를 붙여 촬영하는 방법으로, 적외선 필터는 적외선을 제외한 나머지 광선은 반사하여 적외선 파장만을 인식케 함으로써 카메라에 찍힌 먹글씨를 선명하게 보이도록 한다.

적외선 촬영으로 드러난 먹글씨는 명도 조정을 통해 더 선명하게 보이도록 이미지 보정 작업을 한다. 이를 레벨 기능이라고 하는데, 이미지의 하이라이트, 섀도, 미드톤을 재설정할 수 있는 포토샵의 이미지 보정 툴 등을 말한다. 레벨 툴에서는 이미지의 명암을 검은색부터 흰색까지 256단계로 구별하는데, 명암 대비를 통해 원하는 구간이 가장 분명하게 식별되도록 조절하여 글씨 판독 효과를 높인다. 이로써 우리는 육안으로는 확인하기 어려웠던 글씨들을 좀 더 쉽게 판독할 수 있게 되었다.

목간은 어떤 사료적 가치가 있을까

이렇게 과학적인 방법으로 보존 처리하고 판독해 낸 목간 유물은 종이를 보편적으로 사용하기 전 고대 사람들이 어디서나 쉽게 구할 수 있는 나무나 대나무를 재료로 하여 자신들의 의사소통과 사회적 약속을 실현하던 문서 역할을 충실히 해 온 중요한 자료이다. 당시 국가와 지방의 행정 행위는 물론 조세와 공물 등의 운송을 위한 물품 꼬리표, 문학과 종교의 표현, 그리고 일상적인 글자 연습 등에 이르기까지, 다양한 활동을 보여 주는 고대 기록물의 대표 유물이라고 할 수 있다.

따라서 고대인들이 남긴 목간은 영성한 문헌 자료를 대신해서 그때 사람들의 사상과 문화를 엿볼 수 있는 귀중한 자료로 평가할 만하다. 자칫하면 무심코 지나쳤을 법한 작은 나뭇조각에 쓰인 글씨를 통해 우리는 당시 사람들의 생각과 생활 모습을 이해하는 데 한 걸음 더 나아갈 수 있게 되었다.

신희권 서울시립대학교 국사학과 교수

2

백제 목간에는
어떤 것들이 있나

고대 사회 복원의 단서, 백제 목간

현재까지 한반도에서 발견된 목간 중 묵서가 확인된 목간은 500여 점이다. 한반도에서 출토된 목간은 중국과 일본에 비하면 그 수량이 매우 적다. 중국에서 약 25만 점, 일본에서는 약 31만 점 이상의 목간이 발견·보고되었다. 심지어 지금도 중국과 일본에서는 꾸준히 목간이 발견되고 있다.

중국과 일본에서 이렇게 많은 목간이 발견되는 이유는 무엇일까? 목간이 발견되기 위해서는 오랜 시간이 지나도 그 상태가 그대로 유지될 수 있는 환경이 조성되어야 한다. 그래서 목간은 사막이나 저습지 같은 특수한 환경에서 주로 발견된다. 이러한 특수한 환경이 중국과 일본에서는 다수 확인되고 있다. 게다가 사용한

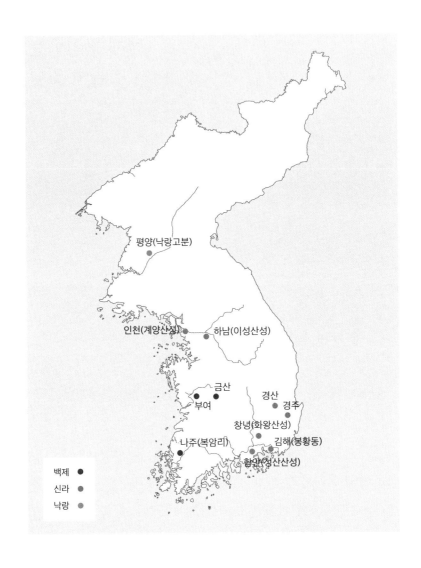

| 그림 2-1 | **한반도의 목간 출토 지역**

우리나라는 다양한 지역에서 소량이기는 해도 꾸준히 목간이 출토되고 있어 목간을 통해 고대 사회를 다각도로 복원할 수 있다. 현재까지 발견된 목간 중 묵서가 확인된 목간은 500여 점에 이른다.

목간을 전문적으로 없애는 폐기장도 발견되었다. 이러한 점 때문에 중국과 일본에서 다량의 목간이 발견되는 것이다.

이와 달리 우리나라에서는 아직까지 목간 폐기장 유적이 발견되지 않았다. 다만 부여 쌍북리와 함안 성산산성에서 많은 목간이 발견된 사례를 보면 폐기장까지는 아니더라도 목간이 특히 많이 발견되는 지역이 존재한다는 것을 알 수 있다. 또 소량이기는 해도 다른 지역에서도 꾸준히 목간이 출토되고 있다. 다양한 지역에서 지속적으로 목간이 발굴된다면 목간을 통해 고대 사회를 다각도로 복원할 수 있을 것이다.

현재 한반도에서 발견된 묵서가 쓰인 목간 중 가장 많은 비율을 차지하는 것은 신라 시대 목간(신라 목간)이다. 신라 목간은 한반도에서 발견된 전체 목간의 70% 정도로 약 370점이며, 그 뒤를 이어 백제 목간이 100여 점 확인되었다. 신라와 백제의 목간은 발굴조사가 지속적으로 이루어지고 있어 그 수량이 매년 증가하고 있다. 수치상으로 본다면 백제 목간은 신라 목간보다 적다. 그렇지만 백제 목간에는 의미 있는 기록이 많이 보인다. 고대 사회를 이해하는 데 대표적인 역사서로 손꼽히는 『삼국사기』와 『삼국유사』에 기록되어 있지 않은 내용을 백제 목간에서 확인할 수 있다.

목간은 당대 사람들이 직접 작성했던 기록물이다. 그러다 보니 목간을 작성했을 당시 사람들의 사상과 관념이 담기게 된다. 목간을 통해 고대 사회를 복원할 수 있다면, 백제 목간으로 백제 사회를 복원하는 것도 가능할 것이다. 백제 목간은 작은 나뭇조각에

| 표 2-1 | **목간이 출토된 유적과 시대 및 묵서가 확인된 목간의 수**

출토 유적	시 대	묵서가 확인된 목간 수
평양 정백동	낙랑	2
평양 석암리	낙랑	1
금산 백령산성	백제	1
나주 복암리	백제	13
부여 관북리	백제	11
부여 구아리	백제	9
부여 궁남지	백제	3
부여 능산리사지	백제	34(100여 점의 목간 부스러기)
부여 쌍북리	백제	33
경주 월성 해자	신라	30
경산 소월리	신라	1
서울 아차산성	신라	1
하남 이성산성	신라	13
함안 성산산성	신라	245
경주 박물관 부지	통일신라	3
경주 안압지	통일신라	61
경주 전(傳)인용사지	통일신라	1
경주 황남동	통일신라	3
김해 봉황동	통일신라	1
익산 미륵사지	통일신라	2
인천 계양산성	통일신라	2
창녕 화왕산성	통일신라	7
부여 동남리	통일신라(?) / 백제(?)	1
울산 반구동	통일신라(?) / 고려(?)	1

불과할지 모르지만 백제 역사를 생생하게 이해하고, 백제 사회를 복원하는 데 큰 도움을 주는 자료이다.

또 목간에 남겨진 기록을 살펴보면 당시 사회가 매우 체계적이었음을 알 수 있다. 이는 백제에서 상당한 수준의 문서 행정이 이루어졌다는 것을 유추하게 한다. 이와 비슷한 일련의 문서 행정 체계는 일본에서도 발견되고 있다. 간접적이기는 하지만 백제에서 일본으로의 문화 전파 과정을 이해하는 데도 도움이 될 것이다. 더불어 일본의 목간을 통해 백제 사회를 복원하는 작업도 가능하다는 점에서 목간이 지닌 힘은 크다고 할 수 있다.

이제부터 백제 목간의 현황을 살펴보고, 이 목간들을 통해 백제 사회가 어떻게 구성되었는지 알아보고자 한다.

백제 목간은 어디서 발견되었을까

백제 목간은 대부분 사비 지역, 지금의 부여에서 발견되었다. 나주 복암리 목간이 발견되기 전까지 백제 목간은 백제의 마지막 도성인 부여에서만 사용된 것으로 여겨졌다. 부여가 아닌 금산의 백령산성에서 목간(목판 형태)이 1점 발견되었지만, 금산이 부여 근처라는 점과 금산을 제외한 부여 이외 백제 지역에서 목간이 발견되지 않았다는 이유로 부여에서만 목간을 사용했다고 단편적으로 인식한 것이다.

그러나 전라남도 나주에서 많은 수의 백제 목간이 발견되었다. 나주에서 발견된 목간에는 백제의 호적, 지방 제도, 지역 구분 등 다양한 내용이 기록되어 있다. 이를 통해 6~7세기 백제에서는 도성이었던 부여뿐만 아니라 지방에서도 목간을 광범하게 사용하였음을 알 수 있다.

백제 목간이 발견된 지역을 살펴보면 모두 저습지 주변이다. 앞서 이야기했던 것처럼 목간이 보존될 수 있는 환경은 사막 같은 건조한 지역이거나 저습지여야 한다. 한반도에는 사막 같은 건조한 지역이 없기 때문에 저습지에서 목간이 발견될 가능성이 높다. 그래서 저습지를 발굴할 때는 목간이 발견될 가능성을 염두에 두고 발굴 작업을 진행하고 있다. 그 결과 2018년까지 백제 목간이 100여 점 발견되었다. 또 부여 능산리사지에서는 다량의 목간 부스러기를 확인하였다. 일본에서는 목간 부스러기도 목간 1점으로 간주해 수량을 계산하는데, 이를 백제 목간에도 적용한다면 백제 목간은 250여 점으로 수량이 늘어난다.

백제 목간은 지금도 꾸준히 발견되고 있어 그 수량이 앞으로 더욱 늘어날 전망이다. 이에 따라 목간을 통해 백제 사회를 더욱 입체적으로 이해할 수 있으리라 기대된다.

도성 출토 목간

기록을 통해 알려진 백제의 도읍지는 총 세 곳이다. 첫 번째 도읍지는 서울(한성)로, 풍납토성과 몽촌토성을 중심으로 하는 지역이다. 두 번째 도읍지는 공주(웅진)로, 475년 고구려의 공격을 받아 이동한 곳이다. 한성에서 피란을 했기 때문에 방어에 유리한 공주를 도읍지로 선택했다. 그러다 보니 영역을 확장하기에는 지리적 한계를 가지고 있었다. 이에 세 번째 도읍지 부여(사비)로 이동하였다. 공주에서 부여로의 도읍지 이동은 계획적으로 진행되었다. 도시계획을 수립할 정도로 백제 사회가 안정되었던 것이다. 그 결과 백제에서는 여러 행정 시스템이 구축되었다. 그러한 행정 시스템을 확인할 수 있는 것이 부여에서 발견된 목간이다.

부여에서 목간이 발견된 지역은 다양하다. 현재의 지명으로 목간이 발견된 지역을 살펴본다면 관북리, 구아리, 궁남지, 능산리, 동남리, 쌍북리 등이다. 그중 능산리사지에서는 사용한 목간을 재활용하기 위해 나무를 깎는 과정에서 발생한 목간 부스러기가 대량으로 발견되었다.

〈그림 2-2〉에서 확인할 수 있듯이 부여에서는 다양한 지역에서 목간이 출토되고 있는데, 출토 지점마다 목간 수량에 차이가 있다. 수량이나 기록된 내용으로 볼 때 아마도 관북리와 구아리가 백제의 중심부였을 것이고, 쌍북리는 백제의 관청이 있었던 곳으로 추정된다. 남쪽에 위치한 궁남지와 동남리는 사찰과 연못이 있던 지역이다. 능산리는 부여의 나성羅城(도시 외곽을 둘러싼 외성) 밖에 위치한 지역이지만 고분군과 사지(절터)가 동시에 발견된 독특한 곳이다. 이러한 특징 때문에 해당 지역에서도 목간이 출토된 것으로 보인다.

| 그림 2-2 | 부여에서 목간이 발견된 지역

현재의 관북리, 구아리, 궁남지, 능산리, 동남리, 쌍북리 등에서 다수의 목간이 발견되었다.

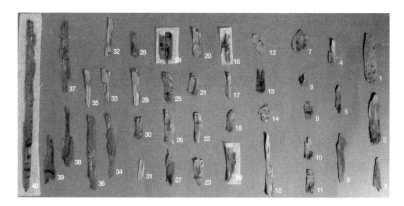

| 그림 2-3 | **부여 능산리사지에서 발견된 목간 부스러기**

능산리는 부여의 나성 밖에 위치한 지역이지만 고분군과 절터가 동시에 발견된 독특한 곳이다.
능산리사지에서는 대량의 목간 부스러기가 발견되었는데, 사진은 그중 일부이다.

이처럼 부여 나성의 안과 밖에서 목간이 다방면으로 널리 사용
되었음을 간접적으로나마 확인할 수 있다. 또 목간에 적힌 내용이
정치·사회·경제·문화 등 다양한 분야를 아우르고 있고 일률적
이지도 않아 목간이 한 분야에서만 사용되지 않았다는 것도 알 수
있다. 목간을 단순히 나뭇조각 또는 나무 부스러기 정도로 인식할
수도 있다. 하지만 목간이 발견된 지점이나 목간에 남겨진 내용을
통해 여러 정보를 얻을 수 있기 때문에 목간은 당시 사회의 다양
한 측면을 이해할 수 있는 중요한 자료라고 할 수 있다.

지방 출토 목간

백제의 도읍지였던 부여 이외 지역에서 목간이 발견된 사례는
금산에 위치한 백령산성과 나주 복암리 두 곳이다. 백제 목간이

알려지기 시작한 초창기에는 목간 출토 지역이 도성인 부여에만 한정되었기 때문에 목간을 이용한 문서 행정이 부여에서만 이루 어졌을 것으로 파악했다. 그러나 금산 백령산성과 나주 복암리에 서 목간이 출토되면서 이러한 인식이 바뀌게 되었다.

금산은 지리적으로 부여와 가깝고 교통의 요충지로서 부여로 통하는 관문 역할을 했던 곳이다. 이 때문에 처음에는 금산에서 출 토된 목간에 대해 중앙에서 사용하던 목간을 인근의 금산 백령산 성에서 사용한 것으로 보았다. 이때까지는 지방에서 목간이 출토 되지 않았기 때문에 이렇게 추측한 것이다.

하지만 나주 복암리 고분군 주변의 유적을 발굴하는 과정에서 다수의 목간이 발견되면서 백제의 문서 행정이 도성인 부여뿐만 아 니라 지방에서도 이루어졌음을 알게 되었다. 목간이 발견되기 이 전에도 나주 지역에서는 글자를 새긴 토기나 벼루가 출토되어 문 자 생활이 이루어지고 있었음을 짐작할 수 있었지만, 목간이 발견 됨으로써 단순한 문자 생활을 넘어 문서 행정이 이루어지고 있었음 을 알게 된 것이다. 특히 백제의 수도가 아닌 지방에서 처음으로 백 제 목간이 출토된 사례로서, 기존의 문헌 자료에서 확인할 수 없었 던 백제의 호구戶口 파악 방식, 농업 경영, '군郡-성城'의 지방 행정 체 계와 관련된 내용이 기록되어 있었다.

나주에서 발견된 목간은 처음에 3점이었으나, 추가로 10점이 발견되면서 현재 묵서가 남겨진 목간은 총 13점에 달한다. 그중 '경오년庚午年(추정 610년)'이라는 간지干支가 기록된 목간 덕분에 해당 목간을 비롯하여 나주에서 발견된 다른 목간들의 제작·사용 시기를 짐작할 수 있게 되었다. 또한 이 '경오년' 목간을 통해 610년 무렵 나주에서 목간을 사용한 문서 행정이 이루어졌음을 확인할 수 있다. 610년이라는 시점은 도성(부여)에서 출토되는 목간이 6~7세기의 것이라는 점과도 일치한다.

비록 지방에서 목간이 출토된 사례는 적지만 지방에서도 중앙과 동일하게 목간을 이용한 문서 행정이 이루어졌다는 것은 확실하다. 그리고 목간에 기재된 내용을 보면 목간이 다양한 방면에서 사용되었다는 점도 의심할 여지가 없다.

목간으로 본 백제인의 삶

이처럼 여러 지역에서 다양한 내용을 담은 목간이 발견됨으로써 백제 사회를 보다 구체적으로 살펴볼 수 있게 되었다. 목간을 통해 중앙과 지방의 정치·행정과 경제, 사회와 문화, 종교와 신앙 등도 살펴볼 수 있게 된 것이다.

정치와 경제
정치·행정은 한 나라를 유지하는 데 매우 중요한 요소 중 하나이다. 그래서 많은 연구가 진행되었을 뿐만 아니라 목간에도 가장 많이 기록되어 있는 내용이다. 목간에 기록된 정치·행정 관련 내용은 매우 중요하다. 기존의 내용을 보완하는 자료만 있는 것이 아니라 새로운 내용을 확인할 수 있는 자료도 있기 때문이다.

특히 백제 목간을 통해서 당시 백제 사회의 중앙행정기구를 새롭게 이해할 수 있다. 『삼국사기』와 『삼국유사』를 비롯한 여타 문헌 자료에서는 보이지 않는 '외경부外椋部'라는 기구의 명칭이 기록된 목간이 발견되었기 때문이다. 백제의 정치 체제와 행정기구에 대한 내용이 완벽하게 남아 있지 않은 상황에서 당시 행정기구의 명칭이 목간에서 발견된다는 점은 앞으로 백제 사회를 이해하는 데 목간이 중요한 자료로 활용될 수 있음을 의미한다. 또 문헌 자료를 통해 확인되고 있는 중앙행정기구와 관등이 목간에도 기록되어 있어 백제의 중앙정치 구조를 더욱 구체적으로 파악할 수 있을 것이다.

부여 궁남지에서 출토된 '서부西部 후항後巷' 목간은 백제 사회가 '부部-항제巷制' 체제로 구성되었음을 확인할 수 있는 자료로, 이를 통해 도성의 중심이 왕궁이었다는 것과 사비도성의 행정구역을 파악할 수 있다. 이러한 행정 구조는 지방에서도 확인된다. 나주 복암리에서도 '부-항' 체제와 관련된 목간이 출토되었는데, 자세히 살펴보면 중앙과 비슷하면서도 그 지역만의 독특한 시스템이 있었음을 알 수 있다. '군좌郡佐'나 '군득분郡得分' 등 목간의 묵서는 중앙과 다른 나주만의 독특한 시스템을 보여 준다. 현재 지방에서 확인된 목간은 나주에서 발견된 목간밖에 없기 때문에 당시 지방의 행정 구조를 자세히 알 수는 없지만 중앙과 지방 간의 차이가 있었다는 점은 확인할 수 있다. 하지만 기본적으로 호적 조사를 통한 노동력과 세수稅收 관리는 중앙과 지방에서 동일하게 진행되었음을 알 수 있다.

이처럼 목간을 통해 중앙과 지방에서 사용하던 문서 행정 시스템을 이해함과 동시에 중앙과 지방에서 사용된 행정 시스템의 차이도 확인할 수 있다는 점에서 목간이 갖는 자료로서의 가치는 각별하다.

백제 목간에는 중앙과 지방의 행정 시스템뿐 아니라 당시의 경

고대에는 논과 밭을 어떻게 표기했을까

고대에는 논과 밭을 의미하는 '전田'을 각각의 성격에 따라 구분하여 표기하였다. 신라 시대에 만들어진 창녕 진흥왕 순수비를 살펴보면 논과 밭을 구분하여 다양하게 표기하였음을 알 수 있다. 일반적인 농지는 '백전白田'으로 표기했고, 논은 '수전水田'으로 표기했다. 그리고 해당 전田에서 보리를 재배할 경우에는 '맥전麥田'으로 기록했다.

고대 시기 전田을 표기하는 방법에는 또 다른 특징이 있다. 바로 글자를 간략하게 표현한다는 것이다. 밭을 의미하는 백전은 간략하게 '전田'으로, 논을 뜻하는 수전은 두 글자를 합쳐 '답畓'이라는 글자로 표현하였다. 특히 '답畓'자는 한반도에서만 사용하는 한자이다.

제 생활을 일부 확인할 수 있는 기록도 남아 있다. 나주 복암리에서 출토된 목간에는 '수전水田(벼를 재배하는 논)·백전白田(밭)·맥전麥田(보리밭)' 등 농지와 관련된 기록이 남아 있다. 이를 통해 백제 지역의 농지 종류와 경작하는 방법을 일부나마 알 수 있게 되었다. 신라의 경우 함안 성산산성에서 다양한 곡물이 나와 신라의 농경생활을 어느 정도 확인할 수 있었지만, 백제는 나주 복암리 목간이 발견되기 전에는 그 내용을 구체적으로 알 수 없었다. 따라서 백제의 농지 종류와 경작 방법을 알려 주었다는 점에서 나주 복암리 출토 목간은 여러모로 시사하는 바가 크다.

사회와 문화

백제 시대에는 의약이 체계적으로 관리된 것으로 보인다. '지약아식미기支藥兒食米記'라고 불리는 목간을 통해 백제의 관직과 의약 제도, 일당제, 당시 사용된 도량형 등을 확인할 수 있다. 이 목간에는 백제인의 이름과 관직명도 기록되어 있다. 또 다른 백제 사회의 일면을 보여 주는 것으로는 '좌관대식기佐官貸食記 목간'이 있다. 이 목간에는 곡식을 빌려주고 받은 이자가 기록되어 있는데, 당시 이자율이 얼마나 되었는지 알 수 있다는 점에서 무척 흥미롭다.

백제인이 이름을 어떻게 사용했는지에 대한 궁금증도 목간을 통해 살펴볼 수 있다. 목간에 기록된 인명 표기 형식을 통해 당시 사람들이 어떤 이름을 좋아했으며 인명어미로는 무엇을 사용했는지 확인할 수 있다. 생활 면에서는 사람들이 자신의 이야기를 전하는 데 사용한 시가詩歌 목간과 서간書簡 목간이 발견되었다. 구구단 목간도 발견되면서 백제인들이 수의 성질과 셈의 기초에 대한 이해를 기반으로 한 산술법을 활용했음을 알 수 있다.

종교와 신앙

목간은 당시 백제인들의 종교·신앙에 대해서도 파악할 수 있는 소중한 자료이다. 유일하게 백제에서만 남근 모양에 글자가 기록된 목간이 발견되었다. 이는 백제의 토착신앙에서 발전된 것으로 보이는데, 이를 통해 토착신앙의 변화 과정을 살펴볼 수 있다.

이 밖에도 역사책에서는 확인되지 않는 사찰의 이름이 적힌 목간과 사찰에 시주하는 소금의 유통 과정을 짐작할 수 있는 목간도 있다. 목간에 기록된 소금이 석가탄신일과 관련 있다는 사실 등을 통해 당시 불교 행사와 관련된 백제인들의 인식을 엿볼 수 있다. 또한 오석과 삼귀 목간을 통해서는 백제 사회에서 도교를 알고 활용하였다는 것도 알 수 있다.

오택현 동국대학교 역사교육과 일반연구원

2부

백제의 정치와 경제

3

중앙행정기구를 움직이다
— 외경부 목간

중앙의 관청, 관직, 관등 이름이 적힌 목간들

목간은 여러 가지 용도로 쓰였지만, 크게 행정 문서, 부찰附札 (꼬리표), 종교·의례용으로 나눌 수 있다. 백제 지역에서 발견된 목간은 대체로 6세기 이후의 것으로, 중국 대륙에서는 이미 간독 (목간·죽간)에서 종이로 행정 문서의 서사 재료가 바뀐 다음에 만들어진 것으로 보인다. 따라서 백제의 행정 문서는 용도에 따라 종이와 목간으로 서사 재료를 달리하였을 것이다.

이러한 행정 문서를 작성한 주체는 중앙과 지방의 행정기구이다. 지방의 행정기구에 대해서는 따로 살펴보기로 하고, 여기서는 중앙의 행정기구와 관련된 목간을 통해 문서 행정의 일면을 소개하고자 한다.

백제 시대 목간 중 중앙행정기구와 관련된 것으로는 관청이나 관직 이름이 적힌 목간을 들 수 있다. 충청남도 부여군 부여읍의 부소산 동쪽에 위치한 쌍북리 280-5번지 유적에서 출토된 외경부外椋部 목간과 좌관대식기佐官貸食記 목간이 대표적이다.

이 가운데 외경부 목간(〈그림 3-1〉)은 쌍북리 280-5번지 유적 중 동서 방향의 도로 주변에 물이 흘러들어 가서 형성된 황갈색 모래층에서 출토되었다. 목간에 적힌 '외경부'라는 관청 이름을 따서 일반적으로 '외경부 목간'이라고 부른다. 목간의 'ㅏ部'자는 '部부' 자의 왼쪽 부분을 생략하고 오른쪽 부분만 쓴 것으로, 목간에서 자주 보이는 글자다. 의미는 '部'자와 같다. 목간의 크기는 길이 8cm, 너비 2.35cm, 두께는 약 0.6cm이다.

이 목간은 "외경부의 철鐵. 면綿 10량을 대신한다"는 해석문에서 보이듯, 외경부에서 '면 10량'의 대가로 거두어들여 창고에 보관하던 '철'의 포대에 붙어 있던 꼬리표로 파악된다. 이때 '면'은 직물의 솜을 뜻하는데, 7세기에는 아직 '목면木綿', 즉 목화솜이 수입되기 전이기 때문에 누에고치에서 채취한 명주솜을 의미한다. 이 목간을 통해 외경부에서 거두어들인 철을 창고에 보관했던 것으로 볼 수 있다.

백제 목간 중에는 중앙행정기구와 관련하여 관등 이름이 직접 보이는 사례도 적지 않다. 지금까지 출토된 백제 목간 중 8점에서 관등 이름을 볼 수 있는데, 부여 구아리 중앙성결교회 90호 목간, 부여 능산리사지의 하부 대덕 소가로 목간(297호 목간)·298호 목

| 그림 3-1 | **부여 쌍북리 280-5번지 유적에서 출토된 외경부 목간**
왼쪽 위에 있는 것이 실물 사진이며, 그 아래가 모사도로, 오른쪽의 적외선 사진을 통해 글자를
판독했다.

| **외경부 목간** |

판독문	해석문
앞면 ◎ 外椋卩鐵	앞면 외경부의 철
뒷면 ◎ 代綿十兩	뒷면 면 10량을 대신한다.

간·307호 목간, 부여 쌍북리 현내들 85-8호 목간·91호 목간, 나
주 복암리 3호 목간·12호 목간이 이에 해당한다.

이 가운데 중앙성결교회 90호 목간(〈그림 3-2〉)은 부여군 부여읍 구아리 319번지 중앙성결교회 유적의 최하층인 수로에서 출토된 것이다. 길쭉한 홀 모양으로 윗부분이 잘려 나간 이 목간은 현재 남아 있는 부분의 길이가 24.5cm, 너비가 3.6cm, 두께가 0.5cm이다. 이 유적에서는 모두 13점의 목간이 출토되었다.

목간은 '중부中部 나솔奈率 득진得進'이라는 '부 이름+관등 이름+사람 이름' 형식으로 기록되어 있는데, 중부가 부(부는 도성의 행정구역) 이름, 나솔이 관등 이름, 득진이 사람 이름이다. 이러한 방식은 백제의 일반적인 인명 표기와 일치한다. 따라서 이 목간은 행정용이었던 것으로 추정된다. 판독문과 해석문을 보면 다음과 같다.

| 부여 구아리 중앙성결교회 90호 목간 |

판독문

앞면   ×者   中卩 奈率得進
              下卩 韓牟礼

뒷면   ×   各

해석문

앞면   …하는 자   중부 나솔 득진
                  하부 한모례

뒷면   …각각…

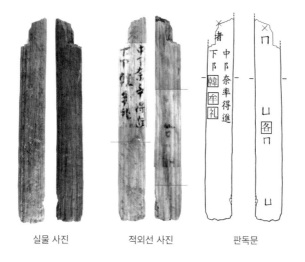

실물 사진 　　　　　 적외선 사진 　　　　　 판독문

| 그림 3-2 | **부여 구아리 중앙성결교회 90호 목간**

부여군 부여읍 구아리 319번지에 위치한 중앙성결교회 유적에서 출토된 목간으로, 여기에 쓰인 '중부 나솔 득진'은 나솔이라는 관등을 가진 중부 지역의 득진이라는 사람을 가리킨다.

외경부 목간을 통해 본 백제의 중앙행정기구

외경부는 어떤 일을 하는 관청일까

외경부 목간에서 '외경부'는 글자 그대로 '외경外椋'을 담당하는 곳인데, 외경은 밖의 경椋을 뜻한다. '경'이라는 글자는 중국에서 나무 이름으로 사용되지만 한국과 일본에서는 나무 이름 외에도 창고라는 의미로 쓰였는데, 나무 이름보다 창고의 의미로 사용된 사례가 더 많다. 백제의 '외경부' 말고도 신라 시대의 목간에서 창고의 의미로 '하경下椋', '중경仲椋'이 사용된 사례가 있고(경주 황남동 376번지 유적 출토 목간), 일본에서도 8세기의 호적에서 '경인椋人'을 사용하는 등 적지 않은 사례가 있다.

이처럼 외경부의 '경'은 창고의 의미로도 사용되던 '경京'자에서 파생된 것이다. 건물 바닥이 지면에 닿지 않도록 기둥 위에 세워져 뜬 것처럼 보이는, 이른바 고상식高床式 창고를 뜻하는 고구려의 부경桴京도 그러한 사례 중 하나라 할 수 있다.

따라서 외경부는 창고의 한 종류인 '외경'을 담당하는 관청으로, 뒤에서 자세히 설명할 백제의 중앙행정기구인 22부사部司의 내관內官 12부部 중 하나이다. 외경부의 기능은 내경부와 연계하여 살펴볼 수 있는데, '내경內椋'을 왕실 재정의 출납과 관계된 창고로 보는 입장에서는 외경을 국가 재정의 출납과 관계된 창고로 보는 것이 일반적이다. 반면 '내경부'와 '외경부'가 내관 12부에 속한다는 점에서 '내경'과 '외경' 모두 왕실 재정의 출납과 관계된 창고라고 파악하여 그중 '내경'은 궁궐 안에, '외경'은 궁궐 밖에 위치한 창고로 보기도 한다.

『주서周書』와 『북사北史』에는 외경부가 '외략부外掠部'라고 기록되어 있어, 일제강점기에 이루어진 초기 연구에서는 외경부를 노예의 약탈과 관련 있는 행정기구로 파악하기도 했다. 그러나 『한원翰苑』에 '경부椋部'로 기록되어 있다는 점에서 '외경부'가 타당하다고 추정해 왔고, 외경부 목간의 발견으로 그 추정이 맞는 것으로 확정되었다.

고대 일본에서도 백제의 내관 12부에 있는 내경부·외경부와 유사한 내장료內藏寮·대장성人藏省이 있었다. 내장료는 주로 직물을, 대장성은 주로 곡물 중심의 녹봉을 다루었다고 한다. 그런데 백제의 외경부 목간에는 이 창고에서 금속인 철과 직물인 면이 교체된 흔적이 보인다. 이렇게 외경부가 명주솜 같은 직물을 다루었으므로, 조調(특산물을 바치는 세금, 직물로 대신하기도 함)로서의 직물 출납을 담당하는 외관 10부의 하나인 주부綢部와 관련이 있었을 가능성이 있다. 게다가 철 또한 특산물로서 조調에 해당한다. 이는 백제와 일본의 차이를 보여 주는 것으로 생각된다.

외경부 목간이 나온 유적에서 '좌관대식기 목간'도 출토되었는데, 이 중 '좌관佐官'은 '곡식 대여 임무를 맡은 관청이나 관직 이름'으로 보아 22부사 중 '사司'에 해당하는 관청이자 외경부에 소속된 곡식 대여의 주체로 파악하는 견해가 일반적이다. 이와 달리 '좌관'을 '각 관청에 소속되어 장관을 보좌하는 관인 계층'이라고 보아 곡식 대여의 대상이라고 파악하는 견해도 있다. 이를 좀 더 구체적으로 본다면 좌관은 중앙 관청, 특히 22부에서는 대체로 덕계 관등(16관등 중 7~11관등인 장덕~대덕)에 해당하고, 지방의 각 행정 단위 장관의 관등에 따라 관등 범위가 다르게 나타나는 관인 계층이라고 파악할 수 있다(좌관대식기 목간은 9장 〈나라가 먹을 것을 빌려 주고 받은 기록〉을 참조하기 바란다).

외경부 목간과 좌관대식기 목간은 같은 유적에서 출토되었으나 발굴된 위치가 다르고, 두 목간 모두 외부에서 유수에 의해 유입된 것으로 파악하고 있어 최초의 폐기 지점도 같다고 보기 어렵다. 따라서 같은 유적에서 출토되었다고 두 목간이 같은 연대에 작성된 것으로 보기 힘들다. 그렇더라도 중요한 것은 두 목간이 백제의 재정 운영과 관련하여 구체적 실례를 보여 주는 자료이고, 앞으로 자료가 추가되면 더 많은 정보를 얻을 수 있다는 사실이다. 최근 주변 지역을 추가 발굴하고 있다고 하니, 좋은 소식을 기대해도 될 것 같다.

백제의 중앙행정기구, 22부사와 6좌평

외경부 목간과 관련 있는 백제의 중앙행정기구는 22부사가 대표적인데, 백제의 최상위급 관직인 6좌평佐平 또한 구조와 직무 면에서 22부사와 연관되어 있다.

외경부가 포함되어 있는 22부사는 〈표 3-1〉에서 볼 수 있듯이 내관 12부와 외관 10부로 구성되어 있다. 외관 10부가 국가의 일반적인 중요 행정을 담당하는 관청이라는 데는 이견이 없다. 하지만 외경부가 소속된 내관 12부에 대해서는 왕실을 담당한다는 견해 이외에도 근시관近侍官(왕을 수행하며 모시는 관리)에 해당하는 관청들을 모아 놓은 것이라는 견해가 있다. 〈표 3-1〉에서 곡부穀部, 도부刀部, 법부法部, 주부綢部의 직무로 제시한 내용은 모두 후자의 견해를 반영한 것이다. 22부사에는 내관 12부와 외관 10부로 구성된 22부 말고도 그 예하에 '사司'라는 조직이 있다. 22부사에는 장관층·중간층·실무층 같은 세 계층의 관인이 있었던 것으로 보이는데, 이것은 관등제와 밀접한 관련이 있다.

22부사와 연관된 중앙행정기구인 6좌평의 경우, 백제의 최고 관등인 좌평 중 6명이 〈표 3-2〉에서 보이는 특정 직무를 분담하여 행정을 집행했다. 중국 왕조의 상서尙書 6부, 또는 『주례周禮』의 6전六典 조직과 유사하지만, 위사좌평과 병관좌평이 군사를 분담하고 토목 공사 관련 행정기구가 보이지 않는 점에서는 백제만의 특색이 보이기도 한다.

〈표 3-1〉과 〈표 3-2〉를 비교해 보면, 6좌평과 22부사에는 내신좌평과 전내부, 내법좌평과 사도부, 조정좌평과 사구부, 병관좌평과 사군부처럼 같거나 유사한 직무가 공통적으로 존재하는 것을 알 수 있다. 이를 두고 6좌평과 22부사가 서로 다른 시기에 존재했다는 견해도 있고, 같은 시기에 존재했지만 상하 관계였다는 견해도 있다. 다만 후자의 경우 상하 관계의 구체적인 내용을 알 수 있는 자료가 없어 추정에 머무르고 있는 상황이다.

백제 목간 중에는 외경부 목간과 좌관대식기 목간과 달리 관청 또는 관직명이 보이지 않지만 그 내용을 통해 특정 관청 또는 관직과의 관련성을 추정할 수 있는 것들도 있다. 서부 후항 목간, 궁남지 2차 2호 목간, 지약아식미기 목간이 이에 해당한다.

궁남지 유적에서 출토된 서부 후항 목간에는 '부이部夷', '귀인歸人' 등의 글자가 새겨져 있는데, 이 둘의 성격을 두고 많은 논란이 있지만 호적 목간으로 파악하는 견해가 많다. 이 목간을 담당한 관청이 22부사의 외관 10부 중 하나로 호적·징발 등을 담당했던 점구부點口部였으리라는 점은 쉽게 추측할 수 있다(서부 후항 목

| 표 3-1 | **22부의 직무(6세기 기준)**

구분	관청명	직무(/ 는 다른 견해)
내관	전내부	국왕 근시, 왕명 출납
	곡부	식사 제공 / 곡물(租) 출납
	육부	식사 제공
	내경부	왕실 창고
	외경부	국가 창고
	마부	왕의 승용마·가마 등
	도부	무기·무구 / 군기류 관리
	공덕부	불교
	약부	어의·제약
	목부	왕실 건축
	법부	의례 / 왕족 관리, 궁내 의례
	후궁부	후궁 관리
외관	사군부	군사
	사도부	교육·의례
	사공부	토목 공사
	사구부	형벌·사법
	점구부	호적·징발
	객부	외교, 사신 접대
	외사부	인사
	주부	직물 제조, 출납 / 직물(調) 출납
	일관부	천문·역법
	도시부	왕도 시장 관리

| 표 3-2 | **6좌평의 직무**

좌평명	직무
내신좌평	왕명 출납
내두좌평	창고 관리
내법좌평	의례
위사좌평	국왕 호위
조정좌평	형벌·사법
병관좌평	군사

간에 대해서는 4장 〈백제의 마지막 수도 사비도성을 엿보다〉에서 자세히 다루고 있다).

궁남지 2차 2호 목간은 습서 목간(글씨를 연습하기 위해 같은 글자를 여러 번 적은 목간) 또는 문서 목간으로 보인다. 문서 목간으로 파악할 경우, 전쟁터에서의 활동을 기록한 보고서로 보이므로 논공행상論功行賞과 관련지어 볼 수 있다. 그렇다면 이 목간과 관련된 관청은 22부사의 외관 10부 중 하나로 군사를 담당하는 사군부司軍部가 될 것이다. 사군부는 무관의 인사를 담당했던 것으로 추정되므로 논공행상이 주요 업무였을 것이다.

능산리 유적에서 출토된 목간은 '지약아식미기支藥兒食米記'라 쓰여 있어 '지약아식미기 목간'이라고 불린다. 도성에 필요한 약재를 운반해 온 약아藥兒들에게 식미, 즉 식량으로서의 쌀을 출납한 현황을 기록한 사면 목간이다. 그중 3면의 내용은 기존 내용을 깎아 내고 새로 쓴 것으로 보인다. 약아를 관리하는 상부 기관은 22부사의 내관 12부 중 하나로 어의御醫·제약製藥 등을 담당하는 약부藥部일 것이다(지약아식미기 목간은 8장 〈약재를 채취하여 병을 고치다〉를 참조하기 바란다).

관청 이름이 보이지 않지만 그 내용으로 미루어 보아 특정 관청과의 관련성을 추정할 수 있는 목간은 기본적으로 기록 분량이 많다. 앞으로 분량이 많은 목간이 출토되는 사례가 더욱 축적되면 위에서 말한 세 관청 말고도 더 많은 관청과의 관련성을 파악할 수 있을 것이다.

목간에 보이는 백제의 관등

앞서 언급하였듯이 관등 이름이 적힌 목간은 8점이지만, 나주 복암리 3호 목간에 3명의 사례가 나오기 때문에 현재까지의 사례는 모두 10건이라고 할 수 있다.

앞서 소개한 부여 구아리 중앙성결교회 90호 목간 이외에 부여 능산리사지 유적에서 출토된 하부 대덕 소가로 목간에는 "□성□城 하부下部 대덕對德 소가로疏加鹵", 298호 목간에는 "나솔奈率 가저백가加姐白加", 307호 목간에는 "□덕□德 간이干尔", 부여 쌍북리 현내들 85-8호 목간에는 "나솔奈率 모씨牟氏 정□丁□", 91호 목간에는 "덕솔德率 수비首比", 나주 복암리 3호 목간에는 "전항前巷 나솔奈率 오호류烏胡留"와 "검비두劍非頭 한솔扞率 마진麻進", "덕솔□德率□"이라 쓰여 있고, 마지막으로 나주 복암리 12호 목간에는 "군나軍那 덕솔德率 지안至安"이라고 쓰여 있다.

이것을 관등별로 세어 보면, 나솔奈率이 4건으로 가장 많고, 덕솔德率이 3건으로 그다음이며, 한솔扞率·□덕□德(계덕季德으로 추정)·대덕對德이 각각 1건이다. 아직까지 대덕 이하의 하위 관등이나 은솔恩率 이상의 상위 관등이 나타난 사례는 보이지 않고, 덕계와 솔계 관등에 집중되어 있다.

기록 방식을 살펴보면 '부 이름(지역 이름)+관등 이름+사람 이름'과 '관등 이름+사람 이름'이 각각 5건으로, 둘 다 일반적인 기록 방식이었음을 알 수 있다.

목간 8점의 용도로는 신분증 또는 꼬리표가 4점으로 가장 많고, 문서 또는 행정 용도가 3점으로 그다음이며, 1점은 용도 미상이다. 이 가운데 나주 복암리 3호 목간을 살펴보면, '전항 나솔 오호류'는 '항 이름+관등 이름+사람 이름', '검비두 한솔 마진'은 '지역 이름(관직 이름으로도 추정)+관등 이름+사람 이름', '덕솔□'은 '관등 이름+사람 이름'의 다양한 형식으로 기록되어 있는 것을 알 수 있으며, 이를 통해 문서 목간으로 추정할 수 있다. 즉 '전항'이 항(도성의 행정구역으로, 부의 하부 단위) 이름, '나솔·한솔·덕솔'이 관등 이름, '검비두'가 지역 또는 관직 이름, '오호류·마진'이 사람 이름인 것이다. 덕솔 다음 글자는 보이지 않지만, 관등명 다음에 주로 인명이 기록되기 때문에 사람 이름일 것으로 추정된다.

관등 이름이 직접 보이는 목간은 앞으로도 더 출토될 것으로 기대된다. 다양한 관등 이름이 출토됨으로써 각 관등이 어느 정도의 지위에 해당하는지 더욱 구체적으로 알 수 있을 것이다.

부여 구아리 중앙성결교회 90호 목간 등에 보이는 관등제는 관인의 위계를 표시하는 제도이다. 관등제는 삼국에 모두 존재하였는데, 백제의 경우 16관등제였다(〈표 3-3〉 참조). 이 16개의 관등은 대체로 538년 수도를 부여로 옮기고 나서 완비된 것으로 알려져 있다.

그 가운데 좌평과 솔계 관등은 귀족회의체를 구성하여 국가 대사를 결정하는 권한을 가지고 있었고, 특히 좌평과 달솔은 각 관청의 장관에 취임할 수 있었다. 그렇기 때문에 솔계 관등이 되면

| 표 3-3 | 백제의 관등(6세기 기준)

품	관등명	관식	대색(관색)	복색	비고
1	좌평	은화	자색(紫色)	자색	최상층
2	달솔				솔계 관등 (상층)
3	은솔				
4	덕솔				
5	한솔				
6	나솔				
7	장덕	없음		비색 (緋色)	덕계 관등 (중간층)
8	시덕		조색(皁色)		
9	고덕		적색(赤色)		
10	계덕		청색(靑色)		
11	대덕		황색(黃色)		
12	문독		백색(白色)	청색	하위 관등
13	무독				
14	좌군				
15	진무				
16	극우				

귀족의 지위를 세습하는 데 유리했던 것으로 알려져 있다. 다음으로 덕계 관등은 전문지식을 가지고 각 관청에서 실무를 책임지는 중간관리자 역할을 했다고 생각된다. 마지막으로 하위 관등은 각 관청에서 문서 초안 작성 등 실무를 집행하는 말단 계층이었을 것이다.

이러한 관등 제도에 따른 계층은 관모冠帽, 허리띠, 관복官服의 색깔이나 관모의 장식인 관식冠飾 등을 통해 구별되었다. 특히 솔계 관등 이상은 관모에 은으로 만든 꽃 모양의 관식을 더하여 덕계 이하의 관등과 시각적으로 구분되었다. 백제에서는 관모의 색깔인 관색冠色과 허리띠의 색깔인 대색帶色이 똑같았다. 또한 관색·대색 모두 자색 다음의 상위가 중국이나 일본에서 하위에 배치되는 조색皂色(검은색)이며, 덕계 관등의 대색 구분이 다섯 가지나 될 정도로 상세하다는 것이 특징적이다. 다만 『주서』·『북사』에서는 대덕과 문독의 대색이 황색이라고 한 반면,『수서』·『한원』에서는 대덕의 대색만 황색이고 문독의 대색은 백색이라고 하여 차이가 있다. 관복의 색깔인 복색服色은 7세기에 비색(붉은색)으로 통일되었다고도 하는데, 이는 좀 더 연구가 필요한 부분이다.

지금까지 목간에서 관등과 관직(또는 관청)이 함께 나온 사례는 적다. 이러한 사실을 고려하면 백제 중앙행정기구의 중심은 관직(또는 관청)보다는 관등에 있었다고 볼 수도 있다. 앞으로 좀 더 많은 자료가 나타난다면 이 문제를 파악하기 한층 쉬울 것이다.

문서 행정은 어떻게 이루어졌을까

백제에서는 종이와 목간이라는 재료를 사용하여 중앙행정기구가 문서 행정을 했던 것으로 추정된다. 다만 종이로 된 문서가 현재 존재하지 않기 때문에 문서 행정을 파악하기 위해서는 목간을 살펴볼 수밖에 없다. 또한 지방에서 출토된 목간이라 하더라도 중앙행정기구에서 발신과 수신을 전제로 하거나 중앙행정기구의 지시를 이행하는 과정에서 작성된 것일 가능성이 높기 때문에 자료로서 함께 이용하였다.

목간으로 문서를 작성할 경우 여러 가지 기능이 있지만, 앞에서 다룬 것들을 제외한다면 문서의 발신과 수신 기능이 대표적이라 할 수 있다. 문서를 발신하고 수신하기 위해서는 발신하는 주체와 수신하는 대상이 있어야 하고, 전달 과정에서 상황에 따라 문서의 내용을 남이 보지 못하도록 조치할 필요가 있다.

문서의 발신과 관련해서는 나주 복암리 4호 목간이 눈길을 끈다. 이 목간은 고대 일본에서 군郡의 관아가 주로 관할구역 내의 사람을 소환할 때 발신하는 '군부郡符 목간'과 형태상 유사한 것으로 알려져 있다. 그렇다면 이 목간에 보이는 '군좌郡佐'는 문서의 발신자이고, 목간의 출토지는 군의 관아일 가능성이 높다(이에 대해서는 5장 〈지방의 행정과 관리들〉을 참조하기 바란다).

다음으로 문서의 수신과 관련해서는 나주 복암리 6호 목간 (〈그림 3-3〉의 왼쪽)의 형태가 눈길을 끈다. 이 목간은 세로 방향 단면의 위아래 부분을 조금씩 남기고 가로 방향으로 1mm가량을 요(凹)자 형태로 오목하게 파냈다. 이것은 국내에서 최초로 확인된 봉함목간, 일명 봉검封檢이다. 봉함목간은 주로 일본에서 사용하는 명칭으로 일본에서는 〈그림 3-3〉의 가운데 방식으로 사용한다. 중

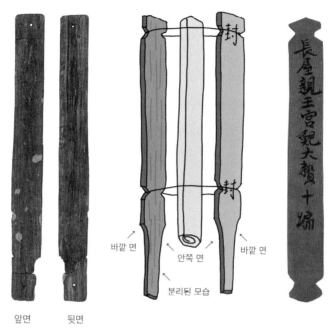

바깥 면　　안쪽 면　　바깥 면

분리된 모습

앞면　　　　　뒷면

| 그림 3-3 | **봉함목간**
봉함목간은 관청에서 기밀을 요하는 문서 꾸러미나 물건을 운송할 때 쓰였던 목간의 한 형태이다. 왼쪽 사진이 국내에서 최초로 확인된 봉함목간인 나주 복암리 6호 목간이다. 가운데 그림은 봉함목간이 쓰인 방식이며, 오른쪽 사진은 일본의 나가야오케長屋王家 봉함목간이다.

국에서는 목간의 여러 형태 중 하나인 '검檢'에 해당한다. 주로 관청에서 문서나 물건을 운송하는 데 사용했던 목간의 한 형태로, 봉투의 기능 또는 기밀을 요하는 문서 꾸러미나 물건을 운송할 때 쓰였다. 안쪽의 홈을 맞춰 짝을 이루었을 또 하나의 목간은 발견되지 않았는데, 두 개의 목간을 합하여 묶어서 고정한 후 봉인했을 것이다. 이런 쓰임새를 고려할 때 나주 복암리 6호 목간은 문서의 수신은 물론 발신과도 관련되고, 문서의 전달 과정을 설명해 주는 자료라고 할 수 있다.

문서의 발신과 수신 과정에서 내용을 봉인하는 데는 봉함목간 말고도 봉니封泥가 사용되었다. 봉니는 목간으로 된 공문서를 봉인하기 위해 이를 묶은 노끈의 이음매에 점토 덩어리를 붙이고 인장을 눌러 찍은 것을 말한다. 백제 지역에서 봉니가 출토된 사례는 없으나, 옛 낙랑군 지역인 평양 일대에서 다수가 출토된 바 있다.

대신 백제 지역에서는 고창 오호리 고분에서 청동 인장이 출토되었는데, '복의장군伏義將軍'이라는 중국 양梁나라의 장군호將軍號가 새겨져 있다. 장군호는 실제 관직이 아니라 위계적 성격이 강한 칭호였기에, 고창 오호리 고분의 인장은 장군호의 위계를 시각적으로 보여 주는 물품에 가까운 셈이다. 그렇더라도 이러한 인장의 존재로 미루어 볼 때 백제에서도 공문서에 인장이 사용되었을 가능성이 매우 높다.

지금까지 문서 행정에서 목간의 기능을 발신과 수신이라는 측면에 초점을 맞춰 살펴보았다. 마지막으로 목간을 통해 백제에서 작성된 문서의 형식에 대해 살펴보자. 백제에서 출토된 목간들에서 가장 많이 보인 형식은 '~기'라는 제목을 가진 것이다. 앞에서 소개한 '좌관대식기', '지약아식미기' 이외에도 관북리 유적에서 출토된 병여기兵与記 목간(〈그림 3-4〉의 왼쪽 목간)처럼 '병여기'라는 제목을 가진 경우도 있다. 이 제목으로 중앙관청에서 지방의 중방으로 병기를 보낸 내용을 기록한 문서 목간이라고 보기도 하는데, 그럴 경우 이 목간은 병기의 전달이라는 내용과 '~기'라는 형식을

| 그림 3-4 | **병여기 목간과 제첨축 목간**

왼쪽의 목간은 부여 관북리에서 출토된 병여기 목간이며, 가운데는 부여 쌍북리 280-5번지에서 출토된 제첨축 목간이다. 오른쪽은 중국 한나라 시기에 출토된 갈 형태의 목간으로, 병여기 목간과 유사하다. 제첨축은 두루마리 문서 중간에 끼워서 문서를 열어 보지 않고도 제목을 보고 내용을 알 수 있게 한 목간의 한 종류이다.

보여 주는 사례가 된다. 다만 '~기'가 과연 문서의 제목이나 형식 분류인가에 대해서는 다른 견해도 있다.

확실하게 문서의 제목을 기록한 것임을 알 수 있는 목간이 있는데, 이러한 목간을 제첨축이라고 한다. 제첨축은 두루마리 문서 가운데 끼워서 문서를 열어 보지 않고도 제목을 보고 내용을 알 수 있게 한 목간의 한 종류이다. 대체로 문서의 제목을 기록하는 면이 장방형에 가까운 형태로 되어 있고, 아랫부분에 좁고 긴 손잡이 같은 것이 붙어 있어 이 부분을 두루마리 문서 중간에 끼운다. 백제에서는 부여 쌍북리 280-5번지에서 출토된 제첨축 목간(〈그림 3-4〉 가운데 목간)이 이에 해당한다. 다만 이 목간의 경우 제목이 '여与'자 한 글자만 판독 가능하고, 한 글자 정도 더 있었던 흔적만 확인되어 어떤 내용의 문서인지는 알 수 없다.

부여 쌍북리 280-5번지 유적의 제첨축 목간이 종이 문서의 제목이었다면, 앞서 말한 병여기 목간은 목간 문서의 제목으로 사용된 중국 한대漢代의 갈楬(〈그림 3-4〉의 오른쪽 목간)과 모양이 유사하다. 이처럼 제첨축이라고 하더라도 용도에 따라 모양이 다르다.

외경부 목간은 어떤 의미를 갖고 있나

그렇다면 외경부 목간은 어떤 의미를 갖고 있을까?

첫째, 『주서』 등 중국 측 사료에만 보이던 백제 중앙행정기구의 명칭이 백제 지역에서 실물 자료로 확인된 최초의 사례이다. 22부사의 존재 여부는 물론, 백제 중앙행정기구의 실체에 접근할 수 있는 자료라고 할 수 있다.

둘째, 외경부의 존재가 확인된 것은 물론 출납과 관련된 물품 이름과 수량이 적혀 있어, 재정기구로서의 외경부를 연구할 수 있는 자료이다. 특히 같은 유적에서 출토된 좌관대식기 목간과 연관지어 해석할 수 있어, 곡식의 대여와 출납이라는 재정적 측면이 더욱 잘 드러나는 자료이다.

셋째, 목간의 출토 지점을 통해 백제의 사비도성에서 관청 구역을 설정할 수 있다는 점이다. 외경부가 중앙행정기구인 22부사의 하나이고, 사비도성에 궁궐과는 구분되는 관청 구역이 존재할 가능성이 있다면, 부여읍 쌍북리 280-5번지 유적 주변이 관청 구역이었다고 추정하는 것도 무리가 아닐 것이다.

이렇게 외경부 목간은 사료가 절대적으로 부족한 백제의 중앙행정기구를 연구하는 데 더할 나위 없이 소중한 자료라고 할 수 있다.

정동준 성균관대학교 사학과 BK21+사업단 연구교수

4

백제의 마지막 수도
사비도성을 엿보다
― 서부 후항 목간

궁남지에서 출토된 서부 후항 목간의 정체

이번 장에서는 백제 무왕 35년(634)에 만들어졌다고 전하는 부여 궁남지에서 발견된 315호 목간, 일명 서부西部 후항後巷 목간을 통해 백제의 마지막 수도인 사비도성의 모습을 살펴보고자 한다.

서부 후항 목간은 1995년 충청남도 부여군 부여읍 동남리에 있는 궁남지의 중심부를 조사하는 과정에서 나무로 만든 저수조 남동쪽 모퉁이로부터 40cm가량 떨어진 수로 서편 두둑에서 발견되었다. 〈그림 4-1〉에서 볼 수 있듯이, 발견 당시 목간은 크기가 길이 35cm, 너비 4.5cm, 두께 1cm로 비교적 완전한 형태였다. 목간의 상단 4.4~4.8cm 지점에는 지름 0.5cm의 구멍이 뚫려 있는데, 이 구멍은 아마도 목간을 줄로 꿰어 보관하기 위해 뚫었을 것이다.

| 그림 4-1 | **서부 후항 목간 출토 당시 모습**

궁남지를 조사하는 과정에서 서부 후항이 기록된 목간이 발견되었다. 서부
후항은 백제의 마지막 수도인 사비성의 행정구역 명칭이다.

　　서부 후항 목간은 발견 당시 남아 있던 글씨 형태가 비교적 뚜
렷했고, 이후 적외선 촬영이 이루어지면서 판독상의 논란은 더욱
줄어들었다. 다만 일부 적외선 촬영으로도 불확실한 글자가 있어

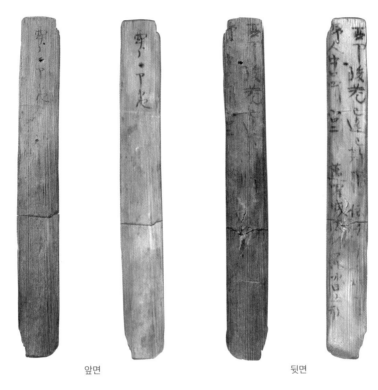

앞면　　　　　　　　뒷면

| 그림 4-2 | **사비도성의 모습을 생생하게 전해 주는 서부 후항 목간**

적외선 촬영 사진을 통해 앞면의 '西十丁阝夷'와 뒷면의 '西阝後巷…'의 글자를 또렷하게 확인할
수 있다.

연구자마다 다른 해석을 내놓고 있다. 여기서는 1999년 국립부여
문화재연구소에서 간행한 발굴조사보고서와 2009년 국립부여박
물관에서 간행한 목간 자료를 참조하고 여러 연구자의 견해를 종
합하였는데, 이 내용을 토대로 서부 후항 목간의 판독문과 해석문
을 제시하면 다음과 같다.

　서부 후항 목간에는 백제 도성의 행정구역을 뜻하는 것으로 보

판독문

앞면 西十丁◎𨸰夷

뒷면 西𨸰後巷巳達巳 斯依□(活?)□□□丁

　　　　◎

　　　帰人中口四 小口二. 邁羅城法利源水田五形

해석문

앞면 서쪽(서부?)의 10명의 정丁 부이部夷

뒷면 서부西部 후항後巷의 사달사巳達巳는 이 □□□□에 의거
　　　해 귀인歸人 중구中口의 넷, 소구小口의 둘과 매라성邁羅城
　　　법리원法利源의 수전水田 5형形을 받았다.

이는 '서부 후항'이라는 내용 외에도 호적 또는 도성 내 인구 구성
과 관련된 듯한 중구·소구·귀인·부이 등의 용어와 함께 지방 이
름인 매라성 등 기존 사료에서는 볼 수 없었거나 사료의 내용을
보완해 줄 수 있는 내용이 많이 기록되어 있다.

　목간에 기록된 내용이 확인되면서 목간의 용도를 두고 연구자
들 사이에 다양한 견해가 제시되었다. 먼저 서부 후항에 사는 사
달사라는 인물의 공훈 포상과 관련된 목간이라는 견해가 있으며,
단순한 호적 관련 문서라는 견해가 있다. 이와 달리 조세 징수나

역을 징발할 때 대조하기 위한 장부라는 견해와 수전水田 개간과 관련된 역역力役(국가가 토목공사에 백성들의 노동력을 동원하던 것) 문서라는 견해 등이 제기되었다.

이처럼 목간의 용도를 두고 다양한 견해가 제시되었지만, 그중 목간에 기록된 '서부 후항'이 당시 사비도성의 행정구역을 가리킨다는 점에 대해서는 연구자들의 의견이 일치하고 있다.

사비도성의 행정구역, 부와 항

백제 시대 행정구역 단위였던 부部와 항巷은 지금 우리에게는 매우 생소한 역사 용어이다. 도성은 국가의 중심지로서 많은 인구와 재화가 집중되는 곳이었다. 이러한 도성을 질서 있게 운영하기 위해서는 인구와 재화를 적절하게 제어하기 위한 제도적 장치가 필요하다. 그런 점에서 도성의 행정구역을 뜻하는 부와 항은 도성에 거주하는 사람들을 통제하기 위한 행정적·군사적 편제라 할 수 있다. 지금도 그렇지만 부와 항 같은 행정구역은 인위적으로 편성한 것으로, 이를 통해 부·항에 사는 사람들을 파악하고 통치 수단으로 활용했다.

중국의 역사책인 『수서隋書』에는 "(백제의) 기내畿內(도성 안)는 5부로 나뉘는데, 부에는 5항이 있고 사인士人(사인은 일반 백성인 서인庶人과 구분되는 귀족·관인을 가리키는 것으로 보인다)이 거주한다"는 기록이 있어 당시 사비도성의 행정구역을 짐작할 수 있다. 이러한 행정구역은 백제뿐 아니라 중국과 고구려, 신라, 일본 등 동아시아의 고대 도성에서도 찾아볼 수 있다.

중국의 경우 이미 북위北魏(386~534)의 초기 수도였던 평성平城에서 이후 수도인 낙양洛陽(지금의 뤄양)에 이르기까지 도성 안을 격자형으로 분할한 방장제防牆制 형태가 보이고 있고, 이것이 수·당의 수도인 장안長安(지금의 시안西安)에서는 완성된 형태로 나타나고 있다. 이러한 장안성의 영향을 받아 만들어진 고대 일본의 수도인 후지와라쿄藤原京, 헤이조쿄平城京와 헤이안쿄平安京 역시 조방제條坊制라는 격자형 행정구역 제도를 채택했다.

한편 고구려와 신라에서도 이와 유사한 형태의 격자형 행정구역

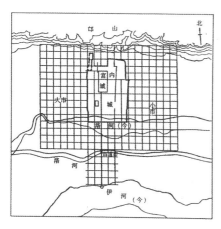

| 그림 4-3 | 북위 낙양성의 평면도(왼쪽)와 신라의 방 유적(오른쪽)
전근대 시기 동아시아 국가에서는 수도 도성을 격자형으로 분할한 행정구역 형태를 취하는 것이 보편적이었다.

을 갖추었을 것으로 보고 있다. 고구려의 경우 평양성이 이里와 방坊으로 구획된 이방제里坊制를 채택하였던 것으로 보이며, 신라는 자비마립간慈悲麻立干 12년(469)에 방坊·이里의 이름을 정하였다는 『삼국사기』의 기록이 있어 방리제坊里制가 실시되었음을 알 수 있다.

이러한 기록과 함께 행정구역을 짐작하는 데 중요한 것이 고고학적 증거이다. 그중에서도 행정구역과 관련하여 가장 중요한 증거는 도로 관련 유적이다. 도시 구획은 도로를 통해서 이루어지기 때문이다. 예를 들어 서울의 종로구를 보자. 경복궁 광화문 앞에서 숭례문까지 이어지는 세종대로, 그리고 광화문 광장 끝 세종대로 사거리에서 좌우로 서대문과 동대문을 잇는 새문안로와 종로는 조선 시대부터 오늘날에 이르기까지 사대문 안의 남북과 동서의 중심축을 이루는 도로였다. 이 도로를 따라 조선 한양의 행정구역이 나뉘었다. 이러한 형태의 도성 구획은 백제의 사비도성에서도 크게 다르지 않았을 것이다.

현재 발굴된 사비도성의 도로 유구遺構, 즉 옛날 토목 건축의 구조와 양식을 알 수 있는 실마리가 되는 잔존물을 살펴보면 당시 모습을 어느 정도 유추할 수 있다. 사비도성의 왕궁이 있었을 것으로 추정되는 관북리를 발굴하는 과정에서 남북대로가 발견되었다. 남북대로는 폭 8.9m의 도로로, 동쪽과 서쪽에서 발견된 하수구까지 포함할 경우 도로 폭이 10.75m에 이른다. 이 도로는 관북리에서 발견된 건물 기단에서 정림사지 왼편을 거쳐 궁남지까지 연결되었을 것으로 추정된다. 이 길은 의자왕 19년(659) "궁중의

괴목槐木이 울었는데 사람의 곡소리와 같았고, 밤에는 귀신이 궁남쪽 길〔宮南路〕에서 곡하였다"는 『삼국사기』의 기록에 보이는 '궁남로'로 추정되고 있다. 이 남북대로 유적의 남쪽 끝부분에는 폭이 3.9m 정도 되는 동서소로가 직교하고 있음도 확인하였다. 이 도로는 현재 부여 지도에서 확인되는 관북리 지역의 옛길과도 비교 가능하다.

이 밖에도 부여의 능산리, 군수리, 가탑리, 쌍북리 등지에서도 도로 유적이 확인되었다. 다만 이러한 자료 대부분이 지역별로 단편적으로 발견되고 있고, 또 이들을 연결하는 도로 유적이 아직 발견되지 않아 아쉽지만 사비도성 공간 전체가 어떠한 방식으로 구획되었는지는 명확하게 알 수 없다.

이러한 도로 유적과 함께 도성의 구조를 확인할 수 있는 중요한 유물이 바로 정림사지 인근 동남리 향교의 동쪽 논에서 발견된 "전부前部"가 새겨진 표석과 "상부전부천자차이□□□上阝前阝川自此以□□□"가 새겨진 표석, '부部'의 명칭이 새겨진 기와들이다(〈그림 4-4〉 참조). 특히 "상부전부천자차이□□□" 표석의 경우 "상부와 전부는 이곳으로부터…"로 해석할 수 있어 부의 위치를 규명하는 중요한 자료로 주목받고 있다. 이를 토대로 부의 위치를 추정한 여러 견해가 제시되었지만, 아직 일치된 견해는 없다. 부의 위치를 추정하는 데 중요한 정보를 제공하는 표석이나 기와들은 쉽게 이동 가능한 것이어서 표석이나 기와들이 발견된 곳을 기준으로 부의 위치를 추정하기 어렵기 때문이다.

| 그림 4-4 | **부여에서 발견된 표석들**
도성의 구조를 확인할 수 있는 중요한 유물로, 부여 정림사지 인근 동남리 향교의 동쪽 논에서
발견되었다.

　'항巷'의 경우 그 위치를 알 수 있는 자료가 전혀 없어 실제 어떻게 구획되었는지 추정이 불가능했다. 하지만 '서부 후항'이 새겨진 목간이 발견됨으로써 그동안 문헌 기록에만 보이던 '항'의 존재를 확인할 수 있게 되었다.

　그렇다면 사비도성에는 얼마나 많은 사람들이 살고 있었을까? 『주서周書』, 『북사北史』, 『한원翰苑』, 『괄지지括地志』 등에 따르면 사비도성에는 1만 가家에 이르는 사람들이 살고 있었다고 한다. 가家는 호戶와 유사한 전근대 시대의 호구 단위로, 1호는 대략 5~6명으로 구성되었다고 하니, 당시 사비도성에는 어림잡아 5만~6만 명의 인구가 살았을 것이다.

　『삼국사기』「백제본기」 의자왕 20년(660)에는 나당연합군의 공격으로 사비도성이 함락된 후 당나라로 끌려간 사람이 "장사

將士 88명과 주민 1만 2,807명"이라고 기록되어 있다. 이때 니당언 합군이 주로 공격한 곳이 사비도성이었으므로 당나라로 끌려간 사람들 대부분이 도성에서 살던 이들이었을 것이다.

도성에 살던 사람들은 사士(귀족·관인)와 서庶(일반 백성)로 구분되었다. 이들이 살았던 도성의 내부 공간은 크게 5부로 나뉘었고, 5부는 각각 5항으로 나뉘었다. 5부는 상부上部 · 전부前部 · 중부中部 · 하부下部 · 후부後部라 하였고, 5항은 상항上巷 · 전항前巷 · 중항中巷 · 하항下巷 · 후항後巷이라 하였다. 이 도성을 지키기 위해 각 부마다 500명씩, 총 2,500명의 병사들이 있었다고 한다. 현재 1,000만 명가량의 인구가 살고 있는 서울의 경찰 정원이 2만 6,940명(2016년 경찰청 통계)이라고 하니 사비도성의 규모가 어느 정도였는지 짐작할 수 있다.

백제의 부와 관련한 기록은 『일본서기日本書紀』에도 보인다. 『일본서기』에는 고대 한반도와 일본 열도 사이의 교류 기록이 많이 있다. 특히 6세기 백제와 왜倭의 교류 과정에서 활동하였던 것으로 추정되는 사람들의 이름 앞에 '부部'의 명칭이 붙어 있는 것이 이채롭다. 예를 들어 534년 성왕聖王이 왜에 파견한 '하부下部 수덕修德 적덕손嫡德孫'과 '상부上部 도덕都德 기주기루己州己婁'는 각각 하부와 상부를 그들의 관등과 이름 앞에 붙여 자신의 거주지를 밝히고 있다. 하지만 이들이 어떻게 각 부에 편제되었는지를 구체적으로 알려 주는 자료는 없다. 다만 기주기루의 경우 534년에는 상부에 살고 있었던 것으로 보이나 543년에는 전부 소속으로 기록되어 있다. 이로 미루어 볼 때 한 사람의 거주지가 고정되어 있었던 것은 아닌 듯하다. 즉, 당시 백제인들 역시 비교적 자유롭게 이주할 수 있었던 것이다.

한편 『일본서기』의 516년 기록에 보이는 목협불마갑배木刕不麻甲背와 541년의 목협미순木刕眯淳, 554년의 목협문차木刕文次는 모두 '목협씨木刕氏'로 같은 성을 가지고 있으나 목협불마갑배는 전부 소속으로 기록된 반면, 목협미순과 목협문차는 모두 중부 소속으로 기록되어 있다. 이러한 사실로 미루어 흔히 생각할 수 있는 집성촌처럼 거주지가 집단별로 구분되어 있었던 것도 아닌 듯하다.

그러나 소속 부의 변경이 이루어졌거나 성씨마다 서로 다른 부에 속해 있었다고 하더라도 대부분 소속 부를 밝히고 있다는 점에서 이 시기 백제는 매우 세심하게 도성 내 인구 동향을 파악하고 있었던 것으로 볼 수 있다. 서부 후항 목간에 기록된 사달사와 귀인 등이 모두 정丁 또는 중구, 하구 등으로 기록되어 있는 점 역시 백제가 당시 호구, 즉 인구를 세심하게 파악하고 관리했음을 보여 준다.

정치의 중심, 왕궁과 관청

한 나라의 중심 공간이 도성이라면, 도성의 중심은 왕궁이었다. 왕궁은 국왕의 거주지인 동시에 정치와 의례가 행해진 중심 공간이었다. 따라서 왕궁은 도성에서 중추가 되는 위치에 세워졌으며, 왕궁을 중심으로 도로가 만들어지고 관청과 시장, 사람들의 생활 공간이 생겨났다.

사비도성의 왕궁이 위치했을 것으로 유력하게 추정되는 곳은 한때 국립부여문화재연구소가 있었던 부소산 남쪽 기슭의 관북리 일대이다. 1982년부터 시작된 발굴조사에서 백제 사비 시기의 연못과 창고지, 대형 건물군과 함께 남북대로와 남북소로, 동서소로 등의 도로 유적까지 발굴되면서 일찍부터 관북리 지역은 사비도성의 왕궁지로 주목을 받았다.

전근대 동아시아에서 도성을 만들 때 가장 중요한 이념적 자료는 『주례周禮』「고공기考工記」였다. 『주례』에 따르면 국토의 중앙을 택하여 왕도를 세우고, 도성의 중앙을 택하여 왕궁을 세워야 했다. 이는 관념상 중앙이 방위 가운데 가장 높다는 점에서 최고통치자의 권위를 상징하는 것으로 여겨졌기 때문이다.

그러나 이러한 형태의 도성 구조는 교통이 불편하고 시가를 구획하기도 어렵기 때문에 대개의 경우 왕궁은 북쪽에 두되 도성 전체의 남북 중축선中軸線상에 위치함으로써 '중앙을 택하여 궁을 세우는〔擇中立宮〕' 정신을 구현하였다. 사비도성의 왕궁 역시 이를 염두에 두고 입지를 택한 것으로 보인다. 관북리 유적이 부여 시내의 북쪽에 위치하고 있는 점과 그 주변에서 발굴된 도로 유적들이 이를 잘 보여 준다.

또한 관북리 지역에 대한 최근 발굴조사 결과를 보면, 저습지에 흙을 쌓는 성토盛土 공사를 통해 이곳의 지표면을 2m 정도 높여 놓은 것을 알 수 있다. 이에 대해 인위적으로 주변 지역보다 지표를 높임으로써 이곳이 높은 위계를 지닌 곳임을 보여 주고자 했을 것이라는 견해가 제기되었다. 그렇다면 이 성토 대지는 국가 권력의 상징으로서, 왕궁의 권위를 높이고자 했던 의도가 반영된 결과라고 할 수 있다.

관북리 지역에서는 부소산 기슭에 일직선으로 축조된 건물 터가 세 동 확인되었다. 이 가운데 한 건물에서 발견된 '북사北舍'라는 글자가 새겨진 토기 파편은 왕궁이나 관청 북쪽에 북사라는 부속 건물이 있었을 가능성을 보여 준다. 이 밖에 제기가 발견된 건물 두 동은 종교 의식이나 제사용 그릇을 모아 둔 제기고祭器庫였을 가능성이 있다.

왕궁이 있었을 것으로 추정되는 관북리 지역의 배후에는 부소산성이 있다. 부소산성은 일종의 도피성으로, 전체 둘레가 약 2,200m이다. 사비도성은 한성이 함락된 후 피란 갔던 웅진성을 떠나 새로운 백제를 건설하기 위해 만든 계획도시였다. 그러나 고구려와 신라의 공격 위험이 늘 존재했다는 점에서 도성 방어가 무엇보다 중요하였다.

사비, 지금의 부여 지역은 서쪽과 남쪽으로 금강이 흐르고 있어 자연해자 역할을 함으로써 방어 요건을 갖추고 있지만, 북쪽과 동쪽 지역은 방어 체계가 충분히 갖추어지지 않은 상태였다. 때문에 백제인들은 부소산 북쪽에 청산성을 쌓고, 부소산성 동문지 북쪽 지점에서 가증천까지 이어지는 북나성을 쌓고, 월함지 동쪽 평야 지역에서 염창리까지 이어지는 동나성을 쌓아 1차 방어선을 구축하였다.

부소산성은 도시 외곽을 둘러싼 나성羅城과 금강을 이용한 1차 방어선과는 별도로 구축된 왕궁의 배후 성이었다. 이는 도피성으로 유사시 피란을 위해 사용하였던 것으로 보인다. 이러한 방어 체계는 『구당서舊唐書』에 전하는 나당연합군의 백제 공격 당시의 상황을 통해서도 짐작할 수 있다. 『구당서』를 보면 660년 당나라 장군 소정방이 사비성을 공격할 때 1차적으로 곽郭을 통과한 후에 성城을 포위하였다. 여기서 소정방이 통과한 곽은 나성으로, 포위한 성은 부소산성으로 보는 것이 일반적인 견해이다. 백제는 사비 도성 전체를 방어할 목적으로 나성을 쌓고, 또 왕궁을 직접적으로 보호하기 위해 부소산성을 축조했던 것이다.

왕궁과 함께 국가 운영의 중심이 되는 곳은 관청이었다. 그러나 사비도성에서 관청의 위치를 알 수 있는 자료는 없다. 다만, 왕과 긴밀하게 소통을 할 수 있는 곳에 관청이 위치해야 한다는 관점에서 보면 왕궁 인근에 위치했으리라는 것은 쉽게 짐작할 수 있다. 조선 시대에도 경복궁 광화문 앞, 지금의 세종대로 좌우에 육조六曹 거리가 위치하였다. 따라서 사비도성에서도 왕궁 인근에서 관청의 위치를 찾는 것이 합리적일 것이다.

이와 관련해 눈길을 끄는 것이 외경부 목간과 좌관대식기 목간이다. 이 두 목간은 이미 알려진 바와 같이 부여 쌍북리 280-5번지에서 발견된 것으로 백제의 재정 운영을 보여 주는 실례로서 주목

| 그림 4-5 | **사비도성 나성 추정도**

사비도성의 서쪽과 남쪽을 흐르는 금강이 자연해자로서 도성을 방어하고 있다. 한편 부소산 동쪽에서 필서봉에 이르는 곳에서 동나성(붉은색 표시 부분)이 발견되어 사비도성의 방어 체계를 이해할 수 있는 단서를 제공해 준다.

받았다. 더욱이 외경부 목간에는 문헌 사료에서만 보이던 '외경부'라는 구체적인 관청의 명칭이 기록되어 있어 도성 내 관청의 위치와 관련해서도 관심을 끌었다.

그러나 부여 쌍북리 280-5번지는 주변 지역보다 지대가 낮은 곳으로, 이 목간들은 흐르는 물에 휩쓸려 이 지역으로 흘러 들어온 것으로 보인다. 따라서 목간의 발견지가 해당 관청이 위치했던 곳이라고 볼 수는 없다. 또한 주변에서 창고 같은 재정 관련 유적이 발견되지 않은 점 역시 관청의 위치를 추정하기 어렵게 한다. 그렇지만 이 목간들이 모두 재정과 관련 있다는 점에서 상호 관련성이 있는 것은 분명하다.

두 목간이 발견된 지역 역시 관청의 위치와 연관지어 생각해 볼 때 조심스러운 측면이 있다. 일반적으로 『주례』를 기반으로 한 도성 조영의 기본 원리는 '좌묘우사左廟右社 전조후시前朝後市'이다. 즉, 왕궁을 중심으로 왼쪽에는 종묘를, 오른쪽에는 사직을 두고 왕궁 앞에는 조정을, 뒤에는 시장을 두는 것이다.

이러한 원리에 따르면 도성은 이미 언급하였듯이 왕궁을 중심으로 앞쪽에 관청〔朝〕, 뒤쪽에 시장〔市〕이 있어야 한다. 그러나 도성 구획이나 교통 등을 고려하여 왕궁을 북쪽에 배치함으로써 이 원칙이 완전히 지켜지기는 힘들었다. 대개의 경우 관청은 왕궁으로부터 이어지는 남북대로의 축선상에 위치한다. 하지만 앞의 두 목간이 발견된 곳은 왕궁의 동쪽이어서 관청의 위치를 추적하기가 더욱 어렵다.

다만 한 가지 생각해 볼 수 있는 것은 사비, 즉 지금의 부여 지역이 가지고 있는 지형상의 특징이다. 사비도성이 있었던 부여는 부소산성이 위치한 부소산과 시내 중심에서 약간 동쪽에 위치한 금성산이 전체 면적의 상당 부분을 차지하고 있다. 또 부여의 서쪽과 남쪽으로는 금강이 흐르고 있다. 이로 인해 금강과 인접한 지역의 경우, 침수가 상습적으로 이루어졌을 가능성이 있다.

따라서 사비도성의 공간 구성은 이러한 지형적 특성을 반영해 이루어질 수밖에 없었을 것이다. 이 때문에 관청을 왕궁 남쪽에 배치하는 것이 일반적이지만, 충분한 공간이 확보되지 않아 왕궁의 좌우 지역에 배치하였을 가능성도 있다.

서부 후항 목간은 어떤 의미를 갖나

지금까지 부여 지역에서 발견된 목간들을 비롯한 고고 자료와 사료들을 바탕으로 백제의 마지막 수도 사비도성이 어떤 구조를 가지고 있었을지 살펴보았다. 사실 다양한 자료가 남아 있음에도 불구하고 이 자료들 대부분이 위치가 바뀌거나 옮기기 쉬운 것들이고, 사료 역시 충분한 정보를 제공하지 못하고 있어 사비도성의 구체적인 모습을 구현해 내기는 쉽지 않다.

부소산성을 배후로 한 왕궁이 도성의 가장 북쪽에서 중심을 형성하고 그 주변에 관청들을 배치하였으리라는 것은 어느 정도 짐

자할 수 있다. 그것이 일종의 내성內城 구역을 형성하면서 사서士庶로 표현되는 귀족·관인·일반인들의 거주 구역과는 구별되었을 것으로 생각된다.

일반인들의 거주 구역은 지금의 구區·동洞처럼 부部·항巷으로 행정구역이 나뉘어 있었을 것으로 추정된다. 구체적인 위치는 아직 알 수 없지만 서부 후항 목간을 통해 부·항이 존재했음은 확인할 수 있다.

특히 이 목간은 기존에 존재 여부를 둘러싸고 논란이 있었던 '항'의 존재를 확인해 주었다는 점에서 매우 중요한 의미를 지닌다. 이후 2008년 나주 복암리에서 "전항前巷 나솔奈率 오호류烏胡留"가 기록된 목간이 발견되면서 '항'의 존재는 더욱 확실해졌다. 앞으로 보다 많은 자료가 축적된다면 사비도성의 실제 모습에 더욱 가까이 다가갈 수 있을 것이다.

장미애 가톨릭대학교 국사학과 강사

지방의 행정과 관리들
— 나주 복암리 목간

지방의 모습을 엿볼 수 있는 복암리 목간

2006년 백제 시대 목간이 백제의 왕경王京이 자리했던 곳이 아닌 남쪽 지방 나주에서 여러 점 발굴되었다. 백제의 지방에서 목간이 다량 발굴된 것은 처음 있는 일이었다. 나주 복암리에서 목간이 발굴되기 전까지 백제의 목간은 대부분 마지막 왕도였던 부여에서 발굴되었다. 당시 목간을 비롯한 생활 유적이 다수 발굴된 곳은 전라남도 나주시 다시면 복암리 875-4번지와 875-6번지 일대이다. 이곳은 옹관묘와 석실묘로 구성된 복암리 3호분 묘역과 바로 맞닿아 있는 곳으로, 발굴 당시에는 논으로 이용되고 있었다. 이곳에서 쇠를 만드는 공간이었던 제철 유적과 건물 터, 그리고 용도를 알 수 없는 구덩이(수혈竪穴) 모양의 구조물이 14군데 확인되었다. 제철과 제동製銅에 사용된 도가니나 철 제련 과정에서 생긴 부산물인 슬래그slag와 함께 제사에 쓰인 것으로 보이는 소뼈도 한 마리 분이 나왔다. 또 금동제 귀걸이·벼루·토기 등 다양한 백제 시대 유물이 출토되었다.

그중에서도 가장 눈길을 끄는 것은 백제 시대 나주의 모습을 엿볼 수 있는 다수의 목간이었다. 이 목간들 덕분에 그동안 죽은 사람들의 공간인 무덤의 구조와 무덤에서 출토된 유물만으로 나주 지역의 백제 시대 모습을 더듬어 보아야 했던 한계에서 벗어날 수 있게 되었다. 복암리 유적에서 확인된 여러 구덩이 가운데 하나인 12-2호 수혈에서는 "두힐사豆肦舍"라는 글씨가 새겨진 토기가 발굴되었다. '두힐'은 백제 당시 복암리 일대를 비롯한 나주 지역을 가리키는 지명이었으므로 이 토기 역시 백제 시대의 유물이라고 할 수 있다. '두힐사'명 토기의 깨진 조각이 목간이 발굴된 1호 수혈 안에서도 발견되었으므로 '두힐사'명 토기와 복암리 목간은 같은 시기에 만들어진 것이라고 볼 수 있다.

한편 복암리 유적에서 약 2km 떨어진 나주시 다시면 회진리에 있는 회진토성에서는 복암리 유적보다 앞서 이루어진 조사에서 "회진현會津縣 대성자大城子 개우盖雨"라는 글씨가 새겨진 기와가 발굴되었다. 백제 때의 '두힐'이 통일신라 시대에 회진현會津縣이 되었다는 『삼국사기』 「지리지」의 기록이 복암리와 회진 지역에서 출토된 유물로 확인된 것이다.

나주 복암리 목간들은 모두 복암리 유적 중 '1호 수혈'이라고

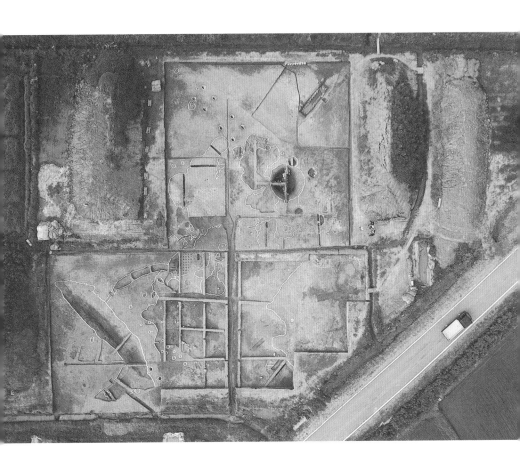

| 그림 5-1 | **나주 복암리 유적 3차 발굴조사 전경**

나주 복암리 목간들이 발굴된 복암리 유적의 모습이다. 이곳에서는 백제의 지방 유적 가운데 처음으로 13점이나 되는 목간이 발굴되었다. 발굴 목간들은 모두 '1호 수혈'이라고 이름 붙은 구덩이 모양 유구에서 출토되었다.

| 그림 5-2 | **목간이 나온 구덩이 모양의 시설(1호 수혈)**

복암리 유적에서 출토된 목간들은 모두 이 구덩이 모양의 구조물 속에서 발견되었다. 유적이
형성되던 당시에는 이 구덩이가 물을 모아 두는 저장 시설로 사용되었다.

이름 붙은 구덩이 모양 유구에서 출토되었다. 목간이 발견된 층위는 1호 수혈에서도 두 번째 토층인 II층이다. 1호 수혈은 둥근 구덩이 모양을 하고 있는데, 구덩이의 지표 부분 지름이 5.6m이고 깊이가 4.8m에 이른다. 이 구덩이에서는 나무로 만든 여러 가지 목제품과 기와, 토기들이 나왔을 뿐 아니라 밤·살구씨·참외씨를 비롯한 씨앗류와 솔방울 등 여러 식물 자료도 출토되었다.

이곳에서는 목간을 포함하여 나무로 만든 목제품이 모두 65점 발견되었는데, 이 가운데 조금이라도 읽을 수 있는 묵서가 남은 목간은 모두 13점이다. 복암리 3호 목간에서는 '덕솔德率'을 비롯한 백제의 관등명이 확인되었고, 11호 목간에는 '경오년庚午年'이라는 간지가 적혀 있어 목간의 제작 시기를 판단하는 근거가 되고 있다. 간지 '경오년'과 백제의 관등명을 함께 고려하면 대부분의 복암리 목간은 610년 전후에 만들어진 것으로 보인다.

여기서는 우선 복암리 목간 가운데 3호 목간의 기록을 살펴보고자 한다. 복암리 3호 목간에는 백제의 관등 가운데 하나인 '덕솔'을 비롯한 몇몇 관등명과 사람 이름이 등장한다. 이 목간은 기록 문서로 사용되다가 버려진 뒤 뭔가 다른 용도로 가공된 것으로 보이는데, 발견 당시에는 둥글고 긴 주걱 모양이었다(〈그림 5-3〉 참조). 가공할 때 목간 위쪽과 양옆 등 주변부를 모두 깎아 내서 윗부분은 둥글게 하고, 위에서 아래로 내려가면서 좁아지도록 만든 듯한데, 아래쪽 끝부분은 부러져 나가고 없다.

이처럼 2차적으로 사용하기 위해 깎아 내는 과정에서 기록된

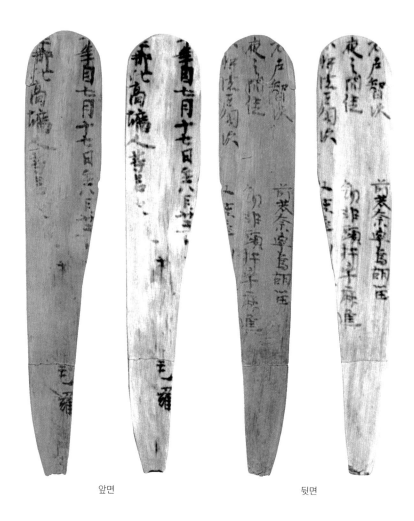

앞면   뒷면

| 그림 5-3 | **수혈에서 출토된 나주 복암리 3호 목간의 실물과 적외선 사진**

이 목간은 지방 행정에 대한 기록 문서로 사용된 뒤에 버려졌다가 무언가 다른 용도로 사용되면서 그 모양이 변형되었다. 현재 남아 있는 목간은 주걱 모양이다.

글씨도 상당 부분 깎여 나갔다. 현재 남아 있는 목간의 크기는 길이 24.8cm, 최대 너비 4.5cm, 두께 0.5cm 정도이다. 3호 목간에는 앞뒤 양면에 모두 글씨가 쓰여 있는데, 연월일 등 날짜가 적힌 쪽이 앞면일 가능성이 있다고 생각되어 이를 기준으로 앞뒷면을 구분하여 설명하고자 한다. 3호 목간의 글씨 가운데 판독이 쉽지 않은 것들 중심으로 살펴보면 다음과 같다.

앞면 왼쪽 행의 첫 번째 글자는 '반半'일 가능성이 높고, 두 번째 글자는 '나那'가 분명하다. 세 번째 글자는 오른쪽의 '숟가락 비匕' 부분의 위치가 오른쪽으로 치우쳐 있고, 왼쪽 변의 묵흔이 오른쪽 위와 왼쪽 아래 부분에 걸쳐 남아 있는 것으로 보아 '비比'보다는 '차此'일 가능성이 있다. 여섯 번째 글자는 '인人'이 분명하고, 일곱 번째 글자는 복수를 뜻하는 '등等'으로 보인다. '등' 다음의 글자는 판독하기가 어렵다. 적지 않은 공백을 두고 아랫부분 오른쪽에 치우쳐서 쓴 두 글자는 '모라毛羅'이다.

뒷면은 3행씩 2단으로 이루어져 있는데, 상단의 기록과 하단의 기록 사이에 약간의 공백을 두고 있지만 그 내용은 서로 상응하는 구조이다. 오른쪽 행은 "…호지차戶智次 전항前巷 나솔奈率 오호류烏胡留"이고, 가운데 행은 "…야지한도夜之閈徒 인비두釰非頭 한솔扞率 마진麻進"이다. 왼쪽 행은 상단의 아래쪽 '…호국차戶匊次'와 하단의 '우덕솔又德率' 정도만 읽을 수 있고 깎여 나간 부분이 많아서 더는 판독이 어렵다. 판독문과 해석문을 살펴보면 다음과 같다.

판독문

앞면 … × □年自七月十七日至八月卄三(日)

　　　　　　　　　　　　　　　　毛羅

　　… × 半那(此)高墻人等□□

뒷면　× □戶智次　　　　前巷奈率烏胡留

　　× 夜之閒徒　　　　釗非頭扞率麻進

　　× □□□戶匊次　　又德率□□

해석문

앞면　(~년도의 기록) 7월 17일부터 8월 23일까지

　　　　　　　　　　　　　모라(에서 기록하다)

　　반나부리의 (차此)고장인高墻人 등等

뒷면　× □호지차는　　　전항前巷에 사는 나솔奈率 관등의

　　　　　　　　　　　오호류烏胡留의 소속인이고

　　× 야지한도는　　　인비두釗非頭에 사는 한솔扞率

　　　　　　　　　　　관등의 마진麻進의 소속인이며

　　× □□□호국차　　역시 (인비두에 사는) 덕솔德率

　　　　　　　　　　　관등의 □□의 소속인이다.

목간에 보이는 지방의 행정 조직과 관리들

나주 복암리 3호 목간은 많이 깎여 나가 기록이 불완전한 탓에 전후좌우의 맥락을 파악하기 쉽지 않다. 하지만 목간 뒷면 하단의 기록은 지명과 관등명과 사람 이름을 적은 것이 분명하다. 뒷면 상단 오른쪽 행의 '…호지차戶智次'와 상단 왼쪽 행의 '…호국차戶匊次'에 '차次'가 반복해서 나오는데, 충청남도 연기군 비암사에서 발견된 백제 불상인 '계유명아미타삼존불비상'의 비문 내용에서도 사람 이름에 '~차' 형식의 두 글자 이름이 있는 것으로 보아 '차'는 사람 이름을 나타내는 인명어미인 것으로 생각된다. 호지차와 호국차 앞에 가구家口를 뜻하는 '호戶'가 반복되는 것으로 보아 그 앞쪽의 깎여 나간 부분에는 해당 인물이 소속된 가구를 나타낸 글자가 있었을 것이다. 따라서 지차와 국차가 그들의 이름이 될 것이다.

뒷면 가운데 행의 '야지한도夜之閒徒'는 '무리를 이룬 사람들'을 뜻하는 '도徒'라는 글자가 맨 뒤에 붙어 있는 것으로 보아 여러 명의 사람을 가리키는 것이거나 또는 한 사람의 이름일 수 있다. 글자의 뜻을 헤아려 보면 '밤에 여유가 있는 무리, 혹은 밤에 노는 무리'라는 뜻인 듯하다. 뒷면 하단에 쓰인 3행의 글자 내용은 '지역 이름+관등 이름+사람 이름'으로 구성되어 있다. 그리고 이 하단의 세 사람은 상단의 세 사람에 각각 대응하는 구조로 되어 있다. 상단에 쓰인 사람들은 관등이 없는 것으로 보아 하단의 사람들보다 신분이 낮고 하단의 사람들에게 배속되어 있거나 예속된 존재로 보인다. 목간 앞면에는 7월 17일부터 8월 23일까지 약 37일간을 가리키는 기간이 표시되어 있다. 그 아래에는 공백을 많이 두고 아랫부분에 '모라毛羅'라는 글자가 나온다. '모라'는 관등명이나 사람 이름이 수반되어 있지 않다는 점에서 지역 이름이라고 보아야 할 것이다. 즉, 모라라는 곳에서 37일 동안 진행된 어떤 작업에 관한 일을 적은 기록인 듯하다.

그런데 해를 가리키는 '년年'자가 특정 시기의 시작을 나타내는 의미를 가진 '자自'자보다 앞에 나온 점이 눈길을 끈다. 이것은 이 목간에 기록한 어떤 일이 연차年次 사업 가운데 특정 연도 안에서 이루어진 것만을 선택하여 기재한 것임을 나타내는 것으로, 그 전해와 다음 해에도 또 다른 유사한 기록이 있었음을 암시한다. 다시 말해 연차 기록의 특징을 가진 서술 형식인 셈이다. 앞뒤의 다른 연도 기록 내용을 고려할 필요가 없었다면 특정 시기의 시작을 나타내는 '자'자가 '년'자보다 먼저 나왔을 것이다.

이 목간이 작성된 곳은 '모라'였던 것으로 보이고, 목간의 최종 목적지는 목간이 묻혀 있다가 발견된 나주 복암리 일대에 있던 행정 관청이었을 것이다. 기록에 등장하는 '반나半那'는 『삼국사기』 「지리지」 '대방주조帶方州條'에 나오는 반나부리현半奈夫里縣을 줄여서 일컬은 것으로 보인다. 앞면 왼쪽 행에 나오는 '고장인高墻人'의 글자가 가리키는 뜻에 주목한다면 모라에서 진행된 일은 '높은 담장을 쌓는 기술을 가진 사람'과 관련이 있는 공사였던 것 같다. 그 일에 반나 지역 사람들이 관여하고 있었던 것이다.

이러한 기록들을 종합해 보았을 때 이 목간은 모라 지역에서 연차 사업으로 진행되고 있었던 일 가운데 특정 연도의 37일간 진행된 사업 내용과 거기에 참여한 사람들을 기록해서 나주 복암리 소재의 관청에 알리는 보고 문서인 셈이다. 보고자는 앞면 왼쪽 행에 쓰인 반나 지역 사람들이라고 볼 수 있다.

복암리 3호 목간의 뒷면 오른쪽 행의 기록은 "□호지차는 전항에 사는 나솔 관등을 가진 오호류의 소속인이고"라고 해석할 수 있다. 여기에 쓰인 '전항 나솔 오호류'라는 기록은 지역명, 관등명, 사람 이름을 순서대로 적은 전형적인 백제의 인명 표기 방법이다. 전항이라는 행정구역에 살고 있으면서 나솔이라는 관등을 가지고 있는 오호류라는 관인을 가리키는 것이다.

나솔은 백제의 16관등 가운데 6품에 해당한다(3장의 〈표 3-3〉 참조). 복암리 3호 목간의 뒷면 가운데 행과 왼쪽 행에는 한솔·덕솔 등 관직명이 연이어 등장한다. 한솔과 덕솔은 백제의 16관등제에서 5품과 4품에 해당한다. 『신당서』에 "백제에서 6품관 이상의 관인들은 관冠을 은화銀花로 장식한다"고 기록된 것으로 보아 덕솔과 한솔, 나솔은 백제의 관등 체계에서 비교적 높은 직위의 관등이었음을 알 수 있다. 무령왕은, 동성왕을 시해하고 반란을 일으킨 좌평 백가苩加를 토벌할 때 한솔 관등을 가진 해명解明에게 진압군을 지휘하고 가림성으로 가서 백가를 제압하게 했다. 국왕을 시해한 반군을 진압하는 국가적 군사 행동의 지휘관에 한솔 관등 소지자를 임명한 것을 보면 한솔의 관등 위상이 낮지 않았음을 알 수 있다.

그렇다면 오호류를 비롯하여 관등을 가진 이 사람들의 출신지, 즉 고향은 어디였을까? 여기에는 두 가지 가능성이 있다. 하나는 이들이 왕경王京 출신자로서 나주 지역에 지방관으로 파견된 경우이다. 다른 하나는 나주 지방의 유력 인사들로서 중앙으로부터 나솔 등 솔계 관등을 부여받은 경우이다.

그런데 이와 관련하여 나주 복암리 3호분에서 출토된 백제 은화 관식이 눈길을 끈다. 이 은화 관식은 솔계 관등을 부여받은 사람이 쓰다가 그 주인이 세상을 떠날 때 무덤에 함께 묻힌 유품이었을 것이다. 복암리 고분군 같은 집단 매장 유적은 대부분 토착 혈연 공동체의 공동 매장지였다. 이러한 점으로 미루어 볼 때 목간에 이름이 적힌 솔계 관등 소지자 가운데 일부는 토착 인물이었음을 알 수 있다.

복암리 12호 목간에도 세련된 글씨로 지역명과 관등명, 그리고 사람 이름을 쓴 전형적인 백제의 인명 표시 문구가 있다. "군나軍那 덕솔德率 지안至安"이 그것이다. 이것은 '군나 지역에 사는 덕솔 관등을 가진 사람 지안'이라고 해석할 수 있다. 이 목간은 위쪽과 아래쪽을 둥글고 단정하게 깎은 다음 정성 들여 다듬었다. 그리고 위쪽에 끈을 매달 수 있는 ◇모양의 사각형 구멍을 뚫었다. 형태적 특징으로 보아 물품을 보낼 때 매다는 부착용 꼬리표 목간과는 다르다는 것을 알 수 있다. 물품 부착용 목간은 뒤에 소개할 복암리 10호 목간처럼 윗부분 양옆으로 ⟩⟨ 모양의 홈을 파서 끈을 묶을 수 있도록 만들거나 윗부분에 거칠게 원형으로 구멍을 뚫은 것들이 많다. 또, 목간의 위아래를 다듬지 않고 나무 자를 때 만들어진 사각 모양을 그대로 두거나 밑을 ∨자 모양으로 뾰족하게 깎아낸 것들이 많다.

따라서 복암리 12호 목간은 당시 사람들이 자신의 신분을 확인할 수 있도록 소속 거주지와 관등명, 그리고 이름을 쓴 신분증명서 용도의 기록물인 것으로 짐작된다. 이러한 해석이 옳다면 군나 지역에 있던 덕솔 관등을 가진 지안이라는 사람이 복암리에 있던 행정 관청에 무언가 일이 있어서 방문했고, 어떤 이유에서인지 그 관청에 자신의 신분증명서에 해당하는 이 목간을 남긴 것으로 볼 수 있다.

복암리에서 출토된 또 다른 목간에는 당시의 지방 행정 조직 가운데 하나인 '군郡'에 소속된 관리의 존재를 알 수 있는 기록이 있다. 먼저 복암리 4호 목간에서 "군좌郡佐"라는 글자가 확인된다. 이 목간은 특히 앞면 글씨 상태가 좋지 않아 판독이 쉽진 않지만 '군좌'라는 글자는 분명하게 읽을 수 있다. '군좌'의 '군'은 사비 시대에 정비된 지방 편성 체제인 방方-군郡-성城 체제의 행정 단위인 '군'을 가리킨다. 백제는 사비 천도를 전후하여 5방-37군-200성으로 이루어진 통치 조직으로 지방을 정비하였다. 이 방-군-성 체제는 웅진 시기의 지방 편성 체제인 담로제를 개편한 것이다. '군'이 등장하는 복암리의 목간들은 목간 제작 사용 시기의 하한 선을 제시하는 역할도 하고 있다. 백제 멸망 후 당이 설치한 웅진

| 그림 5-4 | **나주 복암리 4호 목간의 실물 사진과 모사도**

앞면에 지방 행정 조직 중 하나인 '군'에 대한 기록이 남아 있는 이 목간은 길이 60.3cm, 너비 6.1cm, 두께 1.2cm로 국내에서 발굴된 목간 중 가장 크고 또 가장 긴 목간이기도 하다.

도독부 치하에서는 주州-현縣 체제로 지방이 편제되었으므로, 군이라는 기록이 나올 수 없다.

복암리 4호 목간 앞면에 보이는 '군좌'는 군에 소속된 관리를 의미할 것이다. '돕는다'는 뜻을 가진 '좌佐'라는 글자에 주목해서 보면 군좌는 군의 행정 책임자를 보좌하는 관리였을 듯하다. 이 목간은 백제의 군에 소속된 관리로 보이는 군좌의 존재를 보여 주는 최초의 당대 실물 기록이다.

군좌가 어떤 역할을 맡은 관리인지에 대한 구체적인 기록은 없지만, 중국 기록에 백제 지방 조직과 관련해 "(군의 상위 행정구역인) 방方의 책임자로 방령方領이 한 사람씩 있고 그를 보좌하는 방좌方佐가 두 사람 있었다"고 전하는 것으로 보아 군좌 역시 군의 행정 책임자인 군장을 보좌하는 관리였을 것이다. 한편 이 목간 뒷면에는 쌀을 거두어들이는 '수미受米'라는 표현과 날짜를 말해 주는 '8월 8일', '고일告日', '8월 6일' 등의 표현이 적혀 있다. 이는 아마 군의 관리들이 미곡米穀을 세금으로 거두어들이는 일과 관련된 어떤 절차가 이뤄진, 또는 이뤄져야 할 날짜들일 것이다.

'군'이라는 표현은 복암리 10호 목간에도 나온다. 이 목간의 앞면 중앙 상단에 "군득(분)郡得(分)" 세 글자가 확인되고, 뒷면에도 '미부米付'라는 글자와 함께 물품 꼬리표의 모습을 한 >〈 모양의 홈이 있어서 어딘가로 쌀을 보내면서 그 쌀에 매달아 놓은 꼬리표 목간임을 알 수 있다. 10호 목간은 4호 목간에서 본 '군좌'와 함께 군의 실체가 등장하는 또 다른 목간인 셈이다. 앞면에 기록된 '군득(분)'이란 군에서 얻게 되어 있는 부분, 즉 군에 납부하는 부분을 가리킬 것이다. 이 목간은 세곡 같은 쌀을 담은 짐에 매달아서 보낸 것으로, 목간이 묻혀 있다가 발굴된 지점은 이 목간과 그것이 매달린 물품이 도착한 목적지였을 것이다.

두힐성과 그 이웃 지역들

그동안 백제 시대 나주 지역에는 백제의 지방 편제 조직인 방-군-성 가운데 중간 단계에 해당하는 '군'의 치소(행정기관)가 있었을 것이라고 보는 견해가 많았다. 그리고 이곳에 자리 잡은 군은 발라군發羅郡이었을 것으로 생각해 왔다.

그런데 복암리에서 발굴된 목간들에는 복암리 일대에 있었던 행정 치소의 성격에 대한 새로운 정보를 제공하는 자료들이 있다. '군'뿐 아니라 군 아래의 행정 조직으로 일반 백성들이 살았던 마을의 존재를 알려 주는 촌村의 이름이 그것이다. 복암리 5호 목간에 나오는 '대사촌大祀村'이 바로 그 마을이다.

'대사촌'의 위치가 구체적으로 어디인지 지금으로서는 알 수 없다. 하지만 이 목간은 그것이 발견된 지역인 두힐 관청에서 일하던 관리가 작성했을 것이므로, 대사촌은 두힐성 예하의 어느 마을이었을 것이다. '큰 제사를 지내는 마을'이라는 이름의 의미에 주목해서 본다면 '대사촌'은 산천 제사나 고분 제사가 이루어지던 마을

이었을지도 모른다.

그 밖에도 복암리 목간에는 몇 개의 지명이 더 등장하는데, 이들이 가리키는 지역들은 공간적으로 매우 넓은 범위에 걸쳐 있다. 먼저 3호 목간에 나오는 '반나' 지역을 살펴보자. 앞에서도 언급했듯이 반나는 『삼국사기』 「지리지」 '대방주조'에 나오는 반나부리를 줄인 말로 보인다. 반나부리는 지금의 나주시 반남면 일대를 가리킨다. 또 복암리 3호 목간에는 지역 이름으로 보이는 '모라'가 앞면의 맨 아래에 쓰여 있다. 모라는 목간의 작성지이자 발신지로 보인다. 목간의 도착지는 목간이 묻혀 있다가 발굴된 나주 복암리의 관청이었을 것이다.

그렇다면 복암리 3호 목간을 제작하고 작성한 목간의 발신지 '모라'는 어디일까? 발음이 유사하다는 점에서 지금의 전라북도 고창 지역인 '모양부리毛良夫里'를 특정하기도 한다. 하지만 한자 표기의 유사성으로 본다면 『삼국사기』에 '탐모라耽牟羅'라 전하고 『신증동국여지승람』에 '탐모라耽毛羅'라고 기록된 지금의 제주도 지역일 가능성이 높다. 복암리 12호 목간에도 나주 주변 지역의 이름이 등장한다. '군나 덕솔 지안'의 '군나'는 『삼국사기』 「지리지」에 '굴나屈㦤'의 옛 지명이라고 전하는 곳이다. 나중에 영산강 유역 일대에 설치한 대방주 6현 가운데 하나였던 곳으로, 지금의 전라남도 함평 지역으로 생각된다. 3호 목간에 나오는 반나의 반남과 12호 목간에 등장하는 군나, 즉 함평은 나주 복암리를 중심으로 각각 동쪽과 서쪽에 위치해 있다.

복암리 목간에는 영산강 유역 여러 지역의 관등 소지자들의 활동 내용도 포함되어 있다. 3호 목간을 보면 복암리에 있던 행정 관청이 모라 지역에서 추진하는 사업에 참여한 덕솔·한솔·나솔 관등을 가진 반나 지역 관인들의 존재가 보인다. 백제 시대 왕경에서 멀리 떨어진 나주 복암리에 있던 행정 관청에 백제의 16관등 가운데 4·5·6품에 해당하는 고위 관등 소지자들이 다수 있었던 것이다.

또 복암리 12호 목간에서 볼 수 있듯이 현재의 함평, 즉 군나 지역에서 나주 복암리에 위치한 행정 관부를 방문한 덕솔 관등 소지자도 있었다. 『주서周書』나 『북사北史』, 『괄지지括地志』 등에는 백제의 군에 지방관인 군장郡將이 3인 임명되었으며, 군장에는 덕솔 관등자를 임명했다는 기록이 있다. 나주 복암리 3호 목간과 12호 목간에 기록된 서로 다른 두 사람의 덕솔 관등자는 반나부리현과 군나현에 거주하는 것으로 생각되는 군장급 고위 관등자의 존재를 말하고 있다. 지금의 함평에 해당하는 군나 지역에 살던 군장급 고위층 인물은 무언가의 용무 때문에 나주 복암리에 있던 두힐성의 행정 관청을 방문했고, 이곳에 자신의 신분증명서 용도의 목간을 두고 갔던 것이다.

한편 복암리 1호 목간에는 "득안성得安城"이 등장한다. 이 목간은 두힐 지역에 살던 사람 가운데 도망하는 자가 생겨 이들을 찾아서 잡아들인 내용으로 해석된다. 이들이 체포된 득안성은 지금의 충청남도 논산 은진 지역으로, 백제의 오방五方(백제의 지방 행정 구역 단위) 가운데 하나인 동방東方의 치소, 즉 동방성東方城으로 비정되고 있다. 두힐 지역에 있던 행정 관청은 도망친 사람들을 찾아 은진 지역의 지방 행정 관청과 연락을 주고받았거나 그곳에 직접 가서 그들을 붙잡았던 것이다. 나주 복암리에 있었던 행정 관청은 가까이로는 지금의 나주 반남과 함평 지역, 그리고 멀리는 제주도와 충남 은진 지역에 이르는 광역의 행정 관청들과 함께 행정 활동을 펼치고 있었다.

당시 지방 주민들은 어떻게 살았을까

백제 목간들이 발견된 복암리 유적에서는 "두힐사豆肹舍"라는 글씨가 새겨진 토기가 목간과 함께 발굴되었다. 이를 통해 이곳에 백제 때의 고을인 두힐이 있었음을 알 수 있다. 목간에는 두힐 같은 성城의 이름뿐 아니라 '대사촌'이라는 마을 이름도 기록되어 있다. 복암리의 두힐성 일대에는 군郡의 치소들인 군성들이 자리 잡고 있었던 것으로 보인다. 군에는 군의 최고 행정 책임자인 군장과 함께 군장을 보좌하는 군좌 등 관리들이 있었는데, 이들은 날짜를 정하여 농민들에게서 쌀을 비롯한 각종 곡식을 세금으로 거두어들이는 일을 하였다.

한편 복암리 2호 목간과 5호 목간에는 농민들을 상대로 가구별 인구수와 농토의 종류별 소유 내용, 소유 토지에서 나오는 농업 소출량, 그리고 가축의 수까지 파악한 지방 주민에 대한 인구·

재산·소득 정보 관리 기록이 남아 있다. 가구별로 호적을 관리하고 있었을 뿐 아니라 농토나 가축 같은 생산수단을 모두 기록하고 있었던 것이다. 관청에는 지역 주민들의 호적에 해당하는 자료와 세금 징수의 기본 자료가 되는 재산 및 소득 관련 자료를 기록하는 행정 관리들이 배속되어 있었다. 이들은 가구별로 농사짓기 좋은 최고 등급의 논은 얼마나 되는지, 새로 개간한 농토는 얼마나 되는지를 기록했고, 논과 밭에서 수확하는 곡식의 소출이 얼마나 되는지를 상세하게 기록했다. 백제의 지방 관리들이 이처럼 주민들의 가구별 인구수와 재산, 소득 상황을 상세하게 파악하고 기록한 까닭은 말할 것도 없이 국가와 지방 행정을 유지하기 위한 세금 징수 때문이었을 것이다. 또, 국가에서 추진하는 공공사업이나 군역軍役에 동원할 인력 자원을 파악하기 위해서이기도 했을 것이다. 주민들은 농사에서 얻은 소출 가운데 일부를 세금으로 납부해야 했고, 관청에서 추진하는 공공사업에 동원되어 노동에 참여하거나 군대에 동원되어 전장에 나가야 했다.

복암리 3호 목간에는 '호지차'와 '야지한도', '호국차' 등 고위 관인들에게 배속된 노동 인력으로 보이는 당시 백성들의 이름이 등장한다. 이들은 덕솔이나 한솔, 나솔 같은 관등의 관인에게 소속되어 지방 관청에서 추진하는 사업 현장에 동원되었고, 모라 지역에 가서 일을 했던 것 같다. 일종의 국역國役에 동원되었던 것이다.

그런데 복암리 1호 목간을 보면 주민들 중에는 무거운 세금과 국역의 부담을 피해 소속된 지방을 벗어나 다른 곳으로 도망가는 사람들도 있었음을 알 수 있다. 두힐의 관청에는 주민들을 관리하고 감독하는 직책의 관원도 있었는데, 이들은 다른 지역으로 달아난 사람들을 찾아 붙잡아 오는 일을 했다. 지방 행정의 관할 지역 안에 있었던 거주민 가운데 다른 지역으로 달아난 사람들을 찾아서 붙잡아 오는 내용을 적은 도망자 추쇄推刷 사건에 대한 기록인 셈이다. 이 목간은 윗부분이 잘려 나간 상태이지만 어떤 사태가 벌어진 시기와 그 사태와 관련된 행동의 주체가 적혀 있고, 모종의 행위 대상자와 그에 대한 행정 활동 내용이 기록되어 있다.

그 내용 중 '감監'이라는 글자가 등장하는데, 이는 감독자·감시자를 뜻할 것이다. 감독자의 숫자는 4명이라고 되어 있다. 또 '출배자出背者'라는 표현도 나오는데, 이는 두힐 지역에 살다가 '임무를 배반하여 탈출한 인원', 즉 도망자라고 해석할 수 있다. 도망자들이 붙잡힌 곳은 '득안성'이었다. 도망간 '출배자'들이 맡고 있었던 임무는 확인하기 어렵다. 관청에 배치되어 공공의 역역力役에 종사하던 인력이었을 수도 있고, 촌락의 주민으로서 농업이나 다른 일에 종사하면서 세금 납부와 요역徭役, 군역 부담을 지고 있던 일반 백성이었을 수도 있다. 출배자에 이어 '득착得捉'이 나오는데, 이는 '잡을 수 있었다'라고 해석된다.

이로 미루어 이 목간은 도망자 탈출과 그에 대한 추쇄 과정을 적은 사건 기록 문서인 셈이다. 『삼국사기』 무령왕 대 기록을 보면, 노동력을 확보하여 농업 생산량을 늘리기 위해 집을 떠나 떠도는 사람들을 찾아서 고향으로 돌려보냈다는 내용이 있는데, 복암리 1호 목간의 내용은 그처럼 집을 떠나 타지로 나간 사람들을 찾아 원래 살고 있던 지역으로 돌려보내는 행정 활동이 당시의 실물 기록에서 발견되었다는 점에서 흥미로운 자료이다. 조세와 국역의 원천이었던 백성들의 거주와 이동을 백제 시대 지방 관청에서 세세히 관리했음을 보여 준다.

복암리 일대에 있던 두힐성이 백제의 지방 통치 조직인 방-군-성 가운데 어떤 위계의 성이었는가에 대해서는 다양한 의견이 있다. 두힐은 백제 당시 나주 지역을 대표하는 지명이었고, 『삼국사기』「지리지」에 따르면 백제 멸망 후 당이 영산강 유역 일대에 설치한 대방주帶方州의 중심이었던 것으로 보인다. 대방주는 지류현·군나현·도산현·반나현·죽군현·포현현 등 6현을 예하의 관할 구역으로 두고 있었는데, 대방주의 치소가 있었던 것으로 보이는 죽군현이 원래 두힐이었기 때문이다. 두힐은 일찍이 백제 때부터 영산강 유역 일대 지방 행정의 중심 치소였기에 훗날 여기에 대방주의 치소가 설치되었을 것이다. 『괄지지』에는 백제의 5방이 적게는 6개, 많게는 10개의 군을 관할했다고 전하는데, 당이 설치한 대방주 6현이 그에 필적하는 규모와 수를 보이고 있다.

두힐 일대에는 '전항前巷'이라는 행정구역 편제 단위도 보여 눈길을 끈다. '전항'은 백제 왕경의 행정구역이었던 '5부 5항'을 구성하는 '오항五巷'의 일부이다. 복암리 목간 이전 '5부 5항'의 행정구역 명칭을 보여 주는 자료가 지방에서 발견된 사례는 중방성中方城이 있었다고 알려진 전라북도 정읍시 고사부리성에서 출토된 '상부상항上ß上巷' 글자 기와가 유일하다. 이 '상부상항' 글자 기와가 발굴되면서 백제의 중앙뿐 아니라 지방의 중심 치소인 방성方城에서도 '부部'와 '항巷'으로 행정구역 편제가 이루어져 있었을 가능성이 제기된 바 있다. 그런데 이 기와에 이어서 '전항'이라는 부항제 편제 자료가 나주 복암리에서도 나타난 것이다. 지방의 행정 치소에도 5부 5항 같은 왕경의 행정구역 단위가 있었는지를 알기 위해 정읍 출토 자료와 함께 새로 나온 복암리 출토 자료들이 더 연구되어야 할 것이다.

박중환 국립중앙박물관 고고역사부 학예연구관

6

인구를 조사하고 세금을 걷다
— 호적 목간

백제에도 호적이 있었다

문헌 기록이 미약한 고대사 연구에서 금석문이나 목간 등의 서사 자료는 그 시대의 생활상을 보여 준다는 점에서 더할 나위 없이 귀중한 사료이다. 특히 1995년 6월 부여 궁남지 유구 조사 과정에서 백제 목간 1점(궁남지 315호 목간)이 발견되었는데, 그 목간에 백제의 호적戶籍에 관한 내용이 들어 있어 이후 백제의 호적에 대한 논의가 활발해지기 시작하였다.

호적은 호구를 관리하기 위한 문서이다. 전통 시대 여러 왕조에서는 생산의 주체이며 통치의 대상인 민호民戶를 파악하고 통제하기 위해 호적을 작성하여 공권력에 편입하였다. 백제에서도 농민과 피지배층에 대한 관리를 위해 호적을 작성하고, 이와 관련된 문서 행정이 있었을 것이다.

지난 2006년부터 2008년까지 국립나주문화재연구소가 발굴 조사한 나주 복암리 제철 유구에서 목간 65점이 출토되었는데, 그 가운데 13점에서 묵서가 확인되었다. 호적 관련 목간 등 13점이 백제의 지방인 나주에서 나오면서 나주 복암리 목간에 대한 관심과 연구가 뜨거워졌다. 복암리 11호 목간에는 '경오년庚午年'이라는 간지가 적혀 있어 관련 유구의 조성 시기를 610년으로 비정할 수 있게 되었다.

특히 나주 복암리 2호 목간과 5호 목간은 촌락 문서로 보는 견해가 나왔다. 이 목간들은 그 뒤 백제에서 호구를 파악하는 방식과 호적의 기재 방식, 농업 경영 형태 등을 알 수 있는 단서로 평가받고 있다. 이처럼 나주 복암리 2호 목간과 5호 목간이 발견되면서, 백제 호적 목간에 대해 다시금 주목하게 되었다.

백제는 국가를 운영하기 위해 인구를 파악하고, 세금을 거두기 위해 호적을 만들었을 것이다. 호적 관련 목간의 존재는 백제 국가의 성숙도를 나타내는 한편, 농민들의 현실을 보여 주는 것이기도 하다. 따라서 백제의 호적이나 수취 체제를 알 수 있는 목간인 부여 궁남지 315호 목간(서부 후항 목간)과 나주 복암리 목간 등을 살펴보고자 한다.

호적 목간의 판독과 해석

부여 궁남지 315호 목간 출토 당시 발굴조사단이 최초 판독한 목간의 묵서는 다음과 같다. 목간에는 묵서가 세로로 쓰여 있으나, 편의상 가로로 서술하였다.

| 서부 후항 목간(부여 궁남지 315호 목간) |

판독문

앞면 … 西□(阝?)丁◎阝吏

뒷면 西阝後巷巳達巳 斯依□(活?)□□□丁

◎

歸人中口四 小口二 邁羅城法利源水田五形

해석문

앞면 서부西部 정丁 부이部吏

뒷면 서부 후항後巷의 사달사巳達巳는 이 □□□□에 의거해 귀인歸人 중구中口의 넷, 소구小口의 둘과 매라성邁羅城 법리원法利源의 수전水田 5형五形을 받았다.

이 목간에는 약 38자의 묵서명이 있었는데, 판독할 수 있는 글자는 30여 자에 지나지 않았다. 그러나 서부·후항·귀인·중구·

소구·수전 등 묵서명에 담겨 있는 내용의 편린들을 통해서 백제 사비 시대 생활상의 단면을 복원할 수 있다는 점에서 이 목간은 많은 관심을 받았다.

부여 궁남지 315호 목간의 크기는 길이 35cm, 너비 4.5cm, 두께 1cm 정도이며, 상단에서 5cm 지점에 지름 0.4cm의 구멍이 뚫려 있었다. 목간의 수종은 소나무로 세로로 켰으며, 묵서를 위해 잘 다듬어졌다. 목간의 묵서는 해서·행서·초서를 적절히 구사하였다. 목간의 크기는 신라 안압지 출토 목간 51점과 비교해 볼 때 큰 편에 속한다. 안압지 출토 목간은 큰 것이 길이 37.5cm, 너비 4.5cm, 가장 작은 것은 길이 4cm, 너비 0.6cm로 매우 다양한데, 대체로 길이가 9cm에서 23cm 사이의 것이 많다.

부여문화재연구소는 처음 보도자료에서 "서부 후항에 사는 사달사 등 □□□□의 인물과 매라성 법리원의 논을 개간하였다"고 간략히 발표하였다. 그 뒤 목간에 대한 정밀한 판독이 이루어졌으며, 후속 논문들이 나왔다. 목간의 성격에 대해서는 통행증 용도의 과소過所 목간 또는 호적 관련 문서, 특별한 용도의 호적 발췌 문서, 수전 개관과 관련된 역역力役 동원 문서, 조세와 역役 수취 과정에서 이를 확인하고 대조하기 위한 용도의 목간, 백제인 유식자와 전쟁 포로 등 외부에서 유입된 귀인을 한 호戶로 편제한 후 토지를 지급한 내용의 장부인 사민급전적徙民給田籍이라는 견해들이 제시되었다.

나주 복암리 2호 목간에서도 '정丁·중구中口·소구小口' 등의 내용이 나와 호구 관리 또는 노동력 파악이나 징발 상황을 기록한 문서로 보인다. 판독문의 내용을 살펴보면 다음과 같다.

| 나주 복암리 2호 목간 |

판독문

앞면　(상부 결실)〔□□□□〕兄將除公丁　婦中口二　小口四

定

(상부 결실)〔□□□□〕兄□□文丁　妹中口一□□□

益中□□

이 목간도 앞의 궁남지 315호 목간과 마찬가지로 현재 남아 있는 길이만 해도 24.8cm로 크고, 너비도 4.5cm로 넓은 편이다. 나주 복암리 3호 목간도 목간의 위와 아래 일부가 사라지고 없으나 남아 있는 부분으로 가늠해 볼 때 나주 복암리 2호 목간과 외형이 비슷할 것으로 추정되며, 대체로 길이가 29~29.4cm의 목간군으로 상정된다. 상대적으로 많은 내용을 적을 수 있는 문서 목간의 요건을 갖추고 있는 셈이다.

나주 복암리 5호 목간은 위쪽 중앙에 장방형으로 구멍이 뚫려 있다. 이러한 형태의 목간으로는 앞서 살펴본 궁남지 315호 목간, 부여 쌍북리 280-5번지 좌관대식기 목간 등이 있다. 나주 복암리 5호 목간은 문서 목간으로서의 형태를 갖추고 있으나, 다른 호적

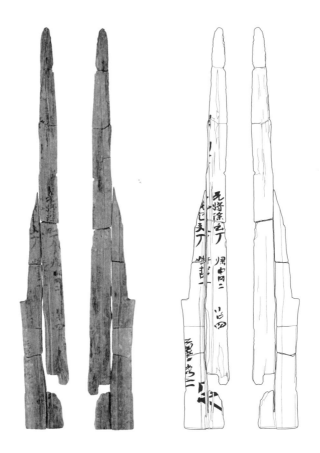

| 그림 6-1 | **나주 복암리 2호 목간의 실물 사진과 모사도**
목간에 기록된 내용으로 미루어 백제의 호구 관리 또는 노동력 파악이나 징발 상황 등을 기록
한 문서 목간으로 보인다.

관련 문서 목간에 비해서 크기가 작은 편이다.

　나주 복암리 5호 목간 역시 복암리 2호 목간처럼 단을 지어 묵
서하였기 때문에 각 단별로 오른쪽에서 왼쪽으로 묵서를 읽어야
한다. 판독문을 살펴보면 다음과 같다.

판독문

앞면 　　　　　　　　　　丁一　　　　中口□

　　　大祀◎村 □弥首□　□□

　　　　　　　　　　□丁一　　　　牛 一

뒷면　涇水田二形得七十二石　　　在月三十日者

　　　◎畠一形得六十二石

　　　得耕麥田一形半

　이 목간에는 정丁의 수, 그다음 단에는 중구의 수와 소[牛]의 수가 기록되어 있다. 목간 뒷면에는 수전水田·백전[畠]의 면적과 수확량, 맥전麥田의 면적이 차례로 기록되어 있고, 단을 바꾸어 마지막에 "재월 30일자在月三十日者"라고 쓰여 있다. 따라서 이 목간 역시 호적과 관련이 있는 목간으로 볼 수 있다.

호적에는 어떤 내용이 담겼을까

　고대 중국에서는 정치적 지배 단위인 가족을 '호戶'라 부르고, 그 구성원에 대한 신상정보(이름, 신분, 성별, 거주지와 더불어 국가의 노동력으로서 활용 가능 여부 등)를 수록한 장부를 '호적'이라고 하였다. 호적은 국가가 백성을 지배하는 기초 자료로서, 세역歲役(해마다 일정하게 실시되는 부역)의 수취와 기층 사회 유지에 필요한 문서 행정의 출발점이라고 할 수 있다. 호적 제작과 관련된 기사나 목간 등이 자주 나오는 것은 국가가 직접 호구를 파악하여 편제하는 편호編戶 지배 방식으로 백성에 대한 지배가 이루어졌음을 알려 주는 것이 아닌가 생각된다.

삼국 시대 각국에서도 사회·경제적 조건에 부응하여 조세를 감면해 주거나 구휼 등을 통해 담세자의 재생산성을 보장함으로써 수취의 안정화를 꾀하였다. 백제 역시 재생산 기반을 지원하는 진휼책賑恤策(흉년에 가난한 백성들을 도와주는 정책)과 권농책, 그리고 직접적인 혜택으로 농민의 조세 부담을 줄여 주는 조세 경감책, 영역 확인과 백성들의 위무를 겸한 순무巡撫(곳곳을 돌아다니며 민심을 달래고 위로함) 등을 통해 백성들을 구휼하고 위무하였다. 이러한 통치 체제의 기반은 수취 체제와 지방 통치 제도의 정비를 통해 마련하였다. 호구를 정확히 파악하고 백성에 대한 통제를 강화함으로써 유민流民 발생을 방지하고, 백성의 생산 기반을 안정시킴으로써 조세 수입원을 지속적으로 확보할 수 있었던 것이다.

백제에서도 조세와 부역을 부과하고 농업 노동력을 확보하기 위해서는 호구를 파악해야 했으므로, 이를 정리한 호적 같은 자료를 만들었을 것이다. 『삼국사기』「도미열전」에는 백제에서 고구려로 피난한 도미 부부를 가리켜, 백제에서 '편호소민編戶小民(호적에 소민으로 편제되었다는 것으로, 경제력이 열악한 백성이라는 의미)'

이었다는 기록이 있다. 또한『일본서기』「계체기」3년조에는 백제의 왕이 가야 지역에 흩어져 있던 백제인에게 "유랑해서 관貫에서 끊어진 지 3~4세대가 되는 자들을 모두 옮겨서 백제의 관에 붙이도록 하라"는 명령을 내렸다는 기록이 있다. '관'이라는 호구를 기록한 대장이 있었다는 것은 백제에서 편호제編戶制가 실시되었음을 알려 주는 것이다.

한편 정림사지 5층 석탑의 명문銘文에는 "당이 백제의 땅에 무릇 5도독 37주 250현을 두고 24만 호戶와 620만 구口를 각각 편호로 정리하여 모두 오랑캐의 풍속을 바꾸게 했다"는 기록이 있다. 당나라에 의해 백제에서 편호제가 처음 실시된 것처럼 기록했으나, 앞의 자료들을 참고해 본다면 당에 의해 만들어진 것이 아니라 백제에서 이미 시행하고 있던 방식을 개편한 것으로 보인다.

전국적인 규모로 인구와 토지를 파악하는 사업은 각 지방관의 책임 아래 이루어졌을 것이다. 그리고 호구와 관련하여 각 지방관들이 올리는 보고서를 접수하고 이를 총괄하는 부서는 사비 시대 외관 10부 가운데 하나인 점구부點口部였을 것이다.

이러한 기록을 뒷받침해 주는 직접적인 내용들이 백제 당시의 목간에서도 보인다. 궁남지 315호 목간과 나주 복암리 2호 목간을 보면, 백제에서 연령등급제를 시행한 것으로 보이는 '정·중구·소구'라는 표현이 나타난다는 점에서 호적과 성격이 유사해 보인다. 나주 복암리 2호 목간이 처음 발견되었을 때는 신라 촌락 문서에 비견되는 백제의 촌락 문서로 간주하였다. 나주 지역 관청에서 호별로 호구의 손익을 총계하기 위해 만든 기초 작업용 문서 목간이라고 본 것이다. 그리고 이를 통해 백제 호적 호구부 서식 (호주, 호주의 아내, 호주의 자녀 / 호주의 형제, 호주 형제의 아내, 호주 형제의 자녀)을 복원하고자 하였다.

나주 복암리 2호 목간에 보이는 '익益' 등의 호구 변동 사항은 궁남지 315호 목간에서는 보이지 않는다. 호구 정보를 알려 주는 문서 목간이기는 하지만, 그 용도는 달랐던 것 같다. 궁남지 315호 목간을 종이 형식에서 보이는 체제를 갖춘 호적 목간이라고 단언하기는 어렵다. 그러나 호적 작성이나 수취 체제에 필요한 정, 귀인, 중구, 소구 및 토지와 관련된 정보를 담고 있는 문서 목간인 것은 분명하다.

나주 복암리 5호 목간 역시 백제 당시 행정구역이었던 두힐성 예하의 대사촌大祀村 소속 호에 대한 정보를 알려 주고 있다. 대사촌이라는 이름이 '큰 제사를 지내는 마을'이라는 뜻을 담고 있어 예사롭지 않다. 또한 수전·백전·맥전 등 백제의 농지 종류와 농업 생산 관련 사항을 기록하고 있어 백제의 호구 파악과 수취 제도를 설명해 주는 단서를 제공해 주는 목간으로 주목된다.

발굴 당시 나주 복암리 5호 목간에 함께 매어 둔 일련의 목간들은 호별로 동원된 인원과 가축의 마릿수를 앞면에 적고, 그 노동의 결과와 사역 시기 및 일수를 뒷면에 기록한 요역徭役 수취 관련 장부로 보인다. 복암리 5호 목간에는 '□미수□□弥首□'가 이끄는 호구의 구성원 일부가 국가 공유지인 논밭의 경작과 수확, 맥전의 파종 작업에 동원되어 '이달에 30일' 동안 사역했다는 내용이 기록되어 있다. 따라서 신라 촌락 문서 같은 체계적인 백제 문서의 존재를 확정하기는 어렵지만, 촌락 문서 작성을 위한 기초 자료가 백제에도 있었음을 확인할 수 있다.

호적은 어떻게 작성하고 세금은 어떤 방식으로 걷었을까

국가를 운영하기 위해서는 백성들에게 세금을 걷어야 한다. 백제는 한성 시기부터 중앙집권화를 통해 조세 체제를 확립해 나갔다. 세제로는 조租·용庸·조調가 실시되었다. 조租는 토지에 부과된 세금이고, 용庸은 역역力役과 군역軍役이며, 조調는 특산물을 내는 공납이다.

농민들은 토지에 대한 세금인 조를 국가에 냈을 뿐만 아니라, 용에 해당하는 역역과 군역에 동원되었다. 역역은 요역이라고도 하는데, 축성이나 공공사업 등 국가나 지방에서 노동력이 필요할 때 동원되는 것이다. 『삼국사기』「백제본기」를 보면, 백제에서 성을 쌓는 등 대규모 역역에 동원된 사람들에 대해 "국내인으로서 나이 15세 이상이었다"고 기록하고 있다. 이를 통해 15세 이상의 남성이 세금을 내는 대상인 정남丁男의 기준이 되었음을 알 수 있다. 이들은 2월과 7월의 농한기에 주로 역역에 동원되었다. 군역은 국가의 수호를 위해 징집되는 것으로, 군복무 기간은 원칙적으로 3년이었으나 삼국의 잦은 전쟁으로 인해 그보다 길어질 때도 있었다. 일반 백성들에게는 군역이 가장 고달팠다.

호적 관련 목간들이 나오기 이전에, 『수서』「고구려전」의 기록 등을 바탕으로 백제에서도 부역과 과세, 그리고 농업 노동력 확보를 목적으로 3등호제 같은 대민 편제 방식을 실행하였을 것으로 보았다. 그런데 궁남지 315호 목간과 나주 복암리 2호 목간 등에서 정丁-중中-소小의 연령 구분이 확인된 것이다. 수나라와 당나라의 것을 수용했다고 이해하는 입장에서는 정丁을 20세 이상, 중中을 15(16)~20세 정도로 파악하였다. 그리고 북제北齊의 영향을 받은 것으로 보는 경우는 중中을 15~17세, 정丁을 18~59세로 추정하였다. '정-중-소'로 구성된 백제의 연령 등급은 신라 촌락 문서에서 확인되는 신라의 연령 등급 '소추小追-조助-정丁-제除-노老'와는 다른 양상으로 보인다.

나주 복암리 3호 목간의 앞면에는 요역 기간(7월 17일부터 8월 23일까지)과 요역 동원 인원(반나半那의 차고장인此高墻人 등 약 ○○명)에 대한 개요가 보이고, 뒷면에는 작업조와 관리 책임자를 적은 것으로 보이는 내용이 있다. 이 목간의 요역 기간도 『삼국사기』의 기록과 같은 맥락임을 알 수 있다. 관리 책임자는 관등 이름+사람 이름으로 기재되어 있는데, 6품인 나솔, 5품인 한솔, 4품인 덕솔 순으로 기록되어 있다. 지방에서 4·5·6품의 관리가 책임을 맡은 것으로 보아 중요한 공사였을 것이다.

따라서 나주 복암리 3호 목간도 나주 복암리 2호 목간과 같은 호구 자료로 볼 때, 실제로 요역을 이행하고 보고한 문서 목간이었을 것이다.

백제에서는 호적에 등재되는 민호에 대하여 일정한 기준에 따라ー예를 들어 연령·신분·작위 등ー호구를 분류하거나 집계하여 그 내용을 호적에 기재한 것으로 보인다. 또한 각 호가 보유한 논밭이나 노비 등 경제적 지표도 기록하였을 것이다.

그러나 나주 복암리 2호 목간에는 나주 복암리 5호 목간과 달리 각 호가 보유한 토지나 노비 등 경제적 지표가 보이지 않는다. 나주 복암리 2호 목간은 다단 구성이라는 점에서 일본의 미노국御野國 호적과 공통된다는 연구도 있다.

미노국 호적

고대 일본의 호적은 8세기 초인 다이호大寶 2년(702)의 호적을 비롯하여, 헤이안 시대 중엽인 간코寬弘 원년(1004)의 호적까지 300년에 걸쳐 다수의 호적이 현존하고 있다. 일본 고대의 본격적인 호적이면서 현존하는 최고의 호적 가운데 하나가 미노국(御野國 또는 美濃國) 호적이다. 일본 다이호령의 시행에 맞추어 국가를 원활하게 운영하기 위한 조세 징수의 기본 대장이라는 성격이 강하다.

목간에 쓰인 토지 정보는 대체로 이 호戶의 호적에 적힌 토지 관련 기록을 발췌한 것으로 보고 있다. 중국의 사례 등을 볼 때, 초기 호적들은 그 호가 소유한 소나 토지 등의 자산을 모두 등재했으므로, 이를 해당 호의 소유 또는 경작 토지로 이해해도 큰 무리는 없을 것이다. 나주 복암리 5호 목간의 경우 앞면에 한 호戶로 추정되는 사람들에 대한 정보가 궁남지 315호 목간과 유사하게 적혀 있으며, 여기에 소도 한 마리 기재되어 있다. 그리고 뒷면에는 '형形'을 단위로 하는 토지 정보와 그 수확량이 기록되어 있다. 나주 복암리 5호 목간을 보면 호등제가 적용된 조세 수취 범위에 대해서 정확히 알 수 없으나, 국가적 차원에서 수세의 단위인 정丁의 수는 물론 토지 보유 면적과 생산량, 소와 말의 수 등 온갖 세부 사항이 기재된 호적 또는 계장을 만든 것으로 보인다.

국가 권력이 일반 백성들에게 관철되기 위해서는 통치 단위별 지방관과 그 지역 유력자가 협력하였을 것이다. 국가에서 수취를 부과하는 과정은 군郡-성城-촌村의 단계를 거쳤다. 즉, 호구 수나 경지 면적에 차등이 있었을 각 군에 대해 국가가 호구 수에 따라 정해진 액수를 부과하는 작업이 1차적으로 이루어졌을 것이다. 각 군에서는 다시 성 단위로 하달하고, 각 성에서는 각 촌의 사정에 따라 부세賦稅(세금을 매겨 물림) 수취량을 할당하고, 촌은 그 할당량을 개별 가호家戶에서 걷어 납부하는 방식을 취하였을 것이다.

호적 목간은 어떤 의미를 갖고 있나

백제사에서도 목간 자료가 축적됨에 따라 유사한 양식이나 성격의 목간들을 분류하고 체계화할 수 있는 계기가 마련된 것은 매우 고무적인 일이다. 지금까지 검토한 궁남지 315호 목간과 나주 복암리 목간들에는 백제의 호구 파악 방식, 농업 경영, 그리고 '군-성-촌'의 행정 체계에 관한 획기적인 내용들이 기록되어 있어 그 가치가 자못 크다. 호적 관련 목간들은 기재 방식과 특징이 조금씩 달라서 통일된 백제 호적 제도의 특징을 단언하기는 아직 어렵다. 그러나 이러한 고찰을 통해 백제가 백성의 호구와 재산을 관리하고 있었다는 사실을 알 수 있었으며, 그 지배가 얼마나 세밀하였는지를 볼 수 있었다. 또한 그 과정에서 백제의 문서 행정이 체계적으로 이루어졌음도 확인할 수 있다.

앞으로 이 목간들과 관련해 수전·백전·맥전 등의 농지 종류, 토지 단위 '형形'과 단위당 소출량 '석石'을 통한 양전量田(논밭 측량) 및 단위 생산량의 확인, 그리고 조세 품목 등에 대한 관심을 계속 가져야 할 것이다. 목간이 말해 주는 작은 단편들을 놓치지 않고 관심을 꾸준히 기울인다면, 백제사의 좀 더 세밀한 모습까지 들여다볼 수 있을 것이다.

박현숙 고려대학교 역사교육과 교수

7

삼국 시대 농사 일지
— 대사촌 목간

신라 촌락 문서보다 100년 앞선 백제 촌락 목간

2006년부터 2008년까지 3년에 걸쳐 발굴된 나주 복암리 목간들은 모두 동쪽 수혈 유구에서 출토되었다. 복암리 유적의 연대는 출토 유물과 목간으로 미루어 보아 6세기에서 7세기 대에 걸치는 것으로 판단되고 있다. 수혈에는 목간뿐만 아니라 토기 등 각종 유물 200여 점이 들어 있었는데, 모래 토층의 양상으로 볼 때 장기간에 걸쳐 단계적으로 매납된 것이 아니라 동시에 묻힌 것으로 보인다.

이 유적의 서쪽에는 5세기 말에서 6세기로 편년되는 횡혈식 석실묘군이 분포하는데, 이 가운데 96호 횡혈식 석실묘 내부에는 옹관(고대에 쓰던, 점토를 구워서 만든 관)이 매장되어 있었다. 옹관

(묘)은 이 지역의 토착 무덤 양식이고 석실묘는 백제 중앙의 무덤 양식이다. 따라서 6세기 전후로 백제 중앙의 무덤 양식이 이 지역에 영향을 미쳤음을 알 수 있다.

목간 출토 지역은 이처럼 이 시기 지역 사회의 행정 거점 지대에 자리 잡고 있었다. 북쪽에는 산과 구릉, 토성, 거주 구역이 위치하고, 서쪽에는 수장층의 거대 고분군이 조성되었으며, 남쪽으로는 영산강이 흐르고 있어 물류와 교통에 편리한 입지 조건을 갖추고 있었다.

지금까지 백제의 목간은 대체로 부여의 왕경 지구에서 집중 출토되는 양상을 보여 왔으며, 2004년 백제의 동쪽 경계를 담당하던 충남 금산 백령산성 출토 목간 외에는 이렇다 할 것이 없었다. 따라서 나주 복암리 유적은 지방 거점 지역에서 다양한 문서 목간류가 출토되었다는 점에서 의의가 매우 큰 유적이다.

묵서가 있는 목간 13점 중 대사촌大祀村 목간(복암리 5호 목간)의 형태는 장방형으로 상부에 목간을 매달기 위한 구멍이 있으며, 위 아래 끝부분을 칼로 다듬어 마무리하였다. 수종은 소나무이다. 마을의 인력, 가축, 논과 밭 그리고 그 면적 단위와 소출 내용이 기록되어 있는 문서 목간으로, 1933년 10월 일본 나라奈良의 도다이지東大寺 쇼소인正倉院에서 발견된 '신라 촌락 문서'보다 100여 년 앞선 '백제 촌락 목간'이라 할 수 있다.

대사촌 목간에는 어떤 내용이 담겼을까

대사촌 목간은 앞면의 가운뎃부분 오른쪽이 약간 파손되었을 뿐 원형이 잘 보존되어 있다. 목간의 크기는 길이 18.4cm, 너비 2.6cm, 두께 0.6cm이다. 위쪽 중앙에 구멍이 뚫려 있고, 양면의 기록이 모두 상하로 나뉘어 있다. 앞면의 하단과 뒷면의 상단은 3행으로 구성되어 있다.

앞면   뒷면

| 그림 7-1 | **대사촌 목간의 실물과 적외선 사진**
나주 복암리 5호 목간인 대사촌 목간은 앞면의 가운뎃부분 오른쪽이 약간 파손되었을 뿐 원형이 잘 보존되어 있다.

판독문

앞면 　　　　　　　　　　　丁一　　　　中口 □

　　　　大祀◎村　□弥首□　　□□

　　　　　　　　　　　　　　□丁一　　　牛一

뒷면　　涇水田二形得七十二石　　　在月三十日者

　　　　◎畠一形得六十二石

　　　　得耕麥田一形半

....

해석문

앞면 　　　　　　　　　　　정丁 1　　　중구 □

　　　　대사촌의　□미수□　　□□

　　　　　　　　　　　　　　□정 1　　　소 1

뒷면　　물 댄 수전 2형, (여기서) 수확량은 72섬　있는 달 30일자

　　　　밭(畠) 1형, 수확량은 62섬

　　　　보리를 경작할 수 있는 밭 1형 반

　　대사촌 목간의 기재 방식은 다음과 같다. 앞면은 크게 3단으로 구성되어 있다. 1단에는 마을 이름과 호주로 추정되는 사람 이름이 큰 글씨로 쓰여 있다. 2단과 3단에는 호에 소속된 정丁, 중구中口에 해당하는 연령 등급의 인원수와 소의 마릿수가 기재되어 있

앞면   뒷면

| 그림 7-2 | **대사촌 목간의 모사도**

마을의 연령별 인구수, 가축 수, 수전·백전·맥전 같은 농지의 종류와 그 수확량 등이 기록되어 있다.

다. 뒷면은 2단으로 구성되어 있는데, 1단에는 유형별 농지와 면적과 수확량이 기재되어 있다. 2단의 '있는 달 30일자在月三十日者'는 '한 달을 30일로 할 때', 혹은 '그달 30일에는' 또는 '이달에 30일간 (수행한) 작업임' 등으로 해석된다. 따라서 2단에는 사역한 날짜를 적은 것으로 보인다.

대사촌 목간의 성격이나 용도와 관련해서는 크게 두 가지 견해가 있다. 첫째는 대사촌의 호戶(호주戶主) '미수彌首' 또는 호주 '□미수□□彌首□'의 호내戶內 노동력과 토지(면적과 생산량 등)를 고려하여 호등戶等을 산정하기 위해 작성한 '호등정부戶等定簿'의 기초 문서라는 입장이고, 둘째는 곡물 재배의 월별 노동 보고 장부라는 견해이다. 이러한 연구 결과를 고려할 때 대사촌 목간의 기재 방식은 앞면에는 대사촌 내 '미수'의 관할 아래에 있는 곳의 연령별 인구수, 가축 수, 그리고 뒷면에는 수전·백전·맥전 같은 농지의 종류와 그 수확량을 기록한 것으로 볼 수 있다.

농지 종류와 재배 작물로는 무엇이 있었을까

백제 목간은 2020년 현재 전체 13개 유적에서 총 220점(목간 부스러기 125점 포함)이 출토되었으며, 그 가운데 농지 관련 내용이 적힌 목간은 4개 유적에 4점 정도이다. 백제 목간에 기록된 농지의 종류로는 물이 고여 있는 논〔水田〕과 물이 고여 있지 않은 밭

| 표 7-1 | 대사촌 '미수'가 사역한 대상물과 작업 내용

구분		전지	면적	수확량	사역 일수	비고
1단	1행	수전	2형	72석		경(涇)
	2행	백전	1형	62석		
	3행	맥전	1형 반			득경(得耕)
2단					30일	

〔田〕이 있다.

부여 궁남지 출토 '서부 후항 목간(궁남지 315호 목간)'의 수전 5형, 부여 능산리사지 출토 '이전梨田 목간', 부여 동남리 출토 '화전禾田 목간', 나주 복암리 유적 출토 '대사촌 목간'의 수전·백전·맥전 등이 그것이다. 부여 궁남지와 나주 복암리 목간은 사비 도읍기 백제가 논을 수전으로 표기하였음을 보여 준다. 백제에서 수전의 중요성과 그 경영에 대해서는 나주 복암리 출토 대사촌 목간을 통해 그 일단을 살펴볼 수 있다.

나주 복암리 대사촌 목간에 보이는 대사촌 '미수'가 정丁과 중구中口 등을 징발하고, 소 한 마리를 이용하여 30일 동안 사역한 대상물과 작업한 내용을 정리해 보면 〈표 7-1〉과 같다.

대사촌 목간의 토지는 형태별로 구분하여 파악하고 있으며, 면적 단위로 그 넓이가 측정되어 있다. 수전·백전·맥전 등을 막론하고 경작지를 측정하는 단위로는 형形이 사용되었다. 그러나 신라에서는 백제와 달리 토지 면적을 측정하는 단위로 늦어도 7세기 중엽에는 '결結'을 사용하였다. 경작지에서 거두어들인 수확량은 석石으로 기록하였다.

대사촌의 논과 밭의 단위면적당 수확량을 보면 수전보다 백전 쪽이 더 많다. 백전이 1형에서 62석을 거둔 데 비해 수전은 1형당 36석(2형에 72석)으로, 백전 수확량의 58%밖에 되지 않는다. 경작지의 비옥도와 그해의 작황, 그리고 노동력 투입 상황에 따라 달라질 수 있겠으나, 한전旱田(물이 말랐다는 뜻에서 밭을 말함)보다는 수전의 단위면적당 수확량이 많은 것이 일반적이다. 백전이 수전보다 수확량이 많은 것이 목간이 작성된 그해의 현상이었는지는 알 수 없다.

그렇다면 수전보다 높은 생산량을 보인 백전의 작물은 무엇이었을까? 신석기 시대 이래 밭작물은 조·피·기장·수수·콩·팥 등을 재배해 왔으며, 재배 기술이 꾸준히 발전해 왔다. 따라서 백전의 재배 작물은 뒤에 나오는 보리를 제외하면 이와 같은 잡곡 가운데 하나일 가능성이 크다. 가능성이 가장 높은 작물로는 조粟를 들 수 있다. 조는 삼국 시대 초기부터 대표적인 밭작물이었고, 고구려의 경우 조세 곡물로 수취할 정도로 국가적으로 중시되었음을 고려할 필요가 있다. "풍토의 물산은 대개 고구려와 같다"는 『구당서』「백제전」의 기록을 볼 때, 백제 대사촌 역시 조가 중요한 밭작물이었을 것으로 보인다.

한편 나주 복암리에서 출토된 대사촌 목간에는 토지 종류 중에서 수전이 가장 먼저 기록되어 있다. 비록 백전의 토지 효율성이 높지만, 논과 밭 중에서 논을 더 중요시했음을 보여 준다. 논을 중요시한 대사촌 목간의 기재 방식은 6세기 이후 백제가 국가 차원에서 수전을 개발하고 중시한 사실을 반영한 것으로 볼 수 있다.

반면, 금석문 자료에서 논에 대해 표기한 것 중 가장 빠른 것은 〈창녕신라진흥왕척경비〉에 나오는 '해주백전답海州白田畓'이다. 이 기사에서 답畓은 논이고, 백전白田은 밭이다. 이 비의 건립 연대가 561년(진흥왕 22)이므로, 신라는 늦어도 6세기 중반에는 논을 '답畓'으로 표기하였음을 알 수 있다. 이 '답畓' 자는 통일 이후에도 사용되었다.

보통 논밭을 '전답田畓'이라고도 한다. 중국은 '텐디〔田地〕', 일본은 '다하타〔たはた, 田畑, 田畠〕'라 하였다. 우리가 '밭'이라 하는 '전田'은 중국에서는 '밭'이 아닌 '논'이다. 중국에서는 논을 수전水田이나 도전稻田이라고 쓴다. 중국의 『사원辭源』에서 '전田'은 토지의 범칭으로 '전원田園, 전리田里'와 같이 쓰인다. 중국에는 밭을 나타내는 한자가 따로 없다. '전야田野'는 논과 들이고, '전원田園'은 논과 남새밭(채소밭)이며, '전라田螺'는 우렁이를 뜻한다. 일본에서는 논을 담보〔たんぼ, 田圃〕, 밭을 하타케〔はたけ, 畑・畠〕라고 한다. 전畑은 산에 불을 질러 태운 후 만든 밭, 전畠은 흙이 하얗게 말랐다는 의미의 '백전白田'을 합쳐 만든 글자이다. 즉, 중국에서는 논을 수전으로, 일본에서는 담보〔田圃〕로 표기한다. 한마디로 '답畓'자가 없다. 따라서 '답畓'은 우리나라에서 만들어 낸 글자로 보인다.

우리나라는 지역 간의 차이는 다소 있지만 전통적으로 논의 비중이 밭에 비해 적었다. 논의 개간이 크게 진척되었던 조선 세종 대 논의 평균 비율을 『세종실록지리지』를 근거로 살펴보면, 전체 농지의 27~28%에 지나지 않았다. 따라서 백제 시대에도 논의 비율은 그리 높지 않았을 것이다. 그러나 이와 관련된 우리나라 문헌상의 최초 기록은 『삼국사기』「백제본기」 '다루왕 6년(기원후 33) 2월조'에 나오는 "나라 남쪽의 주군州郡에 영을 내려 처음으로 논〔稻田〕을 만들게 하였다"는 내용이다. 이것은 백제가 논농사에 크게 관심을 기울였음을 의미한다.

그렇다면 백제가 논농사에 관심을 기울인 이유는 무엇일까? 논농사는 휴경休耕과 윤작 없이도, 또 비료의 도움을 받지 못하는 척박한 산성 토양에도 잘 적응하며 일정한 생산량을 보장하기 때문이다. 논에서 재배되는 벼는 파종량에 비해 수확량이 많다. 밀의 경우, 중세 유럽에서는 밀알 하나를 뿌려 평균 다섯 알밖에 수확하지 못했고, 18세기에 가서야 여섯 알을 수확했다. 이와 달리 벼는 우리나라 고려 시대에 해당하는 시기에 아시아에서 이미 평균 25~30알을 수확했다. 18세기에 이중환은 『택리지』(1751)에서 "논 한 마지기에 60말을 거두면 좋은 곳이고, 40말에서 50말을 거두는 곳이면 보통이지만, 30말을 거두는 곳은 살기 어려운 마을이니 피하라"고 충고하였다. 마지기〔斗落〕는 볍씨 한 말을 심을 만한 땅의 넓이를 말하므로 한 마지기에서 30말을 거두면 30배의 소출을 거둔다는 뜻이다. 일반적으로 일정 면적에서 30배의 수확을 거두는 것은 토지 이용 효율이 월등한 것인데, 18세기 우리나라에서 벼농사는 30배 수확도 부족하다고 보았다.

최근에 삼국 시대의 논(수전) 유구가 여러 곳에서 발견되고 있다. 울산 무거동 옥현 유적을 비롯해 부여 구봉리 유적, 부여 궁남지 유적, 울산 야음동 유적, 창원 가음정동 유적, 진주 평거동 유적 등에서 수전 유구가 발견되었고, 그 밖의 여러 유적에서 소규모의 수전 유구가 조사되었다. 수전 유구는 대부분 작은 하천이나 계곡의 물을 보洑 같은 시설을 설치하여 막고 관개한 유형이다.

고이왕 9년에 "국인國人에게 남택南澤에 도전稻田을 개간하라고 명하였다"는 기록을 볼 때, 백제 초기에는 소택지沼澤地를 논으로 개간하였음을 알 수 있다. 여기서 '택澤'은 자연적으로 물이 고여 있는 소택지나 저습지를 의미한다. 수리 관개 기술이 저급한 수준이라면, 수전의 물은 공급이 원활한 지역에서 우선 개발되는 것이 상례였다. 국인에게 명하여 남택에 도전을 개간하게 한 것은 초기에 백제가 소택지나 저습지 또는 그 부근을 수전으로 만들려고 권장한 사실을 반영한다. 삼국 시대 초기에 소택지나 저습지 부근에 수전을 얼마만큼 개간하였는지는 정확히 알 수 없지만, 백제에서 소택지를 수전으로 개간하도록 장려한 사실로 미루어 보면 이미 적지 않은 수전이 개간되었을 것이다.

수리 관개 시설 확충으로 수전이 확대되다

논농사에서는 무엇보다도 제때 필요한 물을 공급하는 것이 중요하다. 그러나 우리나라는 여름 우기에 비가 집중적으로 내리기 때문에 필요한 때 논에 물을 공급하는 것이 쉬운 일이 아니었다. 이를 해결하기 위해 나온 것이 바로 수리 시설이다.

　백제가 6세기 이후 수리 시설을 이용하여 논농사를 지었음은 나주 복암리 출토 대사촌 목간에 보이는 '경수전涇水田'이라는 표현을 통해서 추론할 수 있다. '경수전'의 '경涇'은 '통하다, 흐르다'는 뜻으로 사용된다. 따라서 '경'은 수로나 보 등에 설치해 물을 일정한 방향으로 유도하여 수전에 물을 공급하는 기능을 가진 도수관導水管을 가리키는 것으로 볼 수 있다. 결국 경수전은 저수지에 연결된 도수관을 통해 물을 공급받은 최상의 논인 것이다.

　논농사에 필수적인 저수지 같은 수리 시설을 만들기 위해서는 다음과 같은 조건이 기본적으로 갖추어져야 한다. 첫째는 대규모 저수지를 축조해야 할 사회적 필요성이다. 이는 논농사가 갖는 경제성과 연결되어 사회적 요구가 있어야 축조가 가능하다. 둘째는 대규모 저수지를 축조하려면 많은 노동력이 필요하다. 필요한 노동력을 동원하기 위해서는 노동력을 동원할 수 있는 힘이 있어야 한다. 따라서 대규모 저수지의 축조는 역으로 권력의 집중화가 이루어졌음을 보여 주는 것이기도 하다. 셋째는 수압水壓을 견뎌 낼 수 있는 튼튼한 제방을 만드는 토목 기술이 발달해야 한다. 토목 기술의 발달은 일차적으로 방어 시설로서의 성곽 축조 기술의 발달과 짝을 이룬다.

　삼국 시대에 만들어진 저수지로서 그 이름을 알 수 있는 대표적인 사례로 김제의 벽골지碧骨池와 시제矢堤를 들 수 있다. 벽골지는

『삼국사기』「신라본기」 '흘해니사금 21년조'에 "처음으로 벽골지를 만들었는데, 둑의 길이가 1,800보였다"라는 기사에 등장한다.

벽골지는 전라북도 김제시 부량면에 위치한 저수지로서 길이는 약 3km이고, 제방의 높이는 4.3m에 이른다. 1975년 벽골지 발굴조사를 통해 방사성탄소 연대를 측정한 결과, 대략 4세기 중엽에 축조된 것으로 추정된다. 김제시는 벽골지의 성격과 가치를 규명하기 위해 2012년 1차 조사부터 2016년 6차 조사까지 실시하였다. 조사 결과 벽골지의 수문水門 중 하나인 중심거中心渠의 형태와 구조, 축조 방법, 그리고 보축 제방을 점토 블록 쌓기를 이용하여 축조하였음이 확인되었다. 이는 벽골지 축조에 백제 한성 시대 토성 축조 기술이 이용되었음을 보여 주는 것이다. 벽골지의 축조는 4세기 이후에 전라북도 지역까지 영역으로 확보한 백제가 왕정王政의 물적 기반을 크게 확대하였음을 보여 준다. 따라서 신라 흘해니사금(310~356) 때 축조되었다는 기사는 백제 비류왕(304~344) 때 축조되었다는 사실이 신라에 잘못 삽입된 것으로 보고 있다.

『삼국사기』「백제본기」 '개로왕 21년 9월조'에는 "국인을 징발하여 흙을 쪄서 쌓고, 안에서는 궁실宮室, 누각樓閣, 대사臺榭(돈대와 그 위의 건물)를 지었는데, 웅장하고 화려하지 않은 것이 없었다. 또 욱리하郁里河(지금의 한강)에서 큰 돌을 캐다가 곽槨을 만들어 부친의 유골을 안장하고, 강 연변을 따라 제방을 쌓았는데, 사성蛇城(백제 초기의 토성)의 동쪽에서 숭산崇山의 북쪽까지 이르렀다"는 기사가 보인다. 이 기사는 백제가 475년(개로왕 21) 한강변에 제방을 쌓았음을 알려 주는 자료이다. 이 제방은 한강의 범람으로 인한 가옥이나 농토의 유실을 막는 기능을 했을 것이다. 이때 제방 안쪽의 저습지나 평탄한 구릉지를 경작지로 개간하였을 것이다.

『삼국사기』「백제본기」 '무령왕 10년 1월조'의 "왕이 명령을 내려 제방을 완고하게 하고, 서울과 지방에서 하는 일 없이 놀고 먹는 자들을 몰아 귀농歸農하도록 하였다"는 기사는 510년(무령왕 10)에 백제가 제방 축조와 수리에 상당한 관심을 보였음을 말해 준다. 여기서 말하는 제방은 하천의 범람을 막기 위해 하천변에 설치한 것과 저수지나 작은 하천에 설치한 수리 시설 등을 포괄하는 것으로 보인다.

이와 같이 수리 관개 기술의 발달은 초기에 관개가 불가능했던 반건전半乾田이나 건전(물이 잘 빠지고 흙이 건조하여 쉽게 밭으로 만들 수 있는 논) 지역에도 물을 공급하여 수전으로 만드는 일을 가능케 했을 것이다. 대규모 저수지와 수리 시설을 만들어 건전 지역에 물을 공급하여 수전을 조성하는 것은 토지 생산성의 증대, 즉 단위면적당 수확량의 증대와 직결되었다.

대사촌 목간은 어떤 의미를 갖고 있나

백제 부여의 왕경 지구가 아닌 나주라는 지방의 중요한 거점에서 처음으로 발견된 복암리 출토 목간은 그 종류가 다양하고 기록된 내용과 수량이 풍부하여 백제사 연구에 중요한 자료로 평가된다. 그중에서도 대사촌 목간은 '대사촌'이라는 촌락에 사는 사람 이름, 가축 실태, 수전·백전·맥전 등의 농지 종류와 '형形'이라는 토지 단위 및 '72석' 등의 소출량이 자세히 기록되어 있어 백제의 생활사를 살펴볼 수 있는 획기적인 자료라고 할 수 있다. 그뿐만 아니라 당대 백제 중앙의 지방에 대한 통치 체제의 일면을 추정할 수 있는 것은 물론, 나주 복암리 일대의 사회·문화적 상황을 파악하는 데도 도움을 준다.

문동석 서울여자대학교 사학과 교수

3부

백제의 사회와 문화

8

약재를 채취하여 병을 고치다
— 지약아식미기 목간

지약아식미기 목간은 언제 만들어졌을까

지약아식미기支藥兒食米記 목간은 2002년 부여 능산리사지 8차 발굴조사 때 출토되었다. 능산리사지는 발굴조사 결과 두 단계로 공사가 이루어졌음이 밝혀졌다.

첫 번째 단계에서는 강당지와 그 좌우측의 별도 건물지(공방지 II, 불명 건물지 I), 그리고 회랑지 북단의 부속 건물지(공방지 I, 불명 건물지 II) 등 초기 건물군이 세워졌다. 건립 시기는 567년 이전이다. 초기 건물군은 의례儀禮를 준비하던 사당祠堂 같은 시설이거나 그러한 의례를 담당한 사람들이 머문 공간으로 추정되고 있다.

두 번째 단계에서는 능산리사지가 만들어졌다. 능산리사지는 중문·목탑·금당·강당을 일직선상에 배치한 1탑1금당식 가

| 그림 8-1 | **능산리사지 발굴에서 확인된 1탑1금당식 가람 배치**

능산리사지는 중문·목탑·금당·강당을 일직선상에 배치한 1탑1금당의 배치를 갖는 가람이었다.
지약아식미기 목간은 능산리사지 남서쪽 초기 배수로에서 출토되었다. 붉은 원은 지약아식미기
목간이 출토된 지점이다.

람이었다. 목탑지에서 출토된 '창왕명 사리감'의 명문에 따르면 이 절은 567년(위덕왕 13)에 위덕왕의 누이공주(妹兄公主)가 사리를 공양하여 세웠다. 따라서 이 절은 554년 관산성 전투에서 신라군과 싸우다가 전사한 부왕 성왕의 명복을 비는 역할을 한 능사陵寺로 판단된다. 백제 역사상 처음으로 건립한 능사이다.

능산리사지에는 남서쪽과 남동쪽에 배수로가 있다. 중문지 남서쪽의 배수로는 능사가 건립되기 이전에 자연히 생겨난 초기 배수로이다. 여기에서 지약아식미기 목간을 비롯해 '자기사子基寺' 목간, 남근 모양의 목간 등 20여 점이 함께 출토되었다. 이 목간들은 능사보다 앞서 만들어진 북쪽의 초기 건물군에서 사용하다가 버린 것이 배수로에 퇴적된 것이다. 따라서 이 목간의 제작 연대는 성왕이 사비로 천도한 538년 이후부터 위덕왕이 능사를 창건한 567년 이전의 어느 시기로 추정된다.

목간의 상태는 어떠하며 어떤 내용이 담겨 있을까

지약아식미기 목간은 네 면을 깎은 후 각 면에 글자를 쓴 사면 목간이다. 발굴 당시 목간의 윗부분은 모두 온전한데, 1면과 2면의 끝부분은 파손되어 있었다. 목간의 크기는 길이 44cm, 너비 2cm, 두께 2cm이다. 1면은 26자가 쓰여 있지만 끝부분에 3자 정도 더 들어갈 공간이 있어 원래 길이는 46.4~55.2cm로 추정된다.

네 면 가운데 1면과 2면의 내용은 연결된다. 3면의 경우 시작 부분의 첫 글자인 '도道'는 '식食'자 다음의 글자 부분을 깎아 내고 쓴 것이다. 깎이지 않은 '식食'자로 미루어 3면에도 원래는 1면, 2면 과 같은 내용이 쓰였을 것이다. 4면의 글자는 쓰는 순서가 1~3면과 반대인데 '십이석十二石'이 반복적으로 쓰여 있다. 따라서 4면은 습 자용으로 활용된 것으로 보인다.

지약아식미기 목간은 처음에는 네 면 모두에 식미食米(먹는 쌀) 지급과 관련된 내용을 기록하였다가, 나중에 3면을 깎아 다른 내 용을 기록하였고, 그 뒤로는 4면을 습자용으로 사용하다가 폐기 한 것으로 보인다. 이 목간의 외형상 특징은 두 가지로 정리할 수 있다. 하나는 먼저 쓴 내용의 일부를 깎아서 지운 후 다른 내용을 기록한 것으로, 두 번이나 재활용한 목간이라는 점이다. 다른 하 나는 사면 형태의 목간이라는 점이다. 사면 목간은 부여 쌍북리에 서도 1점이 나왔지만 출토 사례는 매우 드물다.

지약아식미기 목간에 쓰인 글자는 1면과 2면 그리고 4면은 거 의 판독된다. 2면의 경우 26번째 글자를 '팔八'로 판독하는 견해도 있지만, 자획으로 미루어 '구九'로 판독하는 것이 타당하다. 3면의 3번째 글자는 '徔'인데 '사使'로 볼 수 있다. 9번째 글자는 좌변이 '小'인지 '火'인지 '忄'인지 불분명하지만 '이俀'로 볼 수 있다. 10번 째 글자 '豬'는 '저猪'의 이체자이다. 20번째와 21번째 글자는 같은 글자인데 '후後'일 가능성이 크다. 이를 종합하여 판독문을 정리하 면 다음과 같다.

판독문

1면　支藥兒食米記 初日食四斗 二日食米四斗小升一 三日食米四斗×××

2면　五日食米三斗大升〔一〕 六日食三斗大二 七日食三斗大升二 九日米四斗□

　　　　　　　　　　　　　　　　　　　　　　　　　　　牟氏

3면　〔食〕道〔使〕□□次如逢悗豬耳 其身者如黑也 道使〔後〕〔後〕彈耶方

　　　　　　　　　　　　　　　　　　　　　　　牟〔稅〕稅耶

4면　又十二石 又十二石 又十□石 十二石 又十□石 又十?二石 又?十二石

....

해석문

1면　약아에게 식미를 지급하다.

　　　첫날 식미는 4두이다.

　　　2일 식미는 4두 소승 1이다.

　　　3일 식미는 4두 ?이다.

2면　5일 식미는 3두 대승 〔1〕이다.

　　　6일 식미는 3두 대승 2이다.

　　　7일 식미는 3두 대승 2이다.

　　　9일 식미는 4두 □이다.

　　　　　　　　　　　　모씨

3면　도사 □□차次는 돼지를 만나 두려워하는 것 같다. 그 몸은 검다.

　　　도사는 〔후〕〔후〕탄야방이다.

　　　　　　　　　　모〔대〕대야

4면　또 12석 또 12석 또 1□석 12석 또 1□석 또 1?2석 또 ?12석

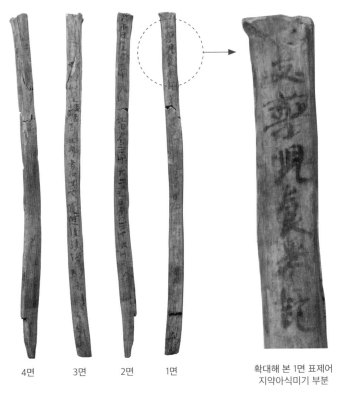

4면   3면   2면   1면

확대해 본 1면 표제어
지약아식미기 부분

| 그림 8-2 | **지약아식미기 목간의 사면 형태**

지약아식미기 목간은 네 면을 깎은 후 각 면에 글자를 쓴 사면 목간이다. 목간의 윗부분은 모두
온전한데, 1면과 2면의 아랫부분이 파손되었다.

3면에 나오는 '도사道使'는 지방 관직 이름이다. 백제에서는 인
명을 표기할 때 관직 이름 다음에 사람 이름이 나온다. '차次'는 인
명의 끝자로 많이 쓰인다. 따라서 '□□차'는 인명으로 볼 수 있다.
'□□차'를 인명으로 보면 "道〔使〕□□次如逢侹豬耳"는 "도사 관직
을 가진 □□차라는 사람이 돼지를 만나 두려워하는 것 같다"로
해석할 수 있다.

지약아식미기 목간의 핵심 내용은 1면과 2면에 있다. 이 두 면에는 약아藥兒들에게 하루 수당〔日當〕으로 지급한 쌀〔食米〕의 양이 기록되어 있다. 이 목간이 발견된 초기에는 3면에 적힌 도사에게 식미를 지급한 장부라는 견해가 제시되었다. 그러나 3면에는 원래 식미를 지급한 내용이 쓰여 있었는데, 이를 깎아 내고서 도사 이하의 글자를 쓴 것이다. 따라서 식미 지급과 도사와는 아무 관계가 없다고 볼 수 있다.

이 목간의 성격은 표제어 '지약아식미기'에서 파악할 수 있다. 핵심적인 사항은 '지약아'를 어떻게 해석하느냐이다. '지약아' 자체를 관청 이름으로 보고 '지약아가 식미를 지급했다'고 보는 견해도 있다. 그러나 '지'는 '지급하다'란 동사이므로 '지약아'는 '약아에게 지급하였다'고 해석하는 것이 타당하다. 지급하는 물품은 식미이다. 따라서 '지약아식미기'는 '약아에게 식미를 지급한 기록(문서)'이라고 할 수 있다. 이렇게 보면 이 목간은 백제의 의약 관련 목간이면서 일당으로 지급한 식미의 양을 기록한 장부의 성격을 갖는 것으로 정리할 수 있다.

지약아식미기 목간의 내용은 크게 네 가지로 나눌 수 있다. 첫째는 1면의 '약아'라는 관직 이름이다. 둘째는 1면과 2면에 나오는 일당제日當制이다. 셋째는 1·2·4면의 '석石-두斗-승升'이라는 도량형 단위이다. 넷째는 3면의 '도사'라는 지방관의 명칭이다.

1면과 2면은 내용이 이어져 있다. 그 내용은 약아들에게 일당을 지급하였다는 것인데, 지급한 쌀의 양은 두·승을 단위로 표시하였다. 4면은 습자용으로 쓰였지만 연습한 글자 '석石' 역시 도량형 단위이므로 1·2면과 같은 성격의 것으로 볼 수 있다. 3면의 도사는 다른 주제에서 다루기로 하였기 때문에 여기서는 약아와 일당제, 그리고 석-두-승이라는 도량형에 대해 정리하고자 한다.

'약아'는 어떤 일을 했으며, 약재를 어디에 갈무리했을까

지약아식미기 목간에 나오는 '약藥'자는 백제의 금석문이나 목간에서 확인된 최초의 사례이다. '약아'는 '약'자에 '아兒'자가 붙은 것이다. 중국의 경우, '아'자가 붙은 관직명은 없다. 그러나 고려나 조선의 경우, 복무 기간에만 녹봉을 받는 관직인 '체아직遞兒職'에서 '아'자를 확인할 수 있다. 일본의 경우 '상약소아嘗藥小兒'나 '조주아造酒兒' 등에서 '아'자를 확인할 수 있다. 이로 미루어 백제의 '약아'도 관직으로 볼 수 있다.

관직으로서의 '약아'의 성격은 이와 유사한 명칭인 당나라의 '약동藥童'과 연계하여 살펴볼 수 있다. '아兒'와 '동童'은 모두 '아이'라는 의미를 갖는 글자이기 때문이다. 당나라 약동은 의료를 담당한 상약국尚藥局에 설치된 의약 관련 관직이다. 고려도 중국의 제도를 본떠 의약과 치료 업무를 맡은 전의시典醫寺에 약동을 설치하였다. 따라서 백제의 약아도 의료 관직임이 분명하다.

'약아'가 적힌 목간은 567년 이전에 만들어졌고, 당나라의 건국은 618년이다. 백제 약아의 설치 연대가 당나라 약동보다 50년 이상 빠르다. 또 관직 이름에 '아'자가 붙은 것은 중국의 경우에도 보이지 않고 고구려나 신라에도 사례가 없다. 이로 미루어 약아는 백제 고유의 의약 관직이라고 할 수 있다.

일본의 경우 '상약소아'와 9세기 초에 해당하는 교토부京都府 헤이안쿄平安京의 시약원어창적施藥院御倉跡에서 출토된 목간의 '객작아客作兒' 모두 '아'자가 붙은 의료 관직이다. 그러나 설치 시기는 백제보다 늦다. 또 백제는 의박사·채약사 등을 왜에 파견하여 왜의 의약 발전에 큰 영향을 주었다. 따라서 일본의 '아'자가 붙은 의약 관직은 백제 약아의 영향을 받아 만들어진 것이라 볼 수 있다.

당나라에서 약동은 약재를 갈고, 깎고, 찧고, 체로 치는 일〔刮削搗篩〕을 맡아 했다. 이로 미루어 백제 약아도 당나라의 약동과 마찬가지로 약재를 채취하고, 갈무리하고, 제조하는 일을 했던 것으로 볼 수 있다.

당나라는 약재를 키우는 곳을 약원藥園이라 하였고, 서인庶人 16인 이상을 약원생藥園生으로 삼아 관리하게 한 후 이들이 업業을 이루면 약원사藥園師로 삼았다. 일본의 경우 당나라의 제도를 본받아 약원생을 뽑고 본초本草(약초)에 대해 교육하여 약초를 채취하는 법을 익히도록 하고, 또 가까운 산이나 물가에 약초가 있으면 이를 채취해 씨를 뿌리도록 하였다. 백제에서 약재를 채취하는 곳을 무엇이라 하였는지는 분명하지 않다. 그런데 능산리사지

제2지점에서 출토된 296호 목간에는 배밭〔梨田〕, 대나무숲〔竹山〕, 감나무산〔柿山〕 등이 나온다. 이로 미루어 백제는 약재를 기르고 채취하는 곳을 약전藥田이라 하였을 가능성이 크다.

　채취한 약재들은 손질하여 창고에 갈무리해야 한다. 백제에서 약재를 갈무리하는 창고와 관련하여 주목되는 것이 능산리사지 백제-300호 목간에 나오는 '중경仲椋'이다. '경椋'은 창고를 말한다. 고구려에서는 창고를 '부경浮京'이라 했다. 부경은 '뜬 집', 즉 '고상식 창고'를 말하는데, 가야와 신라 지역에서는 고상식 창고 모양의 토기들이 다수 출토되고 있다. 이로 미루어 백제의 창고인 '경'도 고상식이었을 것이다. 창고를 고상식으로 만든 것은 통풍이 잘 되도록 하여 습기를 막기 위해서였다.

　중경은 '가운데 창고' 또는 '두 번째 창고'라는 뜻이다. 그런데 신라의 경우 황남동 376 유적에서 나온 목간 앞면에는 '경椋'과 '하경下椋'이, 뒷면에는 '중경仲椋'이 묵서되어 있다. 따라서 백제에도 '상경'과 '하경'이 있었을 것으로 보인다. 상경·중경·하경은 여러 창고들을 구분하기 위

| 그림 8-3 | **백제-300호 목간에 새겨진 '삼월중경三月仲椋'**
경은 고상식 창고를 말한다. 백제는 이러한 경에 약재를 갈무리한 것으로 보인다.

해 붙인 이름이다.

이러한 창고들은 배나 감 등을 보관하거나 대나무나 대나무로 만든 물건들을 보관하는 데 사용되었을 것이다. 이로 미루어 백제에서는 약아들이 채취한 약재를 보관하고 갈무리하는 창고를 약경藥椋이라 하였을 가능성이 크다. 당나라에서는 궁인환방宮人患坊에 약고藥庫를 설치하여 약재를 갈무리하였다.

병을 치료하는 관직은 무엇이었을까

백제에서 의약 업무를 다루는 최고의 관청은 약부藥部이다. 약부는 왕실 관련 업무를 관장하는 내관 12부 가운데 하나였다. 장관은 장사長史 또는 재관장宰官長이라 하였고, 3년에 한 번씩 교체되었다. 주된 임무는 왕과 왕실의 질병을 치료하는 것이고, 겸하여 고위 귀족 관료들의 질병 치료도 맡았을 것이다.

백제에서 약아 이외의 의약 관직으로는 의박사醫博士, 채약사採藥師, 주금사呪禁師가 확인된다. 의박사는 온갖 약으로 질병을 고치는 의료 전문가이다. 『일본서기』에 따르면 553년 왜에서 질병이 크게 돌아 많은 백성이 죽고 치료가 되지 않자, 왜왕이 백제에 사신을 파견하여 의박사와 채약사를 보내 달라고 요청하였다. 백제 성왕은 이 요청을 받아들여 554년에 의박사인 나솔 왕유릉타王有懮陀를 파견하였다. 왕유릉타는 현재의 문헌 자료에서 확인되는 백제 최초의 의박사이다.

의박사는 치료와 더불어 의생들의 의약 교육을 담당했다. 당나라에서는 의학 교육과 치료를 담당한 의학박사는 태의서 소속으로, 의침생에게는 『본초경本草經』·『갑을경甲乙經』 등을, 침생에게는 『유주도流注圖』·『적오신침경赤烏神針經』을 가르쳤다. 그리고 『소문경素問經』·『황제침경黃帝針經』·『명당경明堂經』을 의침생과 침생에게 공동으로 가르쳤다. 신라는 당나라의 제도를 받아들여 의료기관인 의학醫學에서 『본초경』·『갑을경』·『소문경』·『명당경』·『침경針經』·『맥경脈經』·『난경難經』 등을 가르쳤다. 일본에서는 의침생에게 당나라와 같은 의서들을 가르쳤다. 신라와 일본의 사례를 참고할 때 백제도 중국에서 선진 의료 기술과 의서들을 받아들이고, 또 이 의서들을 의생들에게 교육하였을 것이다. 그러나 교육에 사용된 의서의 이름이나 학생을 의생과 침생으로 구분하였는지는 알 수 없다.

채약사는 때에 맞추어 약재를 채취하고 갈무리하여 공급하는 일을 하는 의료 관직이다. 『일본서기』에 따르면 백제 성왕은 554년 채약사 시덕 반량풍潘量豊과 고덕 정유타丁有陀를 왜에 파견하였다. 이 기사는 채약사가 554년 이전에 백제에 설치되었음을 보여 준다. 중국의 경우 수나라(581~618) 대에는 약원사만 보이고 당나라에 와서야 채약사가 나온다. 당의 건국 연대가 618년이므로 백제의 채약사 설치 시기는 당나라보다 적어도 60년 이상 빠르다.

주금사는 주금呪禁을 이용하여 요사스러운 귀신〔邪魅〕에 걸린 병자를 고치는 의료인을 말한다. 주금사가 이용하는 주금은 주술의 일종이다. 백제에서 주금사의 존재는 위덕왕이 577년 왜에 주금사를 보낸 것에서 확인된다. 중국의 경우 태의서에 주금사, 주금공, 주금생, 주금박사 등을 두었다. 일본도 당나라 제도를 받아들여 주금박사, 주금생을 설치하였다. 백제의 경우 주금사 이외에 주금박사나 주금생 등이 설치되었는지는 알 수 없다.

한편 당나라의 경우 태의서에, 신라의 경우 의학에, 일본의 경우 전약료典藥寮에 조교助敎를 두었다. 주변국들의 사례들로 미루어 백제의 약부에도 조교를 두었을 가능성이 있다. 그렇지만 자료가 없어 단정하기는 어렵다.

의박사와 채약사는 관등을 갖고 있었다. 의박사 왕유릉타의 관등은 6품 나솔이다. 채약사 반풍량의 관등은 8품 시덕이고, 정유타의 관등은 9품 고덕이다. 왕유릉타의 관등이 반풍량이나 정유타보다 높다. 이는 의료 직제에서 의박사가 채약사보다 높은 직위였음을 보여 준다. 주금사의 경우 어떤 관등을 가졌는지 자료가 없어 알 수 없다.

질병 치료법을 기록한 『백제신집방』

의박사 등 의료직은 병자를 진단한 후 침을 놓거나 뜸을 뜨고, 여러 가지 탕약재를 처방하여 질병을 치료하였다. 이러한 처방은 처방서를 토대로 이루어졌다. 백제의 처방서로는 『백제신집방百濟新集方』이 있다. 이 처방서는 984년에 일본의 단바 야스요리丹波康賴가 편술한 『의략초醫略抄』에 수록되어 있다.

『백제신집방』이 언제 누구에 의해 만들어졌는지는 알 수 없다. 그런데 여기에 진晉 대의 도교 이론가인 갈홍葛洪(283?~343)이 만든 처방전인 『갈씨주후방葛氏肘後方』이 인용되어 있다. 이는 『백제신집방』이 갈홍의 처방서를 참조하여 만들어졌음을 보여 준다. 그러나 『백제신집방』은 갈홍의 처방서를 참조하면서 백제 나름으로 변통하여 활용하였다. 일례로 정종丁腫 치료법에 대해 중국의 의서인 『경사증류본초京師證類本草』에는 국화잎만 언급하고 있지만, 『백제신집방』에는 국화잎과 함께 줄기도 약재로 사용하도록 하였다.

『백제신집방』에 나오는 폐옹肺癰과 정종에 대한 치료 방법을 좀 더 살펴보자. 폐옹은 폐에 생긴 나쁜 종기를 말한다. 치료 방법은 "황기 1냥에 물 3되를 넣고 달여 1되 정도로 짜서 두 번 나누어 복용한다"는 것이다. 정종은 정창丁瘡과 같은 것으로서, 마치 못처럼 딱딱한 근이 박힌 종기를 말한다. 치료 방법은 "독기가 이미 심장에 들어가 숨이 막혀 죽을 것 같은 경우에 대한 처방은 국화잎을 따서 줄기와 합해 찧어서 즙 3되를 내어 착실하게 복용한다"는 것이다.

정종과 폐옹 외에 백제에서 확인된 질병으로 두 가지 사례를 더 찾아볼 수 있다. 하나는 658년에 편찬된 『문관사림』에 수록되

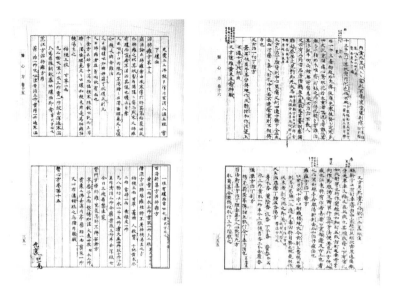

| 그림 8-4 | **백제의 질병 처방서인『백제신집방』의 치폐옹방과 치정종 부분**

『백제신집방』이 언제 누구에 의해 만들어졌는지는 알 수 없으나, 진 대의 도교 이론가인 갈홍의 처방서를 참조하면서 백제 나름으로 변통하여 활용하였다.

어 있는 것으로, 당 태종이 백제 의자왕에게 보낸 국서이다. 여기에는 장원창蔣元昌을 보내 왕의 질환을 고쳐 달라는 의자왕의 요청과 장원창은 익주도에 가 있기 때문에 보낼 수 없다는 당 태종의 답변이 나온다. 이 기사는 의자왕이 당시 백제 의술로는 고칠 수 없는 병을 앓고 있어 당나라에 장원창이라는 의사를 보내 줄 것을 요청하였음을 보여 준다. 장원창은 당나라의 유명한 의료 가문인 장씨 가문 출신으로『신수본초경』의 편찬에도 참여하였다. 그는 당나귀 오줌으로 반위(음식을 먹은 뒤 곧 게우는 병증)를 고치는 치료법을 개발하였다고 한다. 이런 장원창을 초빙하려 한 사실로 미루어

의자왕이 앓고 있던 병이 반위, 즉 위암 계통의 병일 수 있지만 단정할 수는 없다. 또 의자왕이 치료를 위해 어떠한 처방을 받았는지도 역시 자료가 없어 알 수 없다.

다른 하나는 익산 쌍릉의 대왕릉 재발굴에서 나온 뼛조각이다. 대왕릉은 백제 제30대 무왕(600~641)의 무덤으로 알려져 있다. 인골함의 뼈 102점을 분석한 결과, 키가 161~170cm 정도인 60대 이상의 남성이었다. 이 남성은 생전에 낙상하여 골반 뼈에 골절이 생겨 후유증을 앓았다는 것과 늙어서 '광범위 특발성 뼈과다증(DISH, Diffuse Idiopathic Skeletal Hyperostosis)'에 걸려 척추에 극심한 통증을 안고 살았던 것으로 밝혀졌다. 그러나 낙상이나 특발성 뼈과다증을 어떻게 치료하였는지는 알 수 없다.

처방서와 관련해 하나 더 정리해야 할 것은 지약아식미기 목간의 3면에 나오는 '탄야방彈耶方'이다. 이 '방方'에 대해 백제의 지방 통치 조직의 하나인 '오방五方'의 '방'으로 보거나 오방과는 다른 별도의 지방 통치 조직으로 보기도 한다. 그러나 '방'은 처방서 또는 처방전의 명칭으로도 사용되었다. 앞서 언급한 『백제신집방』의 '방'이 그러한 사례이다. 탄야방의 '방'이 의약과 관련 있는 것이라고 하면 그 의미를 1면의 약아와 3면의 도사와 연계하여 살펴볼 필요가 있다. 1면에 나오는 약아는 질병 치료에 필요한 약재를 담당하였다. 3면의 도사에 대해 "돼지를 만나 두려워하는 것 같다"든가 "그 몸은 검다"라고 한 것은 병자의 모습을 묘사한 것일 수도 있다. 그렇다면 탄야방은 도사가 걸린 병을 치료하기 위한 처방전으로 볼 수 있다. 탄야방이 처방전이라면 모씨 성을 가진 모〔대〕대牟〔役〕殺는 이 처방전을 처방한 사람이 아닐까.

약아의 정원은 몇 명이고 근무 조건은 어떠했을까

지약아식미기 목간의 1면과 2면에는 약아에게 식미를 지급한 양이 기록되어 있다. 식미는 매일 지급되었으므로 이 목간은 일당 지급을 정리한 장부〔置簿冊〕라 할 수 있다. 이것은 우리나라 최초의 장부로, 지금까지 확인된 가장 이른 시기의 사례이다.

약아들에게 일당을 지급한 곳은 능산리사지 1단계에서 만들어 진 시설, 즉 초기 건물군이다. 초기 건물군은 의례를 행하는 사당 과 관련이 깊다고 한다. 약아들은 이 사당이 설치한 약전에서 약 재를 채취하고 갈무리해 주는 대가로 매일 식미를 받은 것 같다.

약아들이 하루에 받은 쌀의 양은 3~4두(말)이다. 7일치의 양 을 합하면 2석 6두 9승이 된다. 그런데 고구려의 경우 세금으로 1년에 상호上戸는 1석, 차호次戸는 7두, 하호下戸는 5두를 냈고, 신 라의 경우 구휼미를 지급할 때 1인당 3승으로 하였다. 이와 비교 하면 약아에게 지급한 하루 식미 3~4두는 한 사람의 일당으로는 너무 많다. 따라서 하루 식미 3~4두는 그날 작업에 동원된 약아들 에게 지급한 양을 모두 합한 것으로 보아야 한다.

하루에 동원된 약아들이 몇 명인지는 하루 지급한 식미의 양을 통해 추론할 수밖에 없다. 일급 관련 사례로는 두 가지를 들 수 있다. 하나는 신라 성덕왕 6년(707)에 굶주린 백성들에게 정월 초하루부터 7월 30일까지 7개월간 1인당 하루 3승(되)을 구휼미로 지급한 사례이다. 다른 하나는 일본 헤이조쿄平城京에서 출토된 고대 목간에 1인의 식료 지급액을 2승으로 한 사례이다.

일본의 사례와 지약아식미기 목간에 나오는 소승小升(작은 되)은 2승기升器이고, 대승大升(큰 되)은 4승기이므로 1인 1일의 지급액이 2승이 된다는 것을 전제로 하여 약아들에게 지급된 일일 평균 약 4두는 대략 20인분에 해당한다고 보는 견해도 있다. 그러나 헤이조쿄 출토 목간에는 2승 이상 받은 사람도 있기 때문에 2승으로 일반화하여 설명할 수 없다. 이와 달리 신라의 구휼미 지급 원칙인 1일 3승은 한 사람이 하루에 살아갈 수 있는 최소한의 식량 양이다. 따라서 1일 3승이 좀 더 현실성이 있다고 할 것이다.

1일 3승의 지급 원칙을 백제에 원용하면 3~4두는 하루에 동원된 10~13명 내외의 약아들이 받은 총액이 된다. 그렇다면 약전에서 일하는 약아의 수는 대략 10명 내외로 추정해 볼 수 있다. 참고로 당나라의 경우 태의서에 속한 약동의 정원은 시기에 따라 다르지만 많을 때는 30명이었다. 고려의 경우, 전의시에 속한 약동은 2명이었다.

일당을 지급한 날은 1면에는 초일, 2일, 3일로 나오고, 2면에는 5일, 6일, 7일과 9일로 나온다. 9일 이후의 지급 내용은 알 수 없지만 3면과 4면에도 식미 지급과 관련된 내용이 기록되었음이 분명하므로 9일 이후의 일당 지급 내용은 3면과 4년에 기록되어 있었을 것이다. 일당을 지급한 날짜에서 주목되는 것은 4일과 8일이 빠져 있다는 사실이다. 연구자에 따라 1면 끝부분의 파손된 부분에 4일의 식미 관련 내용이 기록되었을 것으로 보기도 한다. 그렇지만 이 부분에는 3자 정도만 들어갈 여유가 있어 식미 지급 내용이 기록되었을 가능성은 없다.

4일과 8일에 식미 지급 기록이 없는 것은 실수로 누락된 것으로 볼 수도 있지만, 실수하였다는 근거가 있는 것은 아니다. 따라서 실수라기보다는 4일과 8일에 일당이 지급되지 않았기 때문에 기재하지 않은 것으로 보는 게 타당할 것이다. 일당이 지급되지 않았다는 것은 작업을 하지 않았다는 의미이다. 작업을 하지 않은 이유가 무엇인지는 명확히 알 수 없다. 날씨 탓으로 볼 수도 있겠지만 하필이면 4일과 8일에만 날씨가 나빴다고 단정할 수 없다. 따라서 두 날이 빠진 것은 당시의 작업 기준(근무 기준)에 따라 작업을 하지 않았기 때문일 가능성이 크다. 작업 기준이란 3일 일하고 하루 쉬고, 또 3일 일하고 하루 쉬는 것이 아니었을까. 그래서 목간에는 쉬는 날이었던 4일과 8일에는 일당 지급이 기록되지 않았을 것이다. 이는 관료들의 근무 방식을 보여 준다.

한국 고대 사회에서 관료들의 근무 방식을 알려 주는 자료는 아직 없다. 중국 한나라의 경우 관리는 모두 부내府內의 관사〔吏舍〕에서 숙식을 하며, 5일에 한 번 휴목休沐(휴식하며 목욕하는 것)하러 귀가하였다고 한다. 이때 근무 부서가 집과 가까운 경우는 거리상

문제가 없어 이 제도가 그대로 시행되었다. 그러나 변경에 위치한 군현의 관리나 군리軍吏처럼 근무지와 본가가 멀리 떨어져 있는 경우, 이 제도를 그대로 실행하기 어려워 10일 근무하고 1일 휴식을 취하는 제도가 시행되었다고 한다. 만일 휴식 없이 계속 근무한 경우, 사용하지 않은 휴목일을 누적하여 1회에 여러 날(누적분) 쉴 수 있었다고 한다.

백제가 한나라처럼 체계적인 근무 기준을 마련하여 시행하였는지는 알 수 없다. 그렇지만 지약아식미기 목간이 보여 주는 대로 3일 일하고 하루 쉬었다면 약아들이 한 달에 일한 날의 수는 21~22일 정도 된다. 따라서 이 사면 목간은 약아들에게 한 달간 지급한 일당을 일별로 나누어 한꺼번에 정리한 장부라고 할 수 있다. 지약아식미기 목간은 백제에서 일당 지급제와 3일 일하고 하루 쉬는 근무제가 행해졌음을 추정할 수 있는 좋은 자료라고 할 수 있다.

약아는 일당으로 쌀을 얼마나 받았을까

백제에서는 일당을 지급하기 위해 도량형을 사용하였다. 도량형은 시장에서 물건을 사고팔 때와 국가에서 조세를 거둘 때 기준이 되었다. 동양 사회에서 도량형은 길이·부피·무게를 재는 수단과 단위를 총칭하는 말이다. 도度는 길고 짧은 것을 재는 것이다. 재는 단위는 분分-촌寸-척尺-장丈-인引이다. 백제는 3세기 이전에는 23cm를 한 자로 하는 후한의 기준척을 사용하였고, 4세기 이후 6세기 중반까지는 25cm를 한 자로 하는 남조의 기준척을 사용하였다. 6세기 후반에 와서는 29cm를 한 자로 하는 수·당의 기준척을 사용하였다.

발굴조사에서 출토된 실물 자는 두 개가 있다. 하나는 부여 관북리 연지에서 나온 한 자가 25cm인 대나무로 만든 자이다. 이 자는 두 조각인데 한 조각의 뒷면에는 "대□□미(?)죽大□□美(?)竹"이, 다른 조각의 뒷면에는 판독하기 어려운 두 글자가 각서刻書되어 있다. 앞으로 정밀 판독이 필요하다. 다른 하나는 부여 쌍북리에

| 그림 8-5 | **부여 관북리 연지에서 출토된 자의 출토 당시 모습**(왼쪽)**과 추정해 본 길이**(오른쪽)
한 자가 25cm인 대나무로 만든 자이다.

| 그림 8-6 | **부여 쌍북리에서 출토된 자**(오른쪽)**와 복원품**(왼쪽)
한 자가 29cm인 호두나무로 만든 자이다.

서 출토된 한 자가 29cm인 호두나무로 만든 자이다. 그러나 아깝게도 일부가 파손되었다.

형衡은 무게를 재는 것으로, 단위는 수銖-양兩-근斤-균鈞-석石이었다. 물건의 무게를 다는 기구인 형기衡器의 경우, 석제 추만 출토되고 실물 저울이 출토되지 않아 구체적인 측정 방식은 알기 어렵다. 다만 부여 구아리와 가탑리에서 출토된 '일근一斤'이 새겨진 거푸집을 토대로 한 근의 무게를 구해 보니 은의 경우 구아리의 것은 261.25g이고, 가탑리의 것은 286.97g로 측정되었다. 이 거푸집은 은 한 근을 제작하는 데 사용된 것이다.

양量은 많고 적은 것을 재는 것이다. 단위는 약龠-합合-승升-두斗-곡斛이다. 발굴조사에서 출토된 백제의 실물 양기는 두 개이다. 부여 쌍북리에서 출토된 목재 양기는 용적이 6,326ml이다. 이는 당나라에서 사용한 한 말의 용적 6,452ml와 거의 같아 한 말 양기로 볼 수 있다. 부여 화지산에서 출토된 석제 양기의 용적은 3,196ml로 목제 양기의 반이다. 이는 반 말, 즉 5승의 양기라고 할 수 있다.

백제에서 양을 재는 단위를 잘 보여 주는 것이 지약아식미기 목간과 부여 쌍북리에서 출토된 좌관대식기 목간이다. 지약아식미기 목간의 1면과 2면에는 쌀 지급량을 두斗, 승升, 대승大升, 소승小升으로 표기하였고, 습자용으로 사용된 4면에는 석石이 나온다. 좌관대식기 목간에는 석, 두, 승 이외에 '반半'과 '갑甲'이 나온다.

석은 우리말로 '섬'이라 하였고, 두는 '말', 승은 '되', 대승은 '큰되', 소승은 '작은 되'라 하였다. '합合'은 '홉'이라 하였다. 1석(섬)

| 그림 8-7 | **부여 가탑리에서 출토된 일근명 거푸집**

이 거푸집은 은 한 근을 제작하는 데 사용된 것이다. 은 한 근의 무게는 286.97g이었다.

| 그림 8-8 | **부여 화지산에서 출토된 석제 양기**

양기의 용량은 3,196ml이다.

| 그림 8-9 | **부여 쌍북리에서 출토된 목재 양기(왼쪽)와 복원된 양기(오른쪽)**
복원된 양기의 용량은 6,326ml이다.

은 10두이고, 1두는 10승이다. 1대승은 작은 되로 3승이다. '반'은
1두의 반, 즉 5승을 말한다. '갑'은 1두의 반의 반, 즉 2.5승을 말한
다. 승 아래에는 합이 있다. 이를 토대로 지약아식미기 목간에 보
이는 첫날부터 9일까지 지급한 식미의 양을 환산하면 다음과 같
다. 1두=10승, 1대승=3승으로 계산하였다.

첫날	4두	: 4×10승	=40승
2일	4두 소승 1	: 4×10승+1승	=41승
3일	4두 ?	: 4×10승+?	=40승+?
5일	3두 대승 1	: 3×10승+1×3승	=33승
6일	3두 대승 2	: 3×10승+2×3승	=36승
7일	3두 대승 2	: 3×10승+2×3승	=36승
9일	4두 ?	: 4×10승+?	=40승+?
		총액 2석 6두 6승+?	

지약아식미기 목간에는 이떤 의미가 담겨 있나

지약아식미기 목간은 4면으로 된 목간이다. 이 목간은 처음에는 식미 지급 관련 내용을 기록하였다가, 다른 내용을 기록하는 용도로 쓰였고, 나중에는 습자용으로 활용되었다. 이렇게 여러 번 재활용된 것은 이 목간이 처음이다.

지약아식미기 목간에는 약아, 식미 지급, 일당제, 도량형 단위 등 문헌 자료에는 보이지 않는 생생한 내용들이 담겨 있다. 약아는 당나라에서도 보이지 않고 백제에서만 보이는 의료 관직이다. 특히 '아兒'자가 붙은 관직은 약아가 최초이다. '아'자를 관직명에 붙이는 것은 일본에도 영향을 주어 '상약소아' 등의 관직이 만들어졌다.

약아는 약재를 갈고, 깎고, 찧고, 체로 치는 일을 하였다. 약아 이외에 치료를 담당한 의약 관직으로는 의박사, 채약사, 주금사 등이 있었다. 그리고 질병 관련 최고의 관청으로는 약부가 있었고, 장관은 장사 또는 재관장이라 하였다.

약아들에게는 수고의 대가로 쌀을 일당으로 지급하였다. 지급 방법을 일당으로 한 것은 백제에서 일당제가 실시되었음을 보여 준다. 약아들은 사흘 일하고 하루 쉬는 형태로 근무하였다. 이는 백제 관료들의 근무 방식의 한 단면을 보여 준다. 이 목간은 한 달을 기준으로 약아들에게 매일 지급한 일당의 총량을 기록한 장부의 성격을 갖는다.

지약아식미기 목간에는 석·두·대승·소승이라는 도량형 단위가 나오고, 좌관대식기 목간에는 '반'과 '갑'이 나온다. '반'은 5승을 말하고 '갑'은 4분의 1두를 말한다. 도량형은 국가의 조세 수취와 시장 거래의 기본이다. 대승·소승은 물론 반두半斗, 갑 등 다양한 양기는 백제가 도량형을 통일하여 시행하였음을 보여 준다.

노중국 계명대학교 사학과 명예교수

9 나라가 먹을 것을 빌려주고 받은 기록

― 좌관대식기 목간

부여 쌍북리 유적에서 발견된 목간

2008년 봄, 백제문화재연구원이 한 민간 회사의 의뢰를 받아 충남 부여군 쌍북리 280-5번지 일대 750m² 범위를 발굴조사하다가 지하 약 3m 깊이에서 동서 방향으로 이어지는 도로와 건물지를 발견하였다. 모두 백제 시대 유구였다. 도로는 너비 2.5m로 양옆에 배수로가 딸려 있었으며, 도로를 기준으로 남쪽에는 3동, 북쪽에는 2동의 굴립주 건물이 도로와 나란히 자리 잡고 있었다. 굴립주 건물이란 땅을 파고 기둥을 세운 지상 건물로, 기술적으로는 초석을 사용하기 이전 단계에 해당한다. 발굴단은 남쪽의 건물지를 동쪽에서부터 각각 1번, 2번, 3번 건물지라고 이름 붙이고, 북쪽의 건물지는 서쪽에서부터 4번, 5번 건물지라고 하였다. 도로 쪽

| 그림 9-1 | **좌관대식기 목간이 발견된 쌍북리 발굴조사 구역**
도로를 기준으로 남쪽에 3동, 북쪽에 2동의 굴립주 건물이 도로와 나란히 자리 잡고 있다.

에서는 작은 말목을 촘촘히 박은 울타리 흔적도 발견되었다.

이곳에서는 목간이 6점 출토되었는데, 그중 2점은 글자가 비교적 뚜렷하다. 특히 1번 건물지 동남쪽 모서리 부근에서 출토된 목간 1점은 앞면 57자, 뒷면 57자, 합계 114자 정도를 확인할 수 있을 정도로 글자가 많다. 목간의 크기는 길이 29.1cm, 너비 3.8~4.2cm, 두께 0.4cm이며, 위에서 2.4cm 내려온 곳 가운데에 앞면과 뒷면을 관통하는 작은 구멍이 있다. 목간 아랫부분은 나무 상태가 윗부분처럼 매끈하지 않고 부러진 흔적이 있어 일부가 잘려 나갔음을 알 수 있다.

글자는 세로로 적혀 있으며, 앞면에 3줄, 뒷면에 2줄인데, 앞면과 뒷면 모두 줄마다 글자 간격이 심하게 떨어진 부분이 두 곳씩 있어서 각각 3단으로 나눠 기록했음을 알 수 있다.

앞면 두 번째 줄 첫 단에는 글자가 없고 대신 세 번째 줄의 '좌관대식기佐官貸食記'라는 글자가 두 번째 줄까지 침범할 정도로 크게 적혀 있다. 이에 학계에서는 앞면 1단을 목간 제목으로 보고 '좌관대식기' 목간이라고 부르며, 읽는 방향도 앞면 1단 1·3줄, 2단 1·2·3줄, 3단 1·2·3줄 순으로 목간의 오른쪽에서 왼쪽 방향으로 읽는다.

발굴조사단이 목간 글자 판독문을 공개한 후 여러 학자들이 적외선 사진에 의거해 수정한 판독문을 종합하면 다음과 같다.

판독문

앞면

戊寅年六月中　固淳夢三石　　　佃麻那二石

◎　　　　　　　止夫三石上四石　比至二石上一石未二石

佐官貸食記　　佃目之二石上　二石未一石　習利一石五斗上一石未一石

뒷면

素麻一石五斗上一石五斗未七斗半　佃首行一石三斗半上一石未一石甲

幷十九石

◎

今沽一石三斗半上一石未一石甲　刀々邑佐三石与　得十一石

해석문

앞면

무인년 6월에 좌관이(에게) 곡식을 빌려준 것에 대한 기록

고순몽 3석 / 지부 3석, 4석 냄 / 소작 목지 2석, 2석 냄, 1석 안 냄

소작 마나 2석 / 비지 2석, 1석 냄, 2석 안 냄 / 습리 1석 5두,

1석 냄, 1석 안 냄

뒷면

소마 1석 5두, 1석 5두 냄, 7두 반 안 냄 / 금고 1석 3두 반,

1석 냄, 1석 갑 안 냄

소작 수행 1석 3두 반, 1석 냄, 1석 갑 안 냄 / 도도읍좌 3석 줌

합계 19석 / 받음 11석

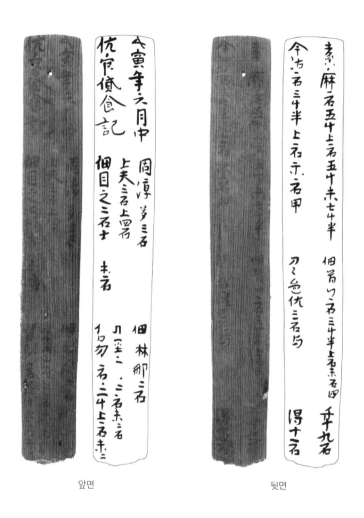

앞면　　　　　　　　　　　　뒷면

| 그림 9-2 | **좌관대식기 목간의 실물 사진과 모사도**
곡식을 빌려준 내용을 기록한 목간으로, 백제의 구휼 제도를 엿볼 수 있는 귀한 자료이다.

판독 과정에서 학자들 사이에 논란이 된 글자는 3~4자에 불과했다. 이후 해독 작업도 무난하게 이루어졌다.

앞면 제일 첫머리의 '무인년戊寅年 6월'은 목간을 작성한 시점인 듯하다. 지금의 부여군이 백제의 왕도였던 사비 도읍기에 무인년은 두 번 있었다. 위덕왕 5년(558)과 무왕 17년(618)이다. 그런데 1번 건물지 주변에서 출토된 백제 토기가 대체로 6세기 말 이후로 편년되므로 좌관대식기 목간의 무인년은 618년일 가능성이 높다. 무왕 17년 음력 6월, 한여름에 작성한 기록인 것이다. 보리와 밀은 이미 익어서 수확한 시기이고, 벼는 한창 자라는 시기이다.

좌관佐官은 '돕는 관리'라는 뜻이다. 곡식을 빌려주는 일을 하는 관청이나 관직 이름으로 보기도 하고, 중국의 용례를 참고하여 여러 부서에서 장관을 돕는 중간층 관리를 지칭하는 보통명사의 일종으로 보기도 한다. 좌佐를 '돕다'라는 동사로 해석하기도 한다. '관리를 도와서…'로 해석하는 것이다.

'대식貸食'은 먹을 것을 빌리거나 빌려준다는 뜻이다. 여기서 먹을 것이란 흔히 곡식을 가리킨다. 1996년 중국 후난성湖南省 창사시長沙市 주마루走馬樓의 우물에서 10만 매에 달하는 삼국 시대 오吳나라 죽간과 목간이 출토되었다. 흔히 창사 주마루오간走馬樓吳簡이라고 부르는데, 그 가운데 '대식'이라고 적힌 것도 있었다. 이에 비추어 보면 부여에서 발견된 목간의 좌관대식기는 1) 좌관이 곡식을 빌려준 기록, 2) 돕는 관리가 곡식을 빌려준 기록, 3) 돕는 관리에게 곡식을 빌려준 기록, 4) 관리를 돕기 위해 곡식을 빌려준 기록 등으로 다양하게 해석할 수 있다. 1)은 좌관을 관직 이름으로 본 것이고, 2)와 3)은 좌관을 여러 관청의 중간층 관리로 본 것이다. 4)는 모든 관리를 대상으로 한 것이다.

1)과 2)처럼 좌관을 주어로 해석하는 쪽은 문서의 성격상 곡식을 빌려주고 목간 문서를 만든 주체가 분명하므로 대여 대상은 아래에 이름이 적힌 인물들이라는 입장이다. 반면, 3)과 4)처럼 좌관을 대여 대상으로 해석하는 쪽은 관청에서 만든 목간 문서이므로 주어는 필요 없고 단지 빌려간 사람만 적었을 것이라는 입장이다. 만약 '좌관(돕는 관리)에게 곡식을 빌려준 기록'으로 해석한다면, 아래에 이름이 적힌 10명은 모두 중하급 관료라는 뜻이 된다.

앞면 둘째 줄부터는 서술 방식이 간단하다. ① 이름, ② 빌려준 곡식량〔貸食〕, ③ 갚은〔上〕 곡식량, ④ 아직 안 갚은〔未〕 곡식량 순서로 적었는데, 해당 사항이 없으면 그 부분은 빼놓았다. 글자 판독은 학자들의 의견이 거의 같다. 다만, 이름에서 전목지佃目之, 전마나佃麻那, 전수행佃首行 등의 전佃을 성씨로 볼 것인지, '소작인'을 가리키는 글자로 볼 것인지 의견이 갈리는데, 소작인이나 신분을 나타내는 글자로 보는 의견이 많다. 만약 소작인이라면 3)과 4)처럼 좌관을 목적어로 해석하는 것이 어색해진다. 소작인이면서 좌관인 사람을 상정하는 것은 아무래도 부자연스럽기 때문이다. 사람 이름 중 6번째로 적힌 '습리'는 인근 쌍북리 201-4번지에서 발견된 백제 목간에 '형습리정兄習利丁'으로 적힌 인물과 같은 사람일 개연성이 있다.

목간에 적힌 용량 단위는 석石(섬)과 두斗(말)이며, 두에 따라붙은 보조 단위로 반半과 갑甲이 쓰였다. 1두의 반(2분의 1)은 5승升(되)이고, 갑은 1두의 반의 반(4분의 1)으로 2.5승(되)을 가리킨다. 그러니까 반은 2갑이며, 1두는 4갑인 것이다. 이로써 7세기 초 백제에서는 곡식의 용량을 잴 때 2.5승(되)=1갑을 기본 단위로 삼았음을 알 수 있다.

앞면 세 번째 줄 마지막 단의 습리에 대한 기록 중 아직 안 갚은 1석〔未一石〕에서 '석石'자가 잘려 나가서 정확한 수치를 알 수 없으며, 뒷면의 마지막 단 역시 같은 상태이므로 빌려준 곡물 합계〔井〕와 이미 받은 것〔得〕의 정확한 수치도 알 수 없다. 이러한 내용을 표로 작성하면 〈표 9-1〉과 같다.

10명에게 빌려준 곡물량〔貸食〕을 모두 합하면 20석 7두이다. 그런데 목간에는 19석으로 적혀 있다. 이는 석 단위만 합친 숫자이다. 19석 다음에는 나무가 잘려 나가 글자를 알 수 없으나, 만약 온전했다면 19석 17두로 적혔을 것이다. 석 단위는 석 단위끼리, 두 단위는 두 단위끼리 합치는 셈법이라고 할 수 있다. 이미 받은 곡물량〔上〕도 산술적으로는 합계 11석 5두인데, 목간에서는 11석만 보인다. 그 아랫부분이 잘려 나갔기 때문이겠지만, 이 또한 석 단위는 석 단위끼리만 합치는 셈법에 해당한다.

아직 갚지 않은 곡물량〔未〕에 대해서는 합계를 적지 않았는데, 이는 아마도 목간에 기록된 내용은 창고에서 직접 점검할 수 있는 현물을 기준으로 작성하였기 때문일 것이다.

| 표 9-1 | 곡식의 대여와 상환 상태

구분	이름	빌려준 곡식 〔貸食〕	갚음 〔上〕	안 갚음 〔未〕
1	고순몽(固淳夢)	3석		
2	지부(止夫)	3석	4석	
3	전목지(佃目之)	2석	2석	1석
4	전마나(佃麻那)	2석		
5	비지(比至)	2석	1석	2석
6	습리(習利)	1석 5두	1석	1석
7	소마(素麻)	1석 5두	1석 5두	7.5두
8	금고(今沽)	1석 3.5두	1석	1석 2.5승
9	전수행(佃首行)	1석 3.5두	1석	1석 2.5승
10	도도읍좌(刀刀邑佐)	3석		
	합 계	20석 7두	11석 5두	

　그렇다면 앞으로 받아 낼 곡물이 어느 정도인지에 대한 관심보다 원래 가지고 있었던 곡물과 지금 가지고 있는 곡물이 어느 정도인지에 대한 관심이 더 컸다고 볼 수 있다. 곡물을 빌려간 사람이 갚아야 하는 기한을 넘겨 이자가 더 늘어날 가능성이 있기 때문에 곡물량의 합계를 내지 않았다고 볼 수도 있다. 그러나 아직 갚지 않은 곡물량을 이미 이자까지 합쳐 계산해 놓은 것을 보면 그 개연성은 낮다.

곡물을 왜 빌려줬을까

동아시아 역사에서 기후는 온난기와 한랭기가 네 차례씩 번갈아 나타났다. 기원전 3000년경부터 기원전 1000년경까지 제1온난기, 기원전 1000년경부터 기원전 850년경까지 제1한랭기, 기원전 770년부터 기원 전후까지 제2온난기, 기원 전후부터 600년경까지 제2한랭기로 구분한다. 600년경부터 985년경까지는 제3온난기이다. 중국에서 진秦·한漢, 우리나라에서 고조선 시대에 해당하는 제2온난기와 중국에서 수隋·당唐, 우리나라에서 삼국 시대 말기에 해당하는 제3온난기의 연평균 기온은 지금보다 1.5℃ 정도 높았으며, 중국에서 위진남북조, 우리나라에서 삼한·삼국 시대에 해당하는 제2한랭기의 기온은 지금보다 1.7℃ 정도 낮았다고 한다. 이러한 기후 변화는 자연환경에 영향을 미치고, 결과적으로 인구 및 기술 변화를 초래하였을 것이다.

『삼국사기』「백제본기」는 크게 보아 정치·외교, 전쟁, 자연현상 등의 내용으로 구성되어 있는데, 자연현상의 많은 부분이 기근 관련 기록이다. 웅진·사비 도읍기의 기근 기사만 추리면 다음과 같다.

삼근왕 3년(479)　봄과 여름에 크게 가물었다.
동성왕 13년(491)　여름 6월에 웅천의 물이 불어나서 왕도의 200여 집이 떠내려가고 물에 잠겼다. 가을 7월에 백성들이 굶주려 신라로 도망간 자가 600여 집이나 되었다.

동성왕 19년(497)　여름 6월에 큰비가 와서 백성들의 집이 떠내려 가고 무너졌다.

동성왕 21년(499)　여름에 크게 가물었다. 백성들이 굶주려 서로 잡아먹고 도적이 많이 일어났다. 신하들이 창고를 열어 가난한 백성을 돕자고 청하였으나 왕이 듣지 않았다. 한산 사람으로서 고구려로 도망간 자가 2,000명이었다.

동성왕 23년(501)　3월에 서리가 내려 보리를 해쳤다. 여름 5월부터 가을까지 비가 오지 않았다.

무령왕 2년(502)　봄에 백성들이 굶주리고 또한 전염병이 돌았다.

무령왕 6년(506)　3월부터 5월까지 비가 오지 않아 강과 연못이 마르고 백성들이 굶주리자, 창고를 열어 가난한 백성을 도왔다.

무령왕 21년(521)　여름 5월에 홍수가 났다. 가을 8월에 풀무치가 곡식을 해쳤다. 백성들이 굶주려 신라로 도망간 자가 900집이었다.

무왕 7년(606)　여름 4월에 크게 가물어 기근이 들었다.

무왕 13년(612)　5월에 홍수가 나서 민가가 물에 떠내려가거나 잠기었다.

무왕 37년(636)　6월에 가물었다.

의자왕 13년(653)　봄에 크게 가물어서 백성들이 굶주렸다.

의자왕 17년(657)　여름 4월에 크게 가물어 농작물이 모두 말라 죽었다.

여기에서는 가뭄·홍수 기록만 추렸으나 만약 지진·우박·전염병 창궐 등의 재해 요소까지 포함하면 기근 관련 기록은 훨씬 더 많아질 것이다. 더욱이 기록된 자연재해는 대개 백제 도성을 중심으로 중앙정부에서 직접 파악한 범위 내의 일이었다는 점을 감안해야 한다. 그렇게 보면 굶주림 때문에 백성들이 서로 잡아먹었다든지(기루왕 32년, 비류왕 28년, 동성왕 21년) 자식을 팔았다든지(근구수왕 8년) 다른 나라로 도망갔다든지(온조왕 37년, 비유왕 21년, 동성왕 13년, 동성왕 21년, 무령왕 21년) 하는 기록은 일반 백성들에게 기근이 매우 일상적인 일이었음을 암시한다. 그만큼 삼국 시대 사람들의 삶이 팍팍하였던 것이다.

삶에 지친 백성들이 서로를 해치거나 자식을 팔거나 다른 나라로 도망가게 하지 않으려면 국가는 우선 먹고사는 문제부터 해결해 주어야 한다. 그래서 고구려는 진대법賑貸法을 실시하였다. 『삼국사기』에 따르면, 고국천왕 16년(194)에 "매년 봄 3월부터 가을 7월까지 관청의 곡식을 내어 백성들에게 빌려주고 겨울 10월에 갚게 하는 것을 법식으로 삼게 했다"고 한다. 가을에 수확하는 곡물은 벼[稻], 조[粟], 기장[黍, 稷], 콩[豆, 菽], 팥[小豆], 수수[蜀黍], 깨[荏] 등이다.

가을에 수확해서 비축해 둔 곡식을 겨우내 먹고 나면 봄이 되어 새싹이 돋고 보리가 자라지만 아직 햇보리가 여물지 않은 늦봄 즈음에는 식량이 모자라 백성들이 고통을 받게 마련이었다. 이를 한국 근대에는 보릿고개 또는 춘궁기春窮期라고 불렀는데, 단순히 먹을거리만 부족한 것이 아니라 농사지을 곡물의 씨앗이 부실하거나 모자라는 경우도 많았다. 그래서 국가는 백성들의 고통을 조금이나마 덜어 주기 위해 주로 봄에 곡식이나 곡물의 씨앗을 빌려주고 가을에 추수가 끝나면 되돌려 받는 사업을 벌였다.

어떤 곡물을 빌려줬을까

좌관대식기 목간은 한여름인 음력 6월에 작성한 것이다. 만약 백제가 고구려의 진대법처럼 곡식을 빌려준 시기를 기준으로 작성 또는 점검했다면 봄이나 여름에 곡식을 빌려준 셈이다. 봄은 백성들이 겨울을 견뎌 내느라 집안의 먹을거리가 다 없어진 곤궁한 시기인 동시에 논밭에 종자를 뿌려야 하는 매우 중요한 시기이므로 국가 기관이 비축해 둔 곡물의 가치가 가장 높아지는 때이다. 그렇다면 이때 빌려주는 곡물은 가을에 수확하는 벼일 개연성이 있다. 그런데 만약 빌려준 곡물을 되받는 시점에 목간을 작성한 것이라면 주로 초여름에 수확하는 보리〔麥〕와 밀〔小麥〕에 주목해야 한다.

사비 시대 백제의 궁궐 유적으로 추정되는 부여 관북리 유적에서는 나무로 지은 지하창고 5기, 돌로 쌓은 지하창고 3기 등 저장 시설이 많이 발견되었는데, 창고 안에는 각종 토기와 함께 참외·다래·복숭아·살구·수세미·오이 등 다양한 식물 유체가 남아 있었다. 이는 기원전 1세기경의 저습지 유적인 광주 신창동 유적에서 발견된 식물 유체와 비슷한 것이어서 기원전 1세기경과 기원후

7세기경의 식생 환경에 큰 차이가 없었음을 알 수 있다. 광주 신창동 유적에서는 쌀·보리·밀·콩 등의 곡물류, 오이·참외·조롱박 등의 채소류, 복숭아·호두·가래 등의 과일류 등 매우 다양한 식물 유체가 출토되었다. 그리고 경남 김해시 부원동, 창원시 용원동, 산청 소남리 등의 가야 유적에서는 감·복숭아·머루·밤·도토리 등의 과일류와 쌀·보리·콩·팥·조·밀 등의 곡물류가 출토되었다.

한반도에서는 청동기 시대에 이미 벼·기장·보리·밀·조·피·메밀·콩·팥·녹두·수수·깨·토란 등의 곡물을 먹었다. 이 무렵 한반도 남부 지역은 벼와 보리, 북부 지역은 조·기장·메밀을 많이 경작한 것으로 알려지고 있다. 백제 사람들은 아마도 벼와 보리를 많이 길렀을 것이다. 중국 사서인 『주서周書』에는 백제가 마와 쌀 등을 세금으로 걷었다는 기록이 있다.

『삼국사기』에 백제 사람들과 관련 있는 곡식으로 자주 나오는 글자는 벼〔稻〕·콩〔菽〕·보리〔麥〕·벼〔禾, 곡물의 총칭〕 등이다. 부여 부소산성 안 창고 유적에서 쌀·보리·녹두·밀·귀리·콩·팥 등이 출토된 사실과 부합한다. 백제는 장거리 전투뿐 아니라 장기간의 치열한 전투를 자주 벌였기 때문에 군사들의 체력을 유지하기 위한 영양 보급에 신경 써야 했다. 그렇다면 쌀·콩처럼 오래 보관할 수 있고 영양가도 높은 식재료가 여러모로 유리했을 것이다.

고대의 일반 백성들은 밥보다 죽을 더 많이 먹었다. 일본 나라 시대 문헌에는 아욱 이야기가 많이 나오는데, 백제에서도 아욱죽을 즐겨 먹었던 것으로 보인다. 연질 계통의 백제 토기로 보리·

| 표 9-2 | 고대 한반도의 식물(음식 재료 중심)

종류	이름
곡물	쌀, 보리, 밀, 기장, 조, 피, 메밀, 콩, 팥, 깨, 녹두, 삼[麻]
나물·채소	아욱, 고사리, 미나리, 참나물, 기름나물, 근대, 백합, 쑥, 달래, 냉이, 무, 박, 가지, 토란, 칡, 오이, 마늘, 부추, 파, 상추, 연근
과일	감, 개암, 밤, 도토리, 호두, 대추, 복숭아, 살구, 가래, 참외, 배, 사과, 머루, 포도, 수박, 잣

조·피·기장처럼 껍질이 단단한 곡물을 오래 끓여 죽을 만들 경우, 음식에 토기의 흙냄새가 밸 수 있다. 이를 중화하기 위해 쑥·냉이·아욱 같은 나물·채소류를 향신료로 사용했을 것이다. 상류층과 군대에서는 밥을 지을 때 쇠솥을 사용하였는데, 백제의 쇠솥은 대략 4세기 이후에 많이 만든 것으로 보인다.

중국 사서 『수서隋書』에는 백제에 불을 쓰지 않는 음식이 많다는 기록이 있다. 중국처럼 기름으로 볶는 음식이 적고, 생선회·포·나물처럼 재료 손질을 최소화하거나 김치·젓갈 같은 발효 음식이 많다는 뜻으로 볼 수 있다. 『삼국사기』에 따르면, 백제 법왕은 599년 12월에 살생금지령을 내리고 민가에서 기르는 매와 새매를 거두어 놓아 주었으며 고기 잡고 사냥하는 도구를 불태웠다고 한다. 살생을 죄악시하는 불교 문화의 영향 때문인데, 이는 역설적으로 민간에서 사냥·어로 활동과 육식이 널리 행해졌음을 나타낸다. 신라와의 전쟁이 잦았던 무왕 때에는 군사들의 체력 유지 때문에라도 살생금지령을 지속하기가 어려웠을 것이다. 부여 능산리사지 출토 등잔에서 식물성 기름보다 동물성 기름이 더 많이 검출된 것은 이를 방증한다.

이자는 얼마나 됐을까

좌관대식기 목간에 적힌 인물 10명 가운데 곡물을 가장 많이 빌린 사람은 고순몽·지부·도도읍좌 3명으로, 각각 3석씩 빌렸다. 이 가운데 빌린 것을 갚은 사람은 지부뿐이며, 고순몽과 도도읍좌는 전혀 갚지 않았다. 앞으로 몇 석을 갚아야 한다는 표시도 없다. 이에 10번 도도읍좌의 경우에는 지방 행정관이므로 곡물 관리에 대한 수고비로 그냥 주었거나 무상 대여했기 때문이라고 보기도 하지만, 무인년에 처음 빌려 갔기 때문에 뒷부분을 전혀 적지 않았다고 보는 것이 더 합리적이다. 4번 전마나의 경우에도 2석을 빌려 갔다는 표시만 있다.

2번 지부는 3석을 빌린 뒤 4석을 갚았다. 앞으로 얼마를 더 갚아야 한다는 표시도 없다. 아마도 1년 만에 이자까지 다 갚았기 때문일 것이다. 그렇다면 빌려 간 곡식 3석에 대한 이자는 1석이므로 이율은 33%가 된다. 6번 습리는 1석 5두를 빌렸는데, 1석을 갚았고 1석을 더 갚아야 한다고 했다. 그렇다면 1석 5두에 대한 이자는 5두이므로 이율은 33%가 된다.

그런데 3번 전목지, 5번 비지, 7번 소마, 8번 금고, 9번 전수행

등이 빌려 간 곡물에 대해서는 각각 이율이 50%에 달한나. 이처럼 이율이 서로 다른 이유는 아직 분명치 않으나, 이자 총량을 1석 이하로 제한했기 때문이라는 견해도 있다. 그렇다면 빌려주는 곡물량도 제한했다는 뜻이다.

예외가 있긴 하지만, 좌관대식기 목간에서 이율은 50%가 기준이다. 50%는 상당한 이율이기에 곡물을 관리하던 관청 외경부外椋部가 곡물을 빌려주고 높은 이자를 받는 방식으로 재정 수입을 확보했다고 보기도 한다. 관청이 백성들에게 곡물을 빌려주고 상당한 이자를 받는 것을 중국에서는 '출거出擧'라고 했다. 일본에서도 같은 이름의 대부 제도가 8세기 이후 지방 관아의 재정 운영을 위해 널리 시행되었다. 그런데 이 출거제의 이율은 50%였다. 일

| 표 9-3 | 빌려준 곡물량과 이자

구분	이름	빌려준 곡물	이자	
1	고순몽	3석		
2	지부	3석	1석	33%
3	전목지	2석	1석	50%
4	전마나	2석		
5	비지	2석	1석	50%
6	습리	1석 5두	5두	33%
7	소마	1석 5두	7.5두	50%
8	금고	1석 3.5두	6.75두	50%
9	전수행	1석 3.5두	6.75두	50%
10	도도읍좌	3석		

본의 양로령養老令(8세기의 일본 법령)은 관청의 출거 이자율을 50%로 제한했으며, 중국의 역대 왕조도 이율이 대체로 50%였던 것으로 알려진다. 그런 점에서 백제 좌관대식기의 50% 이율을 일본 출거제처럼 관청의 대부업으로 볼 수도 있다.

그러나 2번 지부, 6번 습리의 33% 이율 사례에서 보듯이 좌관대식기의 이율은 고정된 것이 아니다. 특히 지부는 3석씩이나 빌린 사람인데, 많이 빌린 사람의 이율이 오히려 낮은 것은 곡물 대여의 목적이 이윤 창출은 아니었을 개연성을 나타낸다. 목간의 제목이 '출거'가 아니라 '대식'인 점도 곡물 대여가 가난하고 궁색한 백성을 불쌍히 여겨 도와주기 위한 진휼 때문임을 방증한다.

좌관대식기 목간에는 어떤 의미가 담겨 있나

좌관대식기 목간은 7세기 초 백제 관청의 곡물 대여 정보를 많이 전해 준다. 그렇다면 어느 관청에서 곡물을 대여해 주었을까? 이에 대한 답을 암시해 주는 것이 바로 같은 유적의 도로 남쪽 배수로 가까이에 위치한 1번 건물지와 2번 건물지 사이에서 발견된 길이 8.1cm, 너비 2.3cm, 두께 0.6cm 크기의 목간이다. 이 작은 목간 앞면에 '외경부'라는 글자가 적혀 있어 흔히 '외경부 목간'이라고 부르는데, 뒷면에는 '면십량綿十兩'이라는 글자가 적혀 있다. 이 글자에 주목해 솜〔綿〕 10량을 담은 포대에 붙였던 외경부의 꼬리표〔荷札〕 목간일 것으로 추정한다.

외경부는 백제 사비 도읍기에 설치, 운영한 중앙행정기구인 22부사 중 내관內官 12부의 하나로, 내경부內椋部와 함께 왕실의 창고를 관리했다는 것이 그동안 학계의 일반적인 해석이었다. 그런데 외경부의 꼬리표 목간과 좌관대식기 목간이 같은 곳에서 발견되었다는 것은, 그것이 비록 제자리가 아니라 물난리에 휩쓸려 옮겨진 것이라 할지라도, 외경부의 창고에서 백성들에게 곡식을 대여하는 일도 함께 했다는 뜻으로 읽힌다. 그렇다면 내경부는 왕실의 재정 업무를 전담하고, 그 밖의 백성 관련 업무라든지 지방 재정 관련 업무 등은 외경부가 맡았다고 보는 게 합리적이다. 즉, 좌관대식기 목간은 7세기 초 외경부의 곡물 관리 창고와 곡물 대여 부서에 있던 서류 장부인 것이다.

왕이 직접 관리하는 외경부에서 백성들에게 곡식을 빌려주었다는 것은 백제 지배층이 이른바 민생民生을 그만큼 중시했다는 뜻이며, 백성의 배고픔을 국가의 책임으로 무겁게 받아들였다는 뜻이다. 먹을 것이 부족한 봄에 곡물을 빌려주고 농작물이 풍성한 가을에 일정한 이자와 함께 되돌려받는 진휼 제도를 백제 왕이 직접 관리하였음을 좌관대식기 목간은 시사한다.

김기섭 한성백제박물관 관장

10 백제인의 이름
— 하부 대덕 소가로 목간

능산리 절터에서 발견된 목간

하부下部 대덕對德 소가로疏加鹵 목간(부여 능산리사지 297호 목간, 부여 능산리사지 출토 목간 3)은 1993년부터 2002년까지 국립부여 박물관이 8차에 걸쳐 실시한 부여 능산리 절터 발굴조사 과정에서 발견되었다. 절터 주변 연못이나 도로 유구 등을 확인하기 위해 능산리 절터 중문지 남쪽을 조사하던 중 배수 시설과 집수 시설 그리고 수리 시설인 목책열 등을 발굴했는데, 이때 토기편·기와편을 비롯한 목재 유물들도 상당량 출토되었다. 그 가운데 빗·수저·그릇 등 나무로 만든 일상생활 용품과 함께 다량의 백제 시대 목간이 출토되어 학계의 주목을 끌었다. 목간은 주로 서배수로에 인접한 남북 방향 자연수로 내부와 제2 배수 시설에서 출토되었는데, 하부 대덕 소가로 목간은 그중에서도 중문지 남서쪽 초기 자연배수로에서 나왔다.

하부 대덕 소가로 목간은 언제 어떤 용도로 사용됐을까

목간이 출토된 자연수로는 사찰이 건립되기 이전에 사용된 유구로 추정되고 있다. 능산리 사찰은 목탑지의 심초석心礎石 위에서 출토된 '창왕명 사리감'의 명문에 의거하여 정해년丁亥年, 즉 567년에 건립된 것으로 보고 있다. 따라서 하부 대덕 소가로 목간은 538년 사비 천도 이후부터 567년 이전, 즉 6세기 중반에 사용되었을 것이다.

하부 대덕 소가로 목간은 가늘고 기다란 막대형 목간이다. 부러지거나 손상된 흔적이 없어 출토된 상태가 본래 형태일 것이라고 판단한다. 목간의 크기는 길이 24.5cm, 너비 2.6cm, 두께 1cm로, 윗면은 평평하고 아랫부분이 약간 뾰족하다. 첫 글자의 왼쪽 아랫부분에 파인 자국이 있는데, 뒤로 뚫리지는 않았다. 위에서부터 여백이 거의 없이 바로 글자를 쓰기 시작했다. 전체 아홉 글자가 쓰여 있고, 목간 아랫부분에 서너 글자가 들어갈 정도의 공백이 있다.

목간에 적힌 첫 글자를 '漢한' 또는 '韓한'으로 보는 견해가 있으

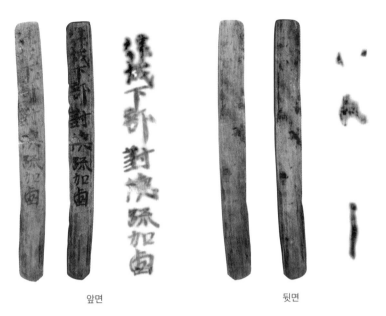

앞면   뒷면

| 그림 10-1 | **하부 대덕 소가로 목간의 실물과 적외선 사진**

가늘고 기다란 막대형 목간이다. 부러진 곳 없이 본래의 형태를 유지하고 있다. 목간의 용도에 대해서는 물건에 부착한 꼬리표였을 것으로 보기도 하고, 명단으로 보기도 한다.

| **하부 대덕 소가로 목간(부여 능산리사지 297호 목간)** |

판독문

앞면   □城下部對德疏加鹵

나, 좌우변 사이가 확연히 떨어져 있는 데다 좌우변의 글자를 알아보기 어려워 판독이 불가능하다. 7번째부터 9번째의 세 글자는 사람 이름으로 이해되고 있다. 인명의 첫 자를 연구자마다 다르게 읽기도 하였으나, '疏소'가 맞을 듯하다. 즉, 이 목간은 □성 하부의 대덕 관등을 가진 '소가로'라는 사람의 이름이 적힌 목간이다. 백제의 관등은 1품 좌평, 2품 달솔에서 6품 나솔까지의 솔계 관등, 7품 장덕에서 11품 대덕까지의 덕계 관등, 그리고 12품 문독 이하 16품 극우까지 전체 16관등으로 이루어져 있다.

목간의 용도에 대해서는 물건에 부착한 꼬리표였을 것으로 보기도 하고, 명단으로 보기도 한다. 그런데 목간에 파인 자국이 있긴 하지만 뒤쪽까지 뚫려 있지는 않아서 끈을 꿰서 다른 물건에 부착하거나 묶어 놓을 수는 없다. 다른 목간과 연결된 것도 아니고 물건에 부착하던 것도 아닌 이름만 적힌 목간인 것이다. 어떤 목적으로든 소가로의 신분을 증명하는 데 쓰인 목간이 아닐까 짐작된다.

이 신분증에는 지역(또는 소속)과 관등, 이름이 기재되어 있다. 소가로는 백제의 16관등 가운데 11품 관등이자, 덕계 관등 중에서 가장 하위인 대덕 관등을 가진 사람이었다. 지금까지 발견된 백제의 목간 자료에서 대덕 관등을 가졌던 인물은 하부 대덕 소가로가 유일하다. 사료에서는 『일본서기』의 대덕 진타進陀를 확인할 수 있을 뿐이다. 긴메이기欽明紀 15년(554) 2월 백제가 왜에 군대 지원을 요청하면서, 승려 및 오경박사·역박사·의박사를 비롯하여 채약사採藥師와 악인樂人 같은 전문적인 능력을 가진 인재들을 파견하였다. 대덕 관등을 가진 진타도 이때 파견된 백제의 예악인 가운데 한 사람이었다.

『수서』「백제전」에 따르면 백제에는 고鼓·각角·공후箜篌·쟁箏·우竽·지篪·적笛 같은 악기와, 투호·바둑·저포·악삭·구슬놀이 같은 놀이들이 있었다. 또 매년 2·5·8·11월에는 왕이 하늘과 오제신五帝神 제사를 주재하였고, 시조 구태묘에도 해마다 네 번씩 제사를 지냈다. 대덕 진타는 이러한 제사를 비롯해 국가적 행사가 있을 때마다 음악을 연주하여 행사 분위기를 돋우는 악인이었다.

554년 백제에서 왜로 파견된 사람은 오경박사 왕류귀, 역易박사 시덕 왕도량, 역曆박사 고덕 왕보손, 의박사 나솔 왕유릉타, 채약사 시덕 반량풍, 고덕 정유타, 악인 시덕 삼근, 계덕 기마차, 계덕 진노, 대덕 진타 등인데, 이들 가운데 의박사인 나솔 왕유릉타를 제외한 모든 사람이 덕계 관등에 속했다. 덕계 관등이었던 소가로 역시 이들처럼 특정 능력을 가지고 행정 실무를 수행하는 관리였을 것이다. 신분을 알려 주는 이 목간은 그가 업무차 이동할 때 쓰던 것이 아니었을까.

백제인들은 어떻게 이름을 표기했을까

관등을 가진 사람들의 이름 표기

나솔奈率 가저백가加姐白加 목간(부여 능산리사지), 덕솔德率 수비首比 목간(부여 쌍북리), 군나軍那 덕솔德率 지안至安 목간(나주 복암리) 등은 하부 대덕 소가로 목간처럼 완형完形의 목간에 이름만 표기되어 있다. 군나 덕솔 지안 목간과 덕솔 수비 목간은 뒷면에 문자

| 그림 10-2 |
나솔 가저백가 목간
부여 능산리사지 298호 목간

| 그림 10-3 |
덕솔 수비 목간
부여 쌍북리 현내들 91호 목간

| 그림 10-4 |
군나 덕솔 지안 목간
나주 복암리 12호 목간

가 보이지 않고, 앞면에도 인명에 딸린 지역 이름과 관등명만이 쓰여 있다. 이에 비해 나솔 가저백가 목간은 이름에 이어서 글자가 보이고, 뒷면에도 글자가 있어 앞뒷면의 판독과 양면 글자의 관계 등을 어떻게 해석하느냐에 따라 다른 설명을 할 수 있다.

나주 복암리에서 출토된 군나 덕솔 지안 목간은 위아래가 둥글게 다듬어진 형태로, 상부에 ◇모양의 구멍이 있고 그 구멍 바로 아래에 여섯 글자가 있다. '지역 이름(군나)+관등 이름(덕솔)+사람 이름(지안)'의 형식으로 표기되어 있어 하부 대덕 소가로 목간과 비슷한 유형이다.

| 표 10-1 | 관등자의 이름이 표기된 완형의 목간

인명	구멍	길이(cm)	묵서	내용
□성 하부 대덕 소가로	없음	24.5	앞	완
나솔 가저백가	있음	21.9	앞뒤	미완
덕솔 수비	좌우 홈 ✕	12.6	앞	완
군나 덕솔 지안	있음	19	앞	완

한편 덕솔 수비 목간은 '관등 이름(덕솔)+사람 이름(수비)'의 형식으로 표기하였고, 나솔 가저백가 목간도 마찬가지로 추정된다. 덕솔 수비 목간은 목간 윗부분에 글자가 시작되기 직전 양옆에 홈이 있어 물건 등에 부착해 사용하였고, 군나 덕솔 지안 목간과 나솔 가저백가 목간은 첫 글자 위에 구멍이 있어 다른 물건에 연결해 사용했음을 알 수 있다. 목간에 관등과 사람 이름을 주로 표기했다는 공통점이 있지만 목간의 크기와 모양이 제각각이고, 특히 하부 대덕 소가로 목간은 부착할 수 있는 형태가 아니다. 목간마다 용도에서 다소 차이가 있었을 것으로 짐작된다.

이와 같이 사람 이름만 표기된 목간 외에 여러 종류의 기록목간에서도 사람 이름이 보인다. 중부中β 나솔奈率 득진得進(부여 구아리 중앙성결교회 90호 목간), 인비두釼非頭 한솔扞率 마진麻進과 전항前巷 나솔奈率 오호류烏胡留(나주 복암리 3호 목간) 등에는 지역 이름+관등 이름+사람 이름이 기재되어 있고, (계)덕(季)德 간이干尒(부여 능사 307호 목간), 덕솔□德率□(나주 복암리 3호 목간) 등에는 관등과 사람 이름이 기재되어 있다. (계)덕 간이 목간은 윗부분이 잘려 나가 관등 앞에 지역 이름이 있었을 가능성도 있다. 현재까지 목간에서 확인된 백제 관등자의 표기는 지역 이름+관등 이름+사람 이름의 형식이거나, 관등 이름 +사람 이름의 형식으로 쓰여 있다. 다만 '나솔奈率 모씨牟氏'의 경우, 모씨를 성씨로 볼 수도 있을 것이다. 어떤 개인을 가리키는 호칭으로 사용되었다는 점에서 이름과 다르지 않으므로, 일단 여기서는 나솔 모씨 역시 관등 이름+사람 이름 형식으로 분류해 둔다.

사료상의 관등자 인명 표기도 목간 자료처럼 지역 이름+관등 아름+사람 이름, 또는 관등 이름+사람 이름의 형식인 경우를 다수 확인할 수 있다. 하부下部 중좌평中佐平 마로麻鹵나 대좌평大佐平 지적智積 같은 표기 방식이다. 여기에 직함이 더해지고, 인명이 성

| 표 10-2 | 백제 목간 인명표(관등자)

관등	왕경 출토	지방 출토
4품 덕솔	덕솔 수비	덕솔□ 군나 덕솔 지안
5품 한솔		인비두 한솔 마진
6품 나솔	중부 나솔 득진 나솔 가저백가 나솔 모씨	전항 나솔 오호류
10품 계덕	(계)덕 간이	
11품 대덕	□성 하부 대덕 소가로	

과 이름으로 구성되기도 한다. 그럴 경우 백제의 인명은 직함+부의 이름(지역)+관등 이름+사람 이름(성+명)의 순서로 표기되어 대체로 지역, 관등, 이름의 순서는 지켜진다고 할 수 있다.

그러나 인명 안에 구성 요소들이 늘 갖추어져 있는 것은 아니고, 요소들을 갖추고 있다고 해서 순서를 반드시 지키는 것도 아니다. 또 현재로서는 무엇인지 파악할 수 없는 호칭들이 포함되어 있기도 하다. '하부下部 한솔扞率 장군將軍 삼귀三貴'라는 기록처럼 직함인 장군이 이름 앞에 오기도 하고, '백제사인百濟使人 중부中部 목리木刕 시덕施德 문차文次'와 같이 성과 이름 사이에 관등이 들어가거나, '전부前部 목리불마木刕不麻 갑배甲背'와 같이 갑배 등 잘 모르는 호칭이 이름 뒤에 나오기도 한다.

관등이 없는 사람들의 이름 표기

목간에 등장하는 백제 인명 가운데 관등이 포함된 경우는 매우 드물다. 대다수는 관등 없이 이름만 있다. 그들은 이름 앞에 소속이나 출신 지역을 기록한 경우와 그도 없이 이름만 기록된 경우의 두 가지 표기 방식으로 구분할 수 있다. 목간은 판독이 잘 안 되는 글자가 적지 않고, 판독에 이견이 존재하며, 인명인지 아닌지, 어디까지가 이름인지 등 세부적으로 논란거리가 있어 정리하는 데 어려움이 있다.

부여 궁남지에서 출토된 서부 후항 목간에 나오는, 사비도성 5부 5항 가운데 '서부西部 후항後巷의 사달사巳達巳'는 지역 이름+사

| 표 10-3 | 백제 목간 인명(지역 이름+사람 이름)

인명	출토지
하부 [한][모][례]	부여 구아리
서부 후항 사달사	부여 궁남지
탄야방 모씨	부여 능산리사지
대사촌 □미수□	나주 복암리

람 이름의 형식으로 기재한 예가 될 것이다. 나주 복암리에서 출토된 목간의 '大祀村□弥首□'도 '대사촌의 □미수□'로 읽어 지역 이름과 사람 이름 형식의 표기로 볼 수 있다. 〈표 10-3〉은 지역 이름+사람 이름 형식으로 표기되었을 가능성이 있는 이름들이다.

〈표 10-4〉는 이름만 기록한 사례를 정리한 것이다. 눈길을 끄는 이름 가운데 하나는 부여 쌍북리 출토의 '나〔이〕□연공那〔尒〕□連公'이다. 이것을 나니와那尒波 무라지連로 추독한 뒤, 왜 계통의 이름으로 추정한 바 있다. 소가로疏加鹵의 '가'와 '로'의 자음字音 표기가 사이타마현土奇玉縣 이나리야마稲荷山 고분 출토 철검 명문 중에 '획가다지로獲加多支鹵 대왕'의 표기에도 사용되고 있는 점에 착안하여, 이나리야마 고분 철검 명문의 자음 표기가 백제의 영향을 강하고 받았다고 이해한 견해도 있다. 만약 그렇다면 이름에서도 백제와 왜의 교류 양상을 확인할 수 있는 셈이다. 이 밖에 능산리사지의 지식智宬·혜훈慧暈, 복암리의 죽원竹遠·죽열竹悅·죽마竹麻 등은 승려로 추정되고 있다.

| 표 10-4 | 백제 목간 인명(사람 이름)

인명	출토지	인명	출토지
오석○(오고만) 〔烏石○(烏古滿)〕	부여 구아리	나[이]□연공 〔那(尒)□連公〕	부여 쌍북리
모다(牟多)		숙신불(寂信不)	
오혜관(오호류) 〔烏兮管(烏乎留)〕		고순다(固淳多)	
▦군(▦君)	부여 궁남지	상부(上夫)	
삼귀(三貴)	부여 능산리사지	전목지(佃目之)	
[토]모(축모) 〔[土]牟(丑牟)〕		전마나(佃麻那)	
[시][정]([市][丁])		비지(比至)	
지장(지문) 〔至丈(至文)〕		습리(習利)	
지구(지석) 〔至久(至夕)〕		소마(素麻)	
[대][귀]([大][貴])		금고(今沽)	
금모(今毋)		전수행(佃首行)	
여귀(안귀) 〔女貴(安貴)〕		근지(斤止)	
흠구(흠석) 〔欠久(欠夕)〕		우호 지차 (尤戸 智次)	나주 복암리
□문(□文)		□장법호 국차 (□將法戸 菊次)	
지식(智寔)		죽(행)원〔竹(行)遠〕	
혜[훈](慧[暈])		죽(행)열〔竹(行)悅〕	
		죽(행)마〔竹(行)麻〕	

백제인의 이름에는 어떤 것들이 있을까

소가로도 성명일까

현재 우리가 사용하는 이름은 성명, 즉 성씨와 이름으로 구분할 수 있다. 그렇다면 '하부 대덕 소가로'에서 '소가로'도 성명의 구조일까? 앞서 살펴본 목간의 이름들 가운데 성명식 이름이 있을까? 관등이 있는 사람들을 중심으로 살펴보자.

현재까지 확인된 목간의 백제 인명에서 최고 관등은 4품 덕솔이다(〈표 10-2〉 참조). 목간 자료에서 보이는 4품 덕솔의 수비·지안, 5품 한솔의 마진, 6품 나솔의 득진·가저백가, 10품 계덕의 간이 등 10명의 관등자들 가운데 인명에 성씨를 가지고 있을 것으로 추정되는 이름은 전항 나솔 오호류와 나솔 모씨 등 2명이다.

모씨牟氏의 경우, 능산리사지에서 발견된 지약아식미기 목간에서도 모씨로 판독되는 글자가 있다. '모牟'로 시작되는 이름 중 유명한 것은 모대牟大와 모도牟都이다. 모대와 모도는 동성왕과 그 조부의 이름이다. 백제 왕의 성은 부여씨이므로 모도와 모대에서의 '모'는 성씨일 수 없다. 그러나 만약 모도와 모대가 백제 왕이 아니었다면, 조손 간에 동일한 글자를 첫 자로 하는 이들은 모씨로 오해되었을 가능성이 매우 크다.

중국 사서에는 백제 사신을 따라 처음으로 양나라에 사신을 파견했던 신라 법흥왕의 이름이 모진募秦이었는데, '모'가 성, '진'이 이름이었다고 기록되어 있다. 중국 사서에서 법흥왕을 모씨라고 기록한 것은, 신라 사신이 왕명을 모진이라고 알렸기 때문이었을 것이다. 성명 구조의 이름을 가지고 있는 중국인들이 '모진'을 성명이라고 오해한 것으로 짐작된다. 신라의 성씨 사용은 김진흥, 즉 진흥왕이 가장 앞선 사례이다. 진흥왕의 아버지는 법흥왕의 동생인 입종갈문왕이니, 진흥왕은 부계로 법흥왕의 조카가 된다. 법흥왕의 성씨 기록은 없지만, 성씨를 찾자면 김씨라 하겠다.

또한 연개소문淵蓋蘇文이 '개蓋'씨라는 기록도 있다. 연개소문이 개씨라는 기록 역시 연개소문이 '개소문'으로 불렸던 데 그 까닭이 있다. 663년 건립된 〈당유인원기공비〉에 연개소문이 '개소문'으로 기록되어 있으며, 『삼국사기』에서도 「연개소문 열전」의 제목이 '개소문'으로 표기되어 있다. 지금까지 연개소문을 '연개소문'으로 표기한 당대 사료를 보지 못했다. 『삼국사기』 열전에는 거칠부居柒夫와 이사부異斯夫처럼 성씨가 있어도 인명 표기에서 성명으로 쓰지 않고 이름만 표기한 인물들이 상당수 있다. 그와 같은 사정은 신라 말기 인물들에까지 이어진다.

나솔 모씨의 기록이 있는 목간은 나솔모씨정奈率牟氏丁, 적신부정寂信不丁, □□주정□□酒丁 등 세금 부담층을 가리키는 법제적 용어인 '정丁'을 나열한 문서 목간이다. '모씨'를 '모'라는 성씨를 가진 사람들이라고 해석한다면, 가리키는 대상이 모호해진다. 대화 중에 누군가를 모씨라고 지칭할 수 있는 경우와 다르다. 또한 고유한 문자가 없던 백제인은 한자를 빌려 고유명사인 이름을 표기하였을 터이므로, 모씨가 음차인지 훈차인지 단언하기 어렵다.

'모'는 모대와 모도 외에, 구아리에서 출토된 목간의 모다牟多, 능산리사지에서 출토된 '삼귀三貴 목간'의 인명 가운데 〔토〕모〔士〕牟 등 다른 백제인의 이름에도 등장한다. 아직까지 백제의 당대 자료나 사료에서 성씨로 사람을 지칭한 경우는 '모씨'가 유일한 것도 참작해야 한다. 모씨를 성씨 집단으로 해석할 수 있는지에 대해서는 추가 확인이 필요하다.

부여 구아리 출토 목간에서는 '오烏'로 시작되는 사람 이름이 2~3개 이어진다. 그런데 이 구아리 출토 목간의 '오혜류烏兮留(管)'를 '오호류烏乎留'로 다시 판독하고, 복암리의 '전항前巷 나솔奈率 오호류烏胡留' 목간의 오호류와 발음이 같은 서로 다른 사람의 이름으로 보는 견해가 있다. 호乎와 호胡는 성조와 발음 등 음가가 완전히 일치하므로 이 한자는 음차자이고, 따라서 이 두 인명은 일반명사를 사용했을 것으로 이해한 것이다. 그렇다면 이 두 사람은 보통명사를 이름으로 사용한 동명이인이 된다. 또한 오호류가 일반명사라면 첫 자인 '오'는 성씨일 수 없다.

동명이인 마나와 삼귀

백제인들 중에는 동명이인이 많았다. 오호류 외에도 능산리사지에서 출토된 일명 '삼귀 목간'의 삼귀와 부여 쌍북리에서 출토된 '좌관대식기 목간'의 마나麻那는 『일본서기』에도 등장한다. 마나의 경우는 부레츠武烈 6년(504) 10월의 '마나군麻那君', 게이타이繼體 23년(529) 3월 안라로 파견되었던 마나갑배, 또 긴메이欽明 4년

(543) 12월의 중좌평 목리마나木刕麻那 등이 확인된다. 여기에 긴메이 2년 4월조 성방갑배매노城方甲背昧奴를 게이타이 및 긴메이조의 마나와 동일 인물로 간주하기도 한다. 매노를 마나의 다른 표기로 보는 것이다.

부레츠 6년에 사신으로 파견된 마나군은 백제 왕족이 아니지만, '군'의 칭호를 붙인 것으로 보아 왕족에 상당하는 높은 지위를 가진 사람이었을 것으로 짐작된다. 활동 시기가 동일인으로 허용되는 범위에 있으며, 백제의 중신으로 같은 이름(마나)을 가진 마나갑배와 목리마나는 동일 인물로 볼 수 있을 것이다. 목(리)씨가 백제의 대성이라는 점을 고려하면, 왕족이 아니면서 군호를 받은 마나군이 목리마나일 가능성은 충분하다. 또 긴메이 8년(547) 덕솔德率 문휴마나汶休麻那도 있다. 앞의 마나가 '군'의 칭호를 가진 중좌평의 최고위 관등자였는데, 그보다 뒷시기의 문휴마나는 덕솔 관등자이므로 이들이 동일 인물일 가능성은 낮다. 즉, 마나군·목리나마 등은 동일 인물이고, 문휴마나는 '마나'라는 같은 이름을 사용하지만 다른 사람이다.

좌관대식기 목간의 마나 앞에는 '전佃'자가 붙어 있다. 전마나의 '전'은 좌관대식기 목간에서 전목지·전수행 등 인명 앞에 여러 번 나타난다. '전'은 글자의 뜻대로 남의 땅을 경작하는 사람(소작인)이라는 사회적 신분을 나타내는 것으로 짐작된다. 좌관대식기 목간의 무인년을 618년으로 본다면, 좌관대식기 목간의 마나는 대체로 7세기 전반 무왕 대에 활동한 인물이다. 또한 '전마나'에서

전佃을 신분으로 이해할 경우, 『일본서기』에 출현하는 마나들과는 신분의 차이가 있다. 이렇게 신분과 활동 시기가 서로 다른 인물들이 동일하게 마나라는 이름을 사용하였다.

이러한 점은 삼귀도 마찬가지였을 듯하다. 삼귀가 적혀 있는 목간의 단어들을 인명의 나열로 보고, 이 목간이 제사 위패였다거나, 수취와 호구 파악 용도로 만들어진 것이라고 추정하기도 한다. 만약 수취와 호구 파악을 위한 목간으로 볼 수 있다면, 이 목간에 이름을 올린 사람들의 신분은 일반 백성일 것이다.

『일본서기』의 삼귀는 긴메이 15년(554) 2월 일본에 원병을 요청하기 위해 파견한 장군으로, 한솔 관등을 가진 자이다. 능산리사지에서 출토된 삼귀 목간은 능사가 건립된 567년 전후 시기의 것으로 추정되므로, 청병을 위해 왜에 파견되었던 인물인 삼귀와 이 능산리사지 목간의 삼귀는 비슷한 시기에 활동하였던 인물인 셈이다. 이 둘을 동일 인물로 볼 수 있을지에 대한 추론은 목간의 성격 규명이 선행되어야 가능할 것이다. 현재로서는 전혀 다른 성격의 기록물에, 다른 신분과 활동 내용으로 출현하는 이 두 삼귀를 동명이인으로 보는 게 합리적일 것이다.

가장 먼저 성씨를 사용한 사람들

백제에서 가장 먼저 성씨를 사용한 사람들은 백제 왕과 왕족이다. 『삼국사기』「백제본기」에 따르면, 백제의 시조인 온조는 부여에서 나왔기 때문에 '부여'를 성씨로 삼았다고 한다. 하지만 시조

| 표 10-5 | 백제의 왕명

백제 왕명	생전		사후	
	이름	성명	호칭	시호
1. 온조왕	온조(溫祚)		온조(왕)	
2. 다루왕	다루(多婁)		다루(왕)	
3. 기루왕	기루(己婁)		기루(왕)	
4. 개루왕	개루(蓋婁)		개루(왕)	
5. 초고왕	초고(肖古), 소고(素古)		초고(왕)	
6. 구수왕	구수(仇首), 귀수(貴須)		구수(왕)	
7. 사반왕	사반(沙伴)		사반(왕)	
8. 고이왕	고이(古爾)		고이(왕)	
9. 책계왕	책계(責稽), 청계(靑稽)		책계(왕)	
10. 분서왕	분서(汾西)		분서(왕)	
11. 비류왕	비류(比流)		비류(왕)	
12. 계왕	계(契)		계왕	
13. 근초고왕	초고(肖古), 조고(照古), 속고(速古)	여구(餘句)	(근)초고(왕)	
14. 근구수왕	구수(仇首), 귀수(貴須)	여수(餘須)	(근)구수(왕)	
15. 침류왕	침류(枕流)		침류(왕)	
16. 진사왕	진사(辰斯)		진사(왕)	
17. 아신왕	아신(阿莘), 아방(阿芳), 아화(阿花)		아신(왕)	
18. 전지왕	전지(腆支), 직지(直支)	(부)여전 〔(扶)餘腆〕	전지(왕)	
19. 구이신왕	구이(신) 〔久爾(辛)〕		구이신(왕)	
20. 비유왕	비유(毗有)	여비(餘毗)	비유(왕)	
21. 개로왕 (근개루왕)	개로(蓋鹵), 근개루(近蓋婁), 가수리군(加須利君)	여경(餘慶) 〔경사(慶司)〕	개로·근개루(왕)	

백제 왕명	생전		사후	
	이름	성명	호칭	시호
22. 문주왕	문주(文周, 汶洲)		문주(왕)	
23. 삼근왕	삼근(三斤), 임걸(壬乞), 문근(文斤)		삼근(왕)	
24. 동성왕	모대(牟大), 마모(摩牟), 마제(摩帝), 말다(末多)	여대(餘大)	동성왕, 모대왕	동성
25. 무령왕	사마(斯摩) 〔斯麻王, 도왕(嶋王)〕	(부)여융 〔(扶)餘隆〕	무령왕, 사마왕	무령
26. 성왕		여명(餘明) 〔명농(明禯)〕	성(명)왕	성
27. 위덕왕		여창(餘昌)	위덕왕, 창왕	위덕
28. 혜왕	혜(惠)	여계(餘季)	혜왕/헌왕(獻王)	혜/헌
29. 법왕		여선(餘宣)	법왕	법
30. 무왕	서동(薯童), 일기사덕(一耆篩德)	(부)여장 〔(扶)餘璋〕	무왕	무
31. 의자왕		부여의자 (扶餘義慈)	의자왕	

온조왕부터 계왕까지는 하나의 이름만 확인된다. 아마도 평소 사용하던 이름을 즉위 후에도, 그리고 사후에도 계속 사용한 것으로 보인다.

　백제 왕의 성명식 이름 표기는 중국 사서인 『진서晉書』「제기帝紀」'함안 2년(372)조'의 '백제 왕 여구餘句'가 가장 이른 예이다. 다름 아닌 근초고왕이다. 근구수왕은 여수餘須, 전지왕은 여전餘腆, 비유왕은 여비餘毗 등의 성명식 이름을 가지고 있다. 이들 성명은 왕의 이름자인 구수, 전지, 비유에서 각각 한 글자씩 따서 성씨 '부여'의 축약형인 '여'에 붙여 만든 것임을 알 수 있다. 근초고왕의 여구도 이러한 방식으로 만들었을 것이다. 근초고왕부터 삼근왕까지는 성씨 문화를 받아들여, 본래 사용하던 전통적 이름자와 성씨를 결합하는 방식의 성명을 만들어 썼다.

개로왕의 성명은 여경餘慶이다. 개로왕의 경우는 본래 이름인 개로(근개루) 외에 별도의 성명식 이름을 가진 것이다. 기존의 이름자에 성씨를 붙이는 방식과 달리, 성명식 이름을 새로 만들었다. '동성왕'은 사후에 올린 이름으로 시호라고 한다. 동성왕 이후 백제 왕의 공식 이름은 이 시호를 사용하였다. 성명과 시호라는 중국식 이름으로 백제 왕명이 체계화된 것은 동성왕 이후인데, 백제 멸망으로 시호를 받지 못한 마지막 의자왕만이 이름을 왕명으로 사용하고 있다.

백제 왕의 이름은 전통적 방식의 기존 이름을 사용하다가, 전통식 이름을 활용하여 만든 성명을 가지는 성씨 도입 단계를 거쳐 생전에는 성명식 이름을 쓰고, 사후에는 시호를 사용하는 방식으로 점차 체계화되어 갔다. 그렇지만 시호를 가졌음에도 불구하고 전왕을 모대왕(동성왕), 사마왕(무령왕), 창왕(위덕왕) 등의 이름으로 부르거나, 동성왕 이후에도 여대(부여+모대)와 같이 전통적 이름을 활용한 초기 방식의 성명을 쓰기도 하고, 모대·사마·서동과 같이 전통적 이름을 가지고 있기도 하였다. 이러한 현상은 중국식 이름 문화를 수용하여 백제 왕명을 변화시켰음에도 불구하고, 여전히 전통성이 지속되었던 일면을 보여 준다.

　다른 한편 시호와 성명 등 중국식 이름 문화를 받아들여 왕명을 체계화하고자 하였으나, 그 문화의 내용을 완벽하게 구현하는 단계에까지 이르지 못했음을 의미할 수도 있다. 성명식 이름의 사용은 단순히 새로운 방식의 이름만이 아니라 성씨 문화를 도입한 것이다. 성씨는 친족 집단의 구조와 성원의 기준을 보여 준다. 백제 왕명 표기에서 전통성이 남아 있다는 것은 백제 왕족의 친족 집단이 부계 혈족 집단의 표지인 성씨로 표현하기에 적합하지 않았던 사실을 반영하는 것일 수도 있다.

대성팔족과 복성

　백제인이 사용했던 대표적인 성씨는 백제 왕이 사용했던 부여扶餘와 대성팔족大姓八族이라 불리는 8개의 성씨이다. 대성팔족은 출전에 따라 약간의 차이가 있으나, 『통전通典』에 나오는 사沙, 연燕, 협劦(리刕), 해解, 진眞, 국國, 목木, 백씀의 8성으로 보는 것이 일반적이다. 이 가운데 협(리)은 단일 성씨로 사용된 예를 찾을 수 없다. 목과 함께 목협(리)의 두 자 성씨, 즉 복성複姓으로만 확인된다. 목과 목협(리)을 동일한 성씨로 본다면 실제 사례가 있는 대성은 8개가 아니라 7개이다.

　이들 성씨 가운데 현재까지 당대 문자 자료에서 확인되는 것은 사택지적砂宅智積과 사택적덕沙乇積德의 사(택)씨가 유일하다. 이 두 인명은 각각 사택지적비와 미륵사 서탑 금제사리봉안기에 등장한다. 사택지적과 사택적덕은 한자 표기가 다르지만, 둘 다 백제의 대성팔족 가운데 하나인 사씨로 보는 데 이견이 없다. 사택적덕은 좌평 관등을 가진 사람이다. 사택지적의 경우, 비문에서는 관등이 확인되지 않지만 『일본서기』에 보이는, 7세기에 활동한 인물 대좌평 지적과 동일인으로 이해한다면 그 역시 좌평이다. 백제의 대성팔족이라는 명망에 걸맞은 최고 관등을 가진 인물들이다.

다음으로 목씨의 목만치木滿致가 유명하다. 『일본서기』에 따르면, 백제 전지왕이 죽고 구이신왕이 어린 나이로 즉위하자(420), 목만치가 왕모와 결탁하여 정권을 장악하고 전횡을 일삼았다고 한다. 또한 『삼국사기』에는 개로왕 21년(475) 고구려에 의해 한성이 함락되자, 왕자 문주가 남쪽으로 피란 가는 것을 호위했던 목협만치木劦滿致가 등장한다. 『일본서기』의 기년을 조정하여, 목만치와 목협만치를 동일 인물로 보기도 한다. 목만치는 신라에 파견되었던 목라근자木羅斤資가 신라 여인과의 사이에서 낳은 자식이라고 했으니, 아비가 사용한 '목라'와 자식이 사용한 '목(협)'은 같은 성씨여야 할 것이다. '협劦'자는 '리劦'자와 구별하기 쉽지 않다. 목·목라와 동일시되고 있으며, 이름 같은 고유명사는 백제어를 한자로 음차 표기했을 것이라는 추론이 가능하다면, 현재 일반적으로 읽는 목협보다 목리가 당시 발음에 가까울 듯하다.

사서에 가장 이른 시기에 등장하는 대성팔족은 해씨와 진씨이다. 이 두 대성은 백제 왕비를 배출했다는 사실을 주목할 필요가 있다. 진씨는 근초고왕 대 진정眞淨, 근구수왕 대 진고도眞高道, 아신왕 대 진무眞武가, 해씨는 전지왕 대 해수解須와 해구解丘 등이 왕비 가문 출신으로서 정치적 영향력을 행사했다. 이 밖에 가림성에 주둔하면서 동성왕을 시해하고 모반을 일으켜 참수당한 백가苩加, 성왕 때 3만 명의 군사를 이끌고 고구려의 침입군에 맞서 싸웠던 연모燕謨, 그리고 무왕 때 수나라에 사신으로 파견되었던 국지모國智牟 등이 활약을 보인 백·연·국씨의 인물들이다.

『일본서기』의 진모귀문眞牟貴文·진모선문眞慕宣文의 진모와 연비선나燕比善那의 연비는 각각 진씨, 연씨와 동일한 성씨로 이해되고 있다. 앞서 말한 사택·목라(리), 개로왕 대 등장하는 조미·재증·고이와 함께 백제 멸망 후 중국으로 망명한 흑치상치의 흑치 등 두 자로 만들어진 복성이 적지 않았던 점은 백제 성씨의 특징적 현상이라 할 수 있다.

하부 대덕 소가로 목간은 어떤 의미를 갖고 있나

목간 자료에서 보이는 백제 인명 중에 성명식 이름이 있는지는 확실하지 않다. 백제인들이 직접 만든, 백제 당대의 상황을 전해 주는 자료로 목간 외에 금석문이 있다. 백제 멸망 이전의 금석문에서 확인되는 백제인의 이름은 다리, 보문, 의장, 이문, 목근,

지수, 비지부, 량, 그리고 사택적덕, 사택지적 등이다. 이들 가운데 사택씨가 유일한 성씨이다. 소가로 역시 성씨 없는 이름이었을 것이다.

소가로는 백제인의 손으로 기록된, 현재 그 이름을 알 수 있는 유일한 대덕 관등 소지자이다. 소가로 목간의 출토 지점이 나성벽 근처의 도성 밖이었고, 지역 이름이 '하부'로 기록된 사실로 미루어 보건대, 소가로는 백제의 수도 사비(부여)에 거주하였던 실무 관리로, 업무 수행차 수도와 지방을 오갈 때 신분을 증명하는 목간을 지니고 다녔을 것으로 추측된다. 이 목간의 발견은 6세기 중반 활동하였던 하급 덕계 관등자를 새로 역사에 등장시킴으로써 백제사에 생동감을 불어넣어 주고 있다.

박윤선 대진대학교 역사문화콘텐츠학과 조교수

11

문자문화의 상징
— 시가 목간과 서가 목간

백제인의 문장 구사력을 보여 주다

2001년 부여 능산리사지 7차 발굴조사 과정에서 사언사구四言四句의 시가 적힌 목간 하나가 출토되었다. 이른바 '숙세결업宿世結業' 목간이라 불리는 이 목간은 백제의 시가詩歌 목간으로 회자되며 국문학계의 관심을 받았다. 능산리 목간이 발견된 지 몇 년 후 서간書簡 형식을 띤 목간이 또 하나 발견되었다. '부여 구아리 중앙성결교회 출토 47호 목간'이 그것이다. 이 두 목간은 개인의 소회를 담은 내용과 시가 형식을 띠고 있다는 점에서 문서 행정에 이용되는 여타 목간과는 성격이 다르다. 특히 백제인의 문장 구사력을 보여 준다는 점에서 따로 검토할 필요가 있다.

'숙세결업' 목간

부여 능산리사지 중문지 남서쪽 초기 자연배수로에서 출토된
이 목간은 완형完形이긴 하지만 위에서 3분의 1 지점이 절단된 상
태였다. '능사 7차 목간 11호'(속칭 '숙세결업' 목간, 부여 능산리사지
305호 목간)는 길이 12.8cm, 너비 3.1cm, 두께 1.2cm로, 나뭇결이
종선을 이루고 있는 다른 목간과 달리 횡선을 이루고 있었다. 서
법은 전체적으로 글자의 중심이 왼쪽으로 기울어지는 독특한 장
법을 구사하고 있으며, 능숙한 행서체 글씨가 눈에 띈다. 목간이

앞면   뒷면

| 그림 11-1 | **사언사구의 시가 적힌 숙세결업 목간의 실물과 적외선 사진**
사언사구라는 일정한 운문 형식을 갖추고 있고, 한문의 어순과 한국어 어순이 혼재한 백제 최
초의 시가로, 〈숙세가〉라 명명하기도 한다.

만들어진 시기는 능산리사지에서 출토된 어타 목간과 마찬가지로 6세기 중엽으로 추정된다. 이 목간의 판독과 해석은 다음과 같다.

| 숙세결업 목간(부여 능산리사지 305호 목간) |

판독문

앞면 　宿世結業 同生一處 是非相問 上拜白來

뒷면 　慧暈□藏

....

해석문

앞면 　전생에서 업을 맺어 같은 곳에서 함께 태어났으니,

　　　 시비를 서로 물으랴! 부처님께 절을 하고 사뢸 것인저.

뒷면 　혜훈이 간직하다.

앞면의 판독 자체에 대해서는 큰 이견이 없다. 그러나 시가의 해석과 목간의 성격을 둘러싸고는 다양한 의견이 개진되었다. 사언사구라는 일정한 운문 형식을 갖추고 있고, 한문의 어순과 한국어 어순이 혼재한 백제 최초의 시가로 보아 〈숙세가宿世歌〉라 명명하기도 했다. '혜훈慧暈'이라는 묵서가 있는 면을 앞면으로 보고, '장藏'이 아니라 '전前'으로 판독하여 이 목간은 누군가가 혜훈에게 보낸 시가 형식의 편지글이라는 주장도 나왔다.

그러나 이 글자를 '전'이라고 보기는 힘들다. '전前'자에서 가장

핵심적인 요소인 '刂' 부분이 전혀 확인되지 않기 때문에 '전'보다는 '장'의 초서체일 가능성이 높다. '장' 앞에도 다른 글자가 있는 듯하다. 이 글자를 '사師'로 보기도 하나, 정확히 알 수는 없다. 앞면의 '상배백上拜白' 다음의 글자에 대해서는 '래來'로 보아 왔으나, 최근에는 '사事'로 보는 의견도 나왔다.

뒷면의 마지막 글자를 '전'으로 볼 수 없다면, 이 목간을 서간 목간으로 간주하기는 힘들다. 목간의 성격은 목간의 문구에 대한 해석과도 밀접한 관련이 있다. 앞부분의 "숙세결업 동생일처宿世結業 同生一處"는 "전생에서 업을 맺어 같은 곳에서 함께 태어났으니"로 해석하는 데 별다른 이견이 없다. 그러나 "시비상문 상배백래是非相問 上拜白來"라는 문구에서 '시비'가 과연 무엇인지를 명확히 하지 않은 상태에서 단지 '시비를 서로 물어', '시비를 서로 묻기를', '시비가 분명하게 서로 보내며', '시비를 가릴 양이면 서로에게 물어서' 등의 다양한 해석이 이루어졌다. 그러나 장례식에서는 죽은 사람이 주인공이기 때문에 시비의 대상이 될 수 있는 것, 즉 이야깃거리가 될 수 있는 것은 죽은 사람의 삶이다. 따라서 이 문구에 대한 해석은 "그 사람의 삶에 대해 시시비비를 서로 따지랴! 부처님께 절을 올리고 사뢸 것인저" 정도가 될 것이다.

이 목간의 성격을 둘러싸고 혼인 성례를 선포하는 글이라는 주장도 나왔고, '혜훈사장慧暈師藏'으로 판독한 것을 기초로 뒷면의 내용은 스승이었던 '혜훈사'가 제자들에게 남긴 시구, 즉 혜훈사의 입적게入寂揭 또는 열반송涅槃頌일 가능성도 제기되었다. 그러나 혜훈은 이 추도사를 작성하고 보관한 주체일 뿐이다.

따라서 이 목간은 죽은 자를 위한 장례 의식을 치르는 과정에서 죽은 자와의 인연을 강조하면서 소회를 담아낸 사언사구의 애도가 또는 추도사, 발원문으로 보는 것이 합리적이다. 그 의미를 좀 더 풀어 보자면, "전생에서 업, 즉 인연을 맺었다고 해도 반드시 같은 곳에서 함께 태어나는 것은 아닌데 동시에 같은 곳에서 태어난 것을 보니, 전생에 대단한 인연이 있었다. 장례식에 모인 사람들이 죽은 사람에 대해 서로 이야기를 나누되 시시비비를 가리기보다는 부처님께도 예를 올리고 사뢰고 오자"는 뜻이 될 것이다.

서간 목간

2010년 부여읍 구아리 319번지 중앙성결교회 증축 공사를 위한 발굴조사에서 6세기 말~7세기 초로 추정되는 백제 유적이 확인되었다. 1단계에서는 사가私家의 정원이나 배수 관련 시설로 이용되다가 2단계에 주거와 관련된 건물이 들어선 것으로 보이는데, 목간은 1단계 유구인 웅덩이와 도랑에서 발견되었다. 이 유적에서는 일상생활 용기인 옻칠그릇과 질그릇, 목공구, 도자 및 금속제품, 중국제 청자 벼루 등도 함께 출토되었다.

유적이 위치하고 있는 곳은 현재 부여 시가지의 남북 중심로인 '사비로'의 서편, 부여 버스터미널 근처로 백제 사비도성의 중심부에 해당한다. 이 일대는 구릉으로 둘러싸인 해발 9.5m의 낮은 평

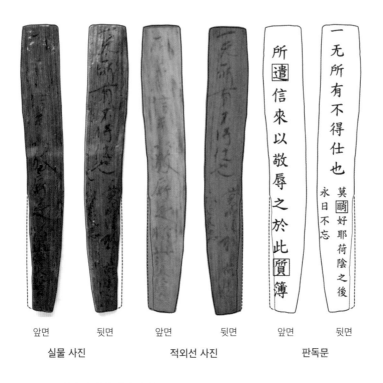

앞면	뒷면	앞면	뒷면	앞면	뒷면
실물 사진		적외선 사진		판독문	

| 그림 11-2 | **시가 형식의 서간 목간**

앞면과 뒷면에 모두 4언으로 된 시가 형식의 묵서 기록이 남아 있는데, 앞면의 경우 1행으로 12자, 뒷면의 경우 1단은 1행 8자, 2단은 2행으로 8자와 4자가 기록되어 있다.

지로, 생활하수나 빗물이 모여 서쪽 백마강으로 흘러 들어가는 지점이기 때문인지 목간이 많이 발굴되었다. 13점의 목간과 목제품이 출토되었는데, 그중 9점에서 묵서의 흔적이 확인되었고, 8점은 판독이 가능하다.

　여기서 살펴보려고 하는 목간은 '부여 구아리 중앙성결교회 47호 목간'으로 홀형笏形(관료들이 조정에 나아갈 때 입던 조복에 갖추어

손에 들었던 가늘고 긴 얇은 판 모양) 목간이며, 크기는 길이 25.2cm, 너비 3.5cm, 두께 0.3cm이다. 하단부 왼쪽이 약간 파손되었지만 거의 완형이며, 묵서의 대부분을 판독할 수 있다.

이 목간의 앞면과 뒷면에는 모두 4언으로 된 시가 형식의 묵서 기록이 남아 있는데, 앞면의 경우 1행으로 12자, 뒷면의 경우 1단은 1행 8자, 2단은 2행으로 8자와 4자가 기록되었다. 판독문은 다음과 같다.

│ 부여 구아리 중앙성결교회 47호 목간 │

판독문

앞면 　所遣信來 以敬辱之 於此質(?)簿

뒷면 　一无所有 不得仕也 莫眪(瞋?)好邪 荷陰之後

　　　　　　　永日不忘

이에 대한 해석은 "보내주신 편지를 받자오니, 삼가 과분하옵니다(보내주신 편지 삼가 욕되게 하였나이다). 이곳에 있는 이 몸은 빈궁하여 하나도 가진 게 없어서 벼슬에 나가지 못하고 있습니다. 좋고 나쁨에 대해서는 화를 내지 말아 주옵소서. 음덕을 입은 후에는 영원히 잊지 않겠나이다" 정도가 될 것이다. 대체로 벼슬을 하고 싶어도 하지 못하는 자신의 곤궁한 처지를 서술하고, 벼슬자리를 청탁하는 내용으로 보인다.

지금까지 소개한 두 개의 목간 기록처럼 백제인들은 어떻게 자신의 소회를 담은 애도가나 시가 형태의 서간을 자유자재로 구사할 수 있었을까? 또 한자로 이러한 문구를 구사할 수 있는 사람은 얼마나 되었을까? 백제인의 문자생활과 문자문화를 통해 이를 알아보기로 하자.

지금까지 목간은 문서 행정의 측면에서만 검토된 경향이 있다. 그러나 문서 행정은 통치와 관련된 목적, 즉 관청 간의 원활한 업무 수행이나 백성에 대한 지배와 같은 공적 업무를 집행하기 위한 것으로, 문자문화의 모든 것을 포괄하는 것은 아니었다. 이에 백제인이 문자를 의사소통과 자신들의 문화를 만들어 내는 중요한 수단으로 사용했다는 차원에서 문자생활·문자문화라는 포괄적인 용어를 사용하고자 한다.

백제의 문자문화는 어떻게 형성됐을까

문자가 국가의 성립과 발전에 미치는 영향은 매우 컸다. 상대적으로 일찍부터 문자를 사용했던 한반도의 고대 국가에서도 통치 체제를 정비하는 데 문자는 중요한 역할을 했다. 그렇다면 언제부터 한반도에서 문자가 사용되었는지, 백제에서는 그 양상이 어떻게 나타났는지 간단히 살펴보기로 하자.

고대 한반도에서 사용된 문자는 한자였다. 고조선 위만의 손자

우거右渠 때에도 진국辰國 또는 중국衆國이 글을 올려 천자에게 알현하고자 했다고 하였으므로 낙랑군 설치 이전부터 한자가 사용되었음을 알 수 있다. 한자와 한문에 능숙한 식자층이 배출된 것은 낙랑 시기부터였다. 낙랑군에서는 군현 지배의 특성상 문자 생활을 수반한 문서 행정이 보편화되어 낙랑군에 거주했던 토착인도 넓은 의미의 식자 계층에 들어갈 정도로 식자층의 저변이 넓었다고 한다. 낙랑군이 400년간 지속되면서 특정 계층에 국한되지 않고 많은 사람이 문자를 접했던 것이다.

고구려에서는 2세기 무렵 외교 문서의 작성과 해독 업무를 맡은 주부主簿가 있었다. 4세기 전반에는 낙랑·대방군이 한반도 밖으로 축출되면서 망명해 온 중국계 식자층을 확보할 수 있었다. 이를 기반으로 4세기 후반 태학 같은 교육기관을 설치하여 한자 해독자를 양성하는 제도를 마련하고, 이를 바탕으로 각종 문서 행정과 외교 문서 작성을 본격적으로 시작했다.

신라의 경우 『양서梁書』「신라전」의 기록에서 보듯이 각목刻木, 즉 나무에 새기거나 '구두口頭'로 하는 명령 전달 시스템이 6세기 전후까지도 지속되었다. 고구려나 백제에 비해 한자와 중국 문헌을 늦게 받아들였지만, 6세기 중반의 함안 성산산성 목간이나 6세기 후반의 진흥왕 순수비에서 불교와 유교 및 노장 경전을 이용한 왕도정치의 이념을 엿볼 수 있다.

백제에서는 313년 낙랑·대방에서 들어온 식자층이 한자 수용을 주도하고, 중국 군현의 문서 행정 시스템을 직접 받아들였다.

4세기 중반(369) 제작된 칠지도의 명문이 유려한 한문으로 되어 있고, 중국의 도검에 상투적으로 보이는 길상구吉祥句(덕이 높아지고 모든 것이 잘되기를 바라는 문구)가 구사될 정도로 백제의 식자층이 중국식 한자문화에 상당히 익숙했음을 알 수 있다. 5세기 중반에는 중국에 『역림易林』·『식점式占』 등의 문헌을 요청하고, 성왕 대에는 불경과 해설서를 구해 올 정도로 새로운 문헌과 지식 전수에 힘쓰면서 지식 체계를 확장해 나갔다. 문서〔表疏〕의 형식이 중화의 법도를 따랐다는 것은 문서 행정 체계가 중국과 유사했음을 의미한다.

이처럼 백제의 문자문화 수준이 매우 높았음에도 불구하고 그동안 백제 지역에서는 논어 목간이 발견된 적이 없었다. 한반도에서 출토된 고대 논어 목간은 1990년대 평양 정백동 낙랑계 고분에서 출토된 기원전 1세기 논어 죽간과 신라의 것으로 보이는 경남 김해 봉황대와 인천 계양산성 출토 논어 목간뿐이었다.

그러나 최근 부여군 부여읍 쌍북리 56번지 유적 발굴조사에서 묵서 흔적이 있는 목간 10여 점이 출토되었는데, 그중에서 논어 목간이 확인되었다. 종래의 목간에는 『논어』「공야장公冶長편」이 기록되어 있었던 데 비해 이 목간에는 『논어』「학이學而편」1장과 2장 일부가 기록되어 있었다. 목간의 크기는 길이 28cm, 너비가 각각 1.8cm, 2.5cm이며, 장방형의 글자 연습용 사면 목간으로 띄어쓰기가 되어 있다는 특징이 있다. 중국의 경전이 한자와 한문 학습에 활용되고 있음을 보여 주는 대표적 사례라 하겠다.

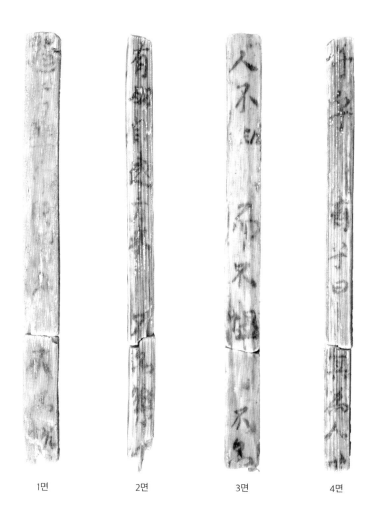

1면   2면   3면   4면

| 그림 11-3 | **부여 쌍북리에서 출토된 논어 목간**

장방형의 글자 연습용 사면 목간으로 띄어쓰기를 한 흔적이 분명하게 보인다. 중국의 경전이
한자와 한문 학습에 활용되고 있음을 보여 주는 대표적인 사례이다.

이처럼 백제는 중국의 한자와 한자문화를 성공적으로 수용하여 자신들의 문자문화를 만들어 내고, 또 이를 일본에 전해 주었다. 『수서』「동이전」 '왜국조'를 보면 왜국의 문자 시작에 대해서 "문자는 없고 다만 나무에 새기거나 끈으로 매듭을 맺어 뜻을 통할 뿐이다. 불법을 받든다. 백제에서 불경을 얻어서, 비로소 문자가 있게 되었다(無文字 唯刻木結繩 敬佛法 於百濟求得佛經 始有文字)"라는 기록이 나온다. 일본이 불교를 수용하면서 문자를 사용하게 되었고, 또 불경과 승려가 문자생활에 기여하는 바가 매우 컸음을 시사한다.

이를 보면 한반도의 고대 사회에서 고구려·백제의 경우 늦어도 4세기 중·후반 단계에는 문자생활이 본격적으로 시작되었다고 할 수 있다. 신라는 6세기 무렵에 문자생활의 여건이 갖춰지지 않았을까 생각된다.

비록 후대의 자료이긴 하지만, 『북사北史』「백제전」에 보이듯이 백제인, 아마도 백제의 귀족 관료 같은 지배층은 분사墳史, 즉 고서와 사서에 능하고, 그중 뛰어난 자는 문장도 잘 지었으며, 행정 사무에도 능했을 것이다. 사비 시기 백제의 지배층은 유교 경전과 사서뿐만 아니라 음양오행도 이해하고 있었으며, 역曆으로 대변되는 천문이나 의약, 점복술, 관상술에 대해서도 알고 있었을 정도로 지적 수준이 상당했을 것이다. 더욱이 『주서周書』「백제전」의 "뛰어난 자는 자못 글을 지을 줄 알았다(其秀異者 頗解屬文)"라는 기록에서도 알 수 있듯이 문장 실력까지 갖추고 있었다. 이러한 바탕이 있었기에 앞에서 살펴본 두 목간의 시구와 같은 시가 형식의 글까지도 지을 수 있었던 것이다.

백제 문자문화의 다양한 모습

토기 조각에 남아 있는 부호부터 시작하여 시가 형식의 글까지 모든 문자 자료는 백제의 문자문화를 파악할 수 있는 중요한 매개고리라 할 수 있다. 특히 묵서가 기록된 목간은 한자문화에 대한 이해 수준은 물론, 붓·벼루·먹 같은 문자문화의 다양한 면모를 들여다볼 수 있어 이에 대한 검토가 필요하다. 여기에서는 주로 목간에 기재된 내용을 중심으로 백제 문자문화의 면면을 살펴보기로 하자.

백제 사람들은 이두를 사용했을까

백제에서 이두吏讀가 사용되었는지의 여부는 어순이나 특정 글자의 사용 등을 기준으로 판단한다. 그동안 백제에서 이두가 사용된 목간으로 언급된 것은 부여 동남리 목간이다. 거기에 기록된 '안교安敎'라는 표현 때문이었다. 그러나 1점만이 출토된 이 목간의 문구는 '택교宅敎'로도 판독이 되고, 7세기 중·후반의 신라 목간으로 간주되므로 이 목간은 고찰 대상에서 제외하기로 한다.

먼저 한국어 어순의 문장 표기가 이두 사용의 근거로 지적되는

데, 백제 목간에서 이것이 확인되는지 검토해 보자. 앞에서 살펴본 숙세결업 목간의 "시비상문是非相問"은 목적어인 '시비'가 먼저 나오지만, 중국 한문에서도 종종 도치 어법이 보인다는 점에서 지나치게 엄격하게 적용할 수는 없다. 또 관북리 1호 목간(일명 병여기 목간)은 7세기 초·중반에 제작된 것인데, 제목을 '병여기兵与記' 또는 '병여조兵与詔'로 판독한다. '병여기'로 볼 경우는 '병장기를 준 기록'으로 해석하는데 병장기를 주었다고 한다면 '여병与兵'이 되어야 하므로 한자 순서가 바뀌었다는 것이다. 또 '병여조'로 판독하는 경우는 '병여에게 알린다'로 해석을 하고, 병여는 병사로 구성된 부대를 의미한다고 본다. '조병여詔兵与'라고 해야 할 것을 '병여조'라고 했기 때문에 한국어 어순의 문장이라는 것이다. 그러나 이 또한 목간의 제목이어서 이두라고 단정짓기에는 미흡한 면이 있다.

백제의 목간에서만 나타나는 특징은 아니지만, 고구려나 신라에서도 공통적으로 나타나는 몇 가지 어법에 대해서도 함께 살펴볼 필요가 있다. 종래 한반도의 변체 한문 또는 초기 이두식 표현으로 '중中'과 '지之'의 용법이 지목되었다. 백제 목간 중에서는 2008년 부여 쌍북리에서 출토된 이른바 좌관대식기 목간의 "병인년유월중戊寅年六月中"과 나주 복암리에서 출토된 1호 목간의 "…년삼월중年三月中"이라는 문구에서 처음으로 '모월중某月中'이라는 표현이 나온다.

그러나 처격 조사인 '중中'은 한반도에서만 확인되는 것이 아니라 이미 진한 시대 공문서 등 여러 자료에서 사용되었다. 동일한 자료에서 '모월중'과 '모월'이라는 두 가지 표현을 동시에 사용하고 있기 때문에 진한 시대에 '중'은 이미 허사적 성격을 갖고 있었다고 할 수 있다.

'지之'는 보통 타동사와 자동사 뒤에서 대명사로 기능하지만 허사로 사용하는 경우도 많은데, '지'가 문장 끝에 오는 경우 '언焉'·'의矣'·'야也'와 같은 종결 기능을 한다. 이러한 용법도 진한의 공문서에 이미 등장한다. 나주 복암리 4호 목간의 "수미지受米之", "기유□지記遺□之"라는 문구에서 보이는 '지'는 의도적으로 문장을 단락 짓는 허사로 사용되었다고 할 수 있다. 그러나 문장 내의 어순은 한문 표기와 동일하기 때문에 '지'를 이두 표기의 종결어미로 볼 수는 없다.

이처럼 백제에서는 웅진 시기 이래 '지之'뿐만 아니라 '이耳', '야也' 등의 허사를 문장의 종결어미로 사용하는 용례가 등장하지만, 대체로 한문식 어순을 해체하지 않았다고 할 수 있다. 낙랑군에서 문서 행정을 담당했던 이들이 수백 년에 걸쳐 공문서에 나타난 여러 가지 용법을 접하면서 자신들의 어법과 비교적 부합하는 '중中'·'지之' 등의 용법을 자주 썼으며, 이후 고구려 등 주변 지역으로 퍼지면서 한반도의 전통으로 자리 잡은 것으로 생각된다. 〈충주 고구려비〉에서 이러한 '지之'와 '중中'의 용법이 집중적으로 나타나고, 신라에서도 종결사 용법의 '~지之'와 '모월중'의 용법을 사용하였으며, 일본에서도 처격 조사 '중中'과 문장 종결사 '지之'를 사용한 흔적이 확인된다. 따라서 이는 이두 차원에서가 아니라 동아시아 전체의 공문서 용법, 한자·한문의 수용과 변용 차원에서 검토할 필요가 있다.

글자 연습용 '습서' 목간

습서習書 목간은 문자를 연습하기 위한 서사書寫 행위의 소산인데 비해, 낙서 목간은 순수하게 서사하는 것 자체를 목적으로 하는 행위의 소산이다. 따라서 동일한 문자나 어구를 여러 차례 기재한다든가, 정형에서의 일탈이 습서를 판단하는 기준이 되며, 동일한 문자를 여러 차례 기록한 것이 습서의 가장 일반적인 형태이다. 이러한 습서 목간은 한자의 습득·이용 실태를 직접 말해 주는 것일 뿐 아니라 고대인의 의식이나 사고 과정 자체를 알 수 있는 자료이기도 하다.

일본에서는 목간이 뭉텅이로 출토된 지방 관아나 관련 유적에서 예외 없이 습서 목간이 발견되어 습서 목간의 출토가 주변에 관아 관련 유적이 있었음을 시사한다고도 할 수 있다. 일본에서 습서용으로 쓰인 글자 중에는 '대大'자가 압도적으로 많은데, 아마도 '인人'자나 '천天'자로 응용해 쓸 수 있는 글자였기 때문일 것이다. '지之'자나 '자子'자도 단순하기 때문에 선정된 연습용 글자이다. 복잡한 문자로는 '도道·위爲·장長·시是'자 등이 있는데, '도'자가 가장 많이 습서되었다.

우리나라에서 발견된 습서 목간은 경전 학습용과 문서 작성용, 두 가지로 나눌 수 있다. 먼저 경전 학습과 관련 있는 것으로는 부여 능사 9호 목간이 있다. 백제의 습서 목간 중 이른 시기의 사례이다. 견見·공公·도道·덕德 등 경전류에 등장하는 글자들이 자유분방하게 서사되어 있다. 나주 복암리 13호 목간의 용도에 대해서는 논란이 있다. 뒷면을 "도道 의솔衣率(1행), 도도道道 솔솔솔率率率(2행), 솔率(3행)" 등으로 판독하여 백제 관등의 '솔率'자를 연습한 것으로 보는 견해와, 이를 '솔'자가 아니라 '평平'자로 판독하고, 뒷면 2행의 묵서와는 별도로 앞면 1행에 '덕德'자, 3행에 '도道'자가 반복해서 습서되어 있기 때문에 경전류에 많이 나오는 글자를 연습한 목간이라고 보는 견해가 있다. 그런 차원에서 백제에서 경전류에 대한 학습이 7세기 초에 이르러 지방에까지 확산되었음을 알려 주는 사례로 지적되기도 한다.

문서 작성과 관련 있는 목간은 부여 궁남지 '궁2호' 사면목간이다. 4개의 면에 같은 글자를 반복하여 써넣은 전형적인 습서 목간으로 현재 남아 있는 길이는 4.8cm, 단면 크기는 1.5~2.8cm이다. 궁남지 유적에서는 철도자鐵刀子(쇠로 된 손칼)와 벼루가 함께 출토되어 백제인들의 문자생활에 대한 정보를 제공해 준다. 문文·령令·야也 등이 반복 습서되어 있는데, '문서'라는 단어가 2회나 등장하고, 종결사 '야也'를 여러 차례 반복하고 있다. 또 문서에 자주 쓰이는 령令·진進 같은 글자들이 등장하는 것으로 보아 백제에서 관리들이 문서를 작성하기 전에 글씨를 연습한 자료일 가능성이 제기되고 있다. 능산리사지에서 출토된 지약아식미기 목간의 4면에 반복해서 기록된 "우십이석又十二石"도 습서로 볼 수 있다.

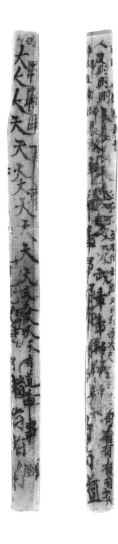

실물 사진

적외선 사진

| 그림 11-4 | **고대 일본의 서책을 베껴 쓴 습서 목간들**

일본의 습서 목간은 관아 주변에서 주로 발견되었으며, '대(大)'자가 많이 보인다.

| 그림 11-5 | **나주 복암리 13호 목간**

이 목간의 용도에 대해서는 백제 관등 '솔(率)'자를 연습한 것이라는 견해와 경전류에 많이 나오는 글자를 연습한 것이라는 두 가지 견해가 있다.

중국 한자에서는 볼 수 없는 백제식 한자

백제의 문자 자료 중에는 중국 한자에서는 볼 수 없는, 새롭게 만들어 낸 글자〔造字(合字)〕들이 보인다. 부여 능사에서 발굴된 토기에 새겨진 '계문작원와係文作元瓦'의 마지막 글자도 백제에서 새롭게 만들어 낸 글자가 아닌가 한다. 목간 자료 중에서는 나주 복암리 출토 5호 목간에 보이는 '전畠'자가 중국에서는 보이지 않는 글자이다. 이를 '백전白田'이라고 판독하는 경우도 있지만, 글자의 크기로 볼 때 '전畠'으로 판독하는 것이 타당하다. 이 글자는 일본에서는 '하타케はたけ', 즉 '밭'의 의미로 널리 사용되는 만큼 백제에서 왜로 문자가 전래되었음을 직접적으로 증명하는 자료라고 할 수 있다. 참고로 〈진흥왕순수비 창녕비〉에서는 '백전白田'이라는 표현이 사용되고 있다.

창고〔倉, 구라〕라는 의미의 '경椋'이라는 글자도 일본과 한국의 출토 문자 자료에 공통적으로 보이는, 특이한 사용법으로 주목된다. '경'은 중국에서 창고의 의미로 쓰이지 않는다. 그 때문에 오랫동안 일본의 국자國字(나라 글자)로 생각해 왔으나, 한국에서 '창고'를 의미하는 '경'자가 사용된 문자 자료가 여럿 발견되어 한반도에서 전한 글자로 보게 되었다. 덕흥리 벽화고분(409)에서는 묘주의 묘지명 마지막 부분에 나오는 "단식염고식일경旦食塩鼓食一椋 기시후세記示後世 부수무강富壽無疆"에서도 '경椋'자가 확인된다. 경주 황남동 유적에서 '하경下椋'·'중경仲椋' 등이 쓰인 8세기 전반 무

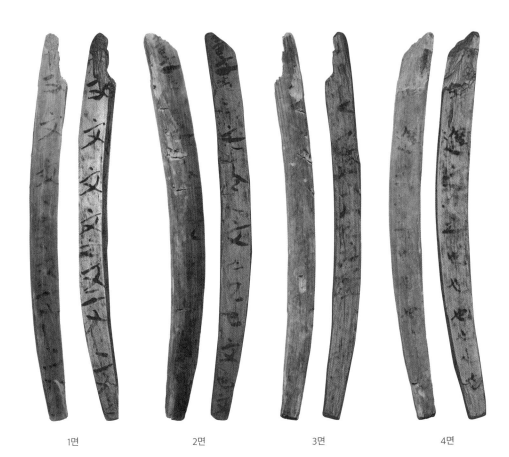

| 그림 11-6 | **부여 궁남지 궁2호 사면 목간의 실물과 적외선 사진**

4개의 면에 같은 글자를 반복하여 써넣은 전형적인 습서 목간이다. 백제에서 관리들이 문서를
작성하기 전에 글씨를 연습한 자료일 가능성이 제기되고 있다.

렵의 목간이 나오고, 신라의 왕궁에 인접한 안압지에서도 벼루에 '경사椋司'라 묵서된 것이 발견되었다.

일본 고대 목간 중에도 '경椋'자를 사용한 예가 보인다. 후쿠오카현 이노우에야쿠시도井上藥師堂 유적 출토 목간에서 "□인년백일경도유인□寅年白日椋稻遺人", 효고현 야마가키山垣 유적 출토 목간에서 "합백구십육속경□도이백사속合百九十六束椋□稻二百四束"이라는 문구가 확인된 것이다. 이 목간들은 7세기 후반~8세기 전반의 것이고, 8세기 이후의 지방 관아 목간에서는 '경'자 대신 '창倉' 등의 글자를 사용하였기 때문에 7세기부터 8세기 초에 걸쳐 일본에서도 '경'자가 사용되었음을 알 수 있다. 최근에는 부여 쌍북리에서 백제 22부사의 내관 12부 중 관서의 하나인 '외경부' 목간이 출토되었다. 따라서 '경'자가 고구려에서 유래하여 백제와 신라에도 수용되고, 그것이 일본에도 도입된 것이 아닌가 생각된다.

한자의 일부를 빌려 쓰는 경우도 보인다. '부部'자의 일부인 'ß(阝)'와 '석石'자에서 일부 획을 빼고 사용하는 경우가 그것이다. 궁남지 출토 목간이나 와·전 등에는 '부部'자가 'ß(阝)'로 표기되어 있는데, 이것은 고구려의 명문 토기와 평양성 성벽 석각에 쓰인 것과 같은 자형이다. 인장와(도장을 찍은 기와)에도 'ß(阝)'가 사용되었다. 고구려에서는 '部'와 'ß(阝)'가 공존하는 데 비해, 백제에서는 능사 301호 목간의 'ß(阝)' 용례와 같이 'ß(阝)'가 압도적으로 많이 사용되었다. 이에 비해 신라에서는 '부部'가 절대적으로 많이 쓰였다. 일본에서는 직능 집단을 나타내는 의미의 '부部'를 모두 '阝'로

표기하다가 8세기에 이르러 더 간단히 'マ'로 표기했다. 이를 통해 문자 표기의 변천 과정을 엿볼 수 있다.

또한 곡물의 단위인 '석石'자 표기도 신라에서는 첫 번째 획을 생략한 자가 많이 사용되었다. 그러나 9세기에는 생략된 획을 쓰지 않고 '석碩'·'석石'으로 구분해서 사용하였다. 백제에서는 능산리 304호 목간(일명 송염 목간)의 "송염이석送塩二石"이란 대목에서 '석石'의 첫 번째 획이 생략된 예가 있으며, 쌍북리 유적에서 출토된 좌관대식기 목간에서는 '일석一石'을 '석石'으로 생략 표기한 예도 있다.

일본에 문자를 포함한 백제 문화가 전하는 데는 오경박사 등의 박사와 승려 등의 역할이 컸다. 백제와 일본 간의 박사 교대제와 승려 교대제가 막을 내린 6세기 후반이 되면 일본은 한반도 여러 나라와의 교섭을 통해 신지식과 문물에 대한 수요를 충당하였으며, 스이코조推古朝부터는 중국 유학을 마치고 돌아온 학문승과 학생들의 활약이 컸다. 7세기 후반 덴지조天智朝에는 유교와 한자문화를 익힌 사무 관료들을 대거 기용함으로써, 백제의 망명 귀족들이 문관의 인사를 담당하는 관서와 문관을 배출하는 교육기관에 많이 자리 잡았다. 이처럼 동아시아 세계가 공통된 문자문화를 갖게 된 데는 이주 지식인의 역할도 컸을 것이다.

벼루와 문자생활이 널리 퍼지다

한 사회의 문자문화 수준을 알 수 있는 직접적인 자료는 문헌이나 금석문·묵간 등의 문자 자료이다. 그러나 이러한 직접적인 자료는 많지 않기 때문에 '사史'와 같은 식자 능력과 관련된 관직 칭호, 문방구, 학교·교육 제도, 습자책이나 구구표九九表 같은 것도 방증 자료가 될 수 있다.

문방구와 서체는 문자문화의 전개를 입증하는 간접적인 단서이다. 그런데 문방구 중 붓이나 먹은 현재까지 고고 자료로 남아 있기 힘든 유물이기 때문에 돌이나 토기로 만들어져 후대까지 전하는 벼루가 우선적인 검토 대상이 된다. 물론 일본 나라奈良 쇼소인正倉院에는 옛날 먹 14자루가 보존되어 있다. 그중 두 자루에 각각 '신라양가상묵新羅楊家上墨', '신라무가상묵新羅武家上墨'이란 글자가 찍혀 있어 먹의 생산지를 확인할 수 있다. 벼루는 1934년 낙랑 채협총에서 발견된 이래 낙랑 지역이었던 평양 석암리石巖里 9호분, 양동리養洞里 5호분 등에서도 출토되었으며, 1988년 창원 다호리에서 벼루와 붓이 출토되어 기원 전후한 시기에 이미 문자가 사용되었음을 알 수 있다.

백제의 경우 서울 몽촌토성, 풍납토성, 미사리 유적 등지에서 한성 시기의 벼루가 출토되었다. 몽촌토성 동북 지구에서 출토된 원형 벼루나 풍납토성과 미사리 유적에서 출토된 방형계 벼루는 모두 중국에서 반입된 것이거나 중국의 영향을 받았을 가능성이 있다. 웅진 시기의 벼루로 공산성 연못에서 출토된 원형의 뚜껑 없는 삼족연은 연지의 형태나 다리 수 등으로 보아 중국 남조 계통의 것으로 추정된다.

현재 백제에서 출토된 벼루 대부분은 사비 시기의 것이다. 사비 시기 벼루가 출토된 유적을 보면 관북리 추정 왕궁지, 부소산성, 궁남지, 능산리사지, 금성산 건물지, 정암리 요지, 화지산 유적, 군수리사지, 정림사지, 공주 공산성, 익산 미륵사지, 왕궁리 유적, 대전 월평동 유적, 순천 검단산성, 여수 고락산성 등을 비롯하여 최근에는 부여 쌍북리, 구아리, 왕흥사지, 익산 제석사지 등지가 있다. 즉, 왕궁지, 사찰, 산성 등지에서 다수의 벼루가 출토된 것이다. 생산지인 요지 출토품을 제외하면 관청이나 사찰 같은 정치적·종교적으로 중요한 시설에서 벼루가 출토되었음을 알 수 있다. 문자생활이 수도만이 아니라 지방에서도 널리 이루어졌음을 말해 준다.

　　사비 시기의 벼루 출토 양상을 보면, 사비 초기에는 중국 남조에서 벼루를 수입해 사용하였으나, 7세기 초에 들어와 백제에서 벼루를 자체적으로 생산하여 다양한 벼루가 보편화되었음을 알 수 있다. 7세기 초의 무왕 대부터 벼루가 본격적으로 생산되고 수량도 갑자기 증가한 것과 궤를 같이하여 목간의 수량도 증가한 것으로 보인다. 사비 시기에 들어 관등제·지방 통치 체제·세제 등 각종 정치 제도가 정비됨에 따라 문서 행정의 필요성이 점차 증대된 사정을 반영한다고 하겠다. 또한 경전이나 사서를 통해 기본적인 교양을 쌓는 데 문자 사용이 필수적이었기 때문에 벼루가 발달했을 것이다.

　　한편 『남사南史』에는 백제가 양무제 때 국자좨주國子祭酒를 역임했던 소자운蕭子雲의 글씨 30점을 수백만 금을 주고 샀다는 기록이 있어 당시 백제인의 서예에 대한 열망을 엿볼 수 있다. 글씨에 대한 관심이 그만큼 컸기 때문에 금석문이나 목간의 서체도 상당히 세련되었던 것이 아닌가 한다. 무령왕과 왕비의 지석誌石(죽은 사람의 이름, 생몰 연월일, 행적 등을 적어 무덤 앞에 묻는 돌), 창왕명 사리감, 왕흥사지 청동제 사리함, 미륵사 금제사리봉안기, 사택지적비 등 쇠나 돌에 새겨진 글씨의 서체는 남북조나 수당의 서체와 유사하고, 예서 또는 행서 기법 등을 구사하고 있다. 이를 과도기적 해서풍이라고 한다. 이에 비해 부소산성 출토 금동 광배의 명문이나 공산성 성안마을 출토 토제 벼루의 '대통사大通寺' 명문은 필기체로 비교적 분방하다.

목간에 쓰인 글씨는 훨씬 다양하다. 백제 목간에서 확인할 수 있는 서체는 해서, 행서, 초서, 간백체 등이다. 해서는 목간에서 부분적으로 사용되었는데, 해서만으로 쓴 목간은 확인하기 어렵다. 해서체는 남조, 북위, 수·당의 해서와 관련이 있다. 초서도 일부 사용되었으며, 서사 수준이 상당히 높다. 그러나 초서만으로 쓴 것 역시 확인되지 않는다. 대부분의 목간에서 사용한 대표적인 서체는 행서이다. 행서의 실용성, 즉 다른 서체에 비해 전달력과 서사 속도 등이 뛰어나기 때문에 많이 사용된 것으로 보인다.

목간에 쓰인 여러 서체는 백제가 남북조와 수·당 등 다른 나라와 교류하면서 다양한 서체를 받아들였음을 말해 준다. 또한 여러 서사자書寫者가 목간을 기록했기 때문에 다양한 서체가 사용된 것으로 보인다. 전문 서사인이 존재했을 가능성도 있다. 부여 능산리사지 301호 목간에는 '지之'자가 여러 번 나오는데 서체에 변화를 주었다. 목간에 사용된 서체를 볼 때, 여러 서체를 능숙하게 서사할 수 있는 한 인물이 앞뒷면을 모두 서사한 것으로 보인다. 또 창왕명 사리감의 '형兄'자는 북위에서만 사용하던 별자刪字로, 백제와 북위가 밀접하게 교류하였음을 보여 주는 증거이다. 이처럼 백제의 서체는 시기나 서사 재료에 따라 변화했을 가능성이 있다.

시가 목간은 어떤 의미를 갖고 있나

현재 남아 있는 백제 시대의 유일한 문학 작품으로 거론되어 온 것이 "돌하 노피곰 도드샤"로 시작되는 전승 가요 〈정읍사井邑詞〉이다. 작자 미상의 가요로 백제 때부터 구전되어 오다 후대의 문헌에 정착했다고 한다.

이에 비해 목간으로 전하는 〈숙세가〉는 6세기 중엽 백제인이 창작한 시가로 행서체의 유려한 글씨까지 뽐내고 있다. 〈숙세가〉를 현존 최고의 백제 시가로 볼 수 있을지는 좀 더 두고 보아야겠지만, 한자를 이용하여 문학 작품을 쓰고, 이것이 인구에 회자되었다면, 당시 백제의 문자문화 수준을 말해 주기에 충분한 자료인 것은 분명하다. 개인적 감정을 술회하거나 청탁을 하는 사적인 성격의 내용을 왜 목간에 기록했는지, 묵서의 내용에 대해서는 여전히 의문이 남는다.

그러나 시가 목간과 서간 목간에서 살펴본 바와 같은 4언의 시가들이 지어졌기 때문에 〈사택지적비〉에서 볼 수 있듯이 4자와 6자를 기본으로 대구對句를 이루는 문장 구조인 사륙변려체四六駢儷體의 화려한 문장을 구사할 수 있었던 것이 아닌가 한다. 백제인이 자못 글을 잘 지었다는 『주서』의 기록을 확인해 주는 증거라고 할 수 있다.

김영심 한성백제박물관 전시기획과장

12

곱하기와 나누기를 배운 흔적
— 구구단 목간

백제인의 셈법을 알 수 있는 구구단 목간

2011년 부여 쌍북리에서 셈법을 확인할 수 있는 유물이 1점 출토되었다. 쌍북리는 부여의 진산인 부소산 동쪽에 위치한 마을로 공주에서 부여로 들어오는 길목이며, 동남쪽으로 나가면 능산리를 거쳐 논산으로 갈 수 있는 곳이다. 예전에도 중요한 목간들이 출토되었으며 백제의 관청들이 모여 있었다고 추정되는 곳으로, 곡식을 빌려준 기록을 간직한 좌관대식기 목간과 외경부 목간이 발견된 곳도 그리 멀지 않다.

2011년 2월 7일부터 11일까지 한국문화재재단에서 시굴 조사를 하였는데, 이때 수혈 1기와 목주 6개소 등을 조사하였다. 여기서 기와편·토기편과 함께 짚신과 목간 등을 찾아냈다. 이어 2011

| 그림 12-1 | **구구단 목간의 출토 당시 모습**
2011년 부여 쌍북리에서 발굴된 구구단 목간은 백제 시대의 셈법을 확인할 수 있는 유물이다.
그러나 처음 출토되었을 때는 글자가 거의 보이지 않는 나뭇조각에 불과했다.

년 6월 3일부터 10월 6일까지 부여읍 쌍북리 382-2번지 단독주택
신축 부지에 대한 발굴조사를 하였다. 그 결과 목주혈 1기, 수혈
유구 3기, 구상유구溝狀遺構 3기 등 모두 7기의 백제인 생활 흔적을
확인하였다. 아울러 유구와 주변에서 백제 시대에 만들어진 뚜껑,
완, 직구호, 기대, 시루, 이형토기 등의 토기류와 인각와印刻瓦 등
기와편, 철제품, 목간과 목부재, 가공목 등 목제품, 밤·호두·왕겨
등 식물 유체도 찾아냈다.

　이 가운데 구상유구 1호에서는 상부上卩·중니仲尼 등 명문이 있
는 목간과 정축丁丑이 새겨진 기와도 같은 층에서 출토되었다. 기
와에 새겨진 정축은 정축년을 가리키는 것으로 557년 또는 617년

으로 추정되었다. 이곳을 발굴한 결과는 2011년 『부여 쌍북리 382-2번지 단독주택 신축 부지 내 유적 발굴조사 약보고서』로 간행되었으나, 목간의 글자가 어떤 내용인지 구체적으로 파악하지는 못했다.

2016년 1월 16일 한국목간학회 학술발표회에서 쌍북리 유적에서 출토된 목간을 소개하는 자리가 마련되었다. 목간 전문가들이 모인 자리에서 유적 발굴 책임자는 목간에 대해 다음과 같이 발표하였다.

목간 C

암갈색을 띠는 목간으로 평면 형태는 칼(刀)의 신부와 유사하다. 단면은 세장방형으로 표면은 나뭇결로 인해 요철이 있으나 비교적 편평하다. 전면에 희미하게 묵서가 기재되어 있는데, 상하로 4글자를 한 단위로 구분선이 횡으로 그어져 있어 주목된다. 묵서는 적외선 촬영을 하였지만 판독은 어려웠다. 묵서의 대부분은 숫자로 이루어진 것으로 보아 물표로 사용된 하찰의 성격이 강하다. 잔존하는 부위에 절입부나 현공의 유무는 확인되지 않는다. 목간의 수종은 침엽수인 소나무과 소나무속 경송류인 것으로 분석되었다.

발표자는 이 목간에서 다양한 숫자가 확인되었고 숫자를 기록할 때 일정한 간격으로 구획선을 그은 점이 특징이라고 의미를 부여하였다.

이 목간은 전문가들의 이목을 집중시켰다. 목간에 일정한 간격으로 구획선을 긋고 그 안에 적어 넣은 다양한 숫자들의 조합을 두고 새로운 견해가 제시되었다. 그 숫자들은 바로 구구단을 기록한 것이라는 얘기가 오갔고, 육안으로는 확인하기 어려웠던 숫자들의 전모가 적외선 사진을 통해 드러났다. 이는 당장 언론의

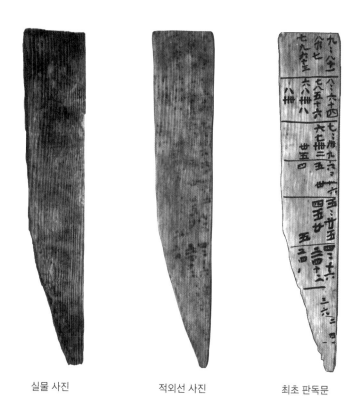

실물 사진   적외선 사진   최초 판독문

| 그림 12-2 | **구구단 목간**
목간에 일정한 간격으로 구획선을 긋고 그 안에 숫자를 적어 넣은 구구단 목간의 앞면이다.

관심을 끌어 목간에 기록된 숫자들은 한반도에서 최초로 발견된 구구단표이며, 6~7세기 백제 시대 유물이라고 대서특필되었다. 자칫 희미한 먹물 자국으로 가득 찬 나뭇조각으로 남을 뻔했으나 백제의 구구단 목간이라는 사실이 밝혀진 것이다.

그때까지 백제에서 구구단을 사용했을 것이라고 생각한 사람은 거의 없었다. 중국과 일본에서는 이미 구구단이나 구구표九九表를 적어 넣은 목간과 유물이 여럿 발견되었지만, 우리나라에서 발견된 적은 없었기 때문이다.

중국에서는 1930년 출토된 거연한간居延漢簡에서 구구표가 쓰인 목간 조각이 확인되었고, 1987년에는 후난성湖南省 장자제張家界 구런디古人堤에서 완전한 구구표가 출토되었다. 그리고 2002년에는 기원전 3세기경에 만들어진 진대秦代의 구구표 목간이 후난성 룽산龍山 리예里耶 유적에서 출토되었다. 이미 진대에 구구단이 쓰인 목간이 발굴된 것이다.

일본에서도 나라의 헤이조쿠平城宮 유적뿐만 아니라 나가노현長野縣 야시로屋代 유적과 니가타현新潟縣 오자와야치大澤谷內 유적 등에서 이미 7세기 후반의 구구단 목간이 출토된 바 있었다.

반면 우리나라에서는 여태까지 구구단 유물이 출토되지 않았기 때문에 구구단은 없었다고 치부되었다. 구구단이 중국에서 한국을 거치지 않고 바로 일본으로 전래되었다고 본 것이다. 일본 고대 문화의 뿌리가 한국이고 많은 문화가 한국을 거쳐 일본으로 건너갔다는 것이 상식으로 되어 있지만, 구구단만은 예외였다. 구

| 그림 12-3 | **구구단이 선명하게 보이는 중국 진대의 리예 목간**

| 그림 12-4 | **일본 오자와야치 유적에서 출토된 구구단 목간**

구단은 오히려 제국주의 시대 일본이 조선에 신문화를 이식할 때 전해 준 것이라고도 하였다. 그럼에도 이에 대한 반론을 할 수 없었다. 더욱이 한국 수학사를 다룬 책에서 "고구려나 백제에 대해서는 기록이 없어 알기 어렵고 통일신라에 가서야 기록을 남겼다"고 하여 마치 우리나라의 수학은 백제와 고구려 멸망 이후에 나타난 것처럼 보는 게 일반적이었다.

쌍북리 유적 출토 '목간 C'는 발굴 후 5년 만에 '구구단 목간'이라는 새로운 이름을 얻었다. 크기와 모양을 살펴보면 길이 30.1cm, 너비 5.5cm, 두께 1.4cm로, 상단은 방형이고 하단은 칼날 같은 형태이다. 소나무를 켜서 긴 널빤지처럼 만든 후 아랫부분을 사선으로 잘라냈다. 삼각자 같은 형태였을 것으로 추정하기

표 12-2 구구단 목간 복원 판독문

뒷면 목간 복원				앞면 목간 복원			
五九卌五	四九卅六	三九廿七	二九十八	六九五十四	七九六十三	八九七十二	九〃八十一
四八卅二	三八廿四	二八十六		五八卌	六八卌八	七八五十六	八〃六十四
三七廿一	二七十四			四七廿八	五七卅五	六七卌二	七〃卌九
二六十二				三六十八	四六廿四	五六卅	六〃卅六
				二五十	三五十五	四五廿	五〃廿五
					二四八	三四十二	四〃十六
						二三六	三三九
							二二四

| 표 12-2 | **구구단 목간 복원 판독문**
(손환일 판독)

표 12-1 구구단 목간 앞면의 추가 판독문

	七九六十三	八九七□□	九〃八十一
五八卌	六八卌八	七八五十六	八〃六十四
四七廿八	五□卌五	六七卌二	七〃卅九
⊓⊔	四六廿□	五□卅	六〃卅六
⊓⊔	三五十五	四五廿	五〃廿五
	二四八	三四十二	四〃十六
		二三六	⊓⊔
			二〃四
(□ : 미판독 / ⊓⊔ : 불분명)			⊓⊔

| 표 12-1 | **구구단 목간 앞면의
추가 판독문**

도 하지만, 현재 남아 있는 형태로 보아서 그 가능성은 그리 높지 않다.

구구단은 목간의 긴 방향에 직각으로 교차하게 가로로 먹선을 그어 위에서 아래까지 8단으로 구획한 후에 묵서로 써넣었다. 목간의 앞뒷면을 모두 이용하여 위에서부터 아래로 9단에서 2단까지 묵서로 구구단을 기록한 것이다.

이처럼 9단부터 시작해서 8단, 7단, 6단, 5단, 4단, 3단, 2단까지 단을 나누어 구구단을 기록한 것은 중국과 일본의 경우도 비슷하다. 아마도 비슷한 숫자 기록 방법을 동아시아 국가들이 채용하였기 때문일 것이다. 또한 구구단이 중국에서 한국을 거쳐 일본으로 전파된 모습을 보여 주는 증거이기도 하다.

숫자의 십 단위는 '卄이십', '卅삼십', '卌사십'과 같이 표기했고, 동일한 숫자가 겹칠 때는 반복 부호인 '〃'을 사용하였다. 적외선 사진 판독을 통해 밝혀진 구구단 기록은 〈표 12-1〉의 추가 판독문을 거쳐 〈표 12-2〉의 복원 판독문과 같다.

백제인들은 어디에 셈을 활용했을까

구구단 목간의 발견은 백제 사람들의 산술 능력에 대한 의문에 마침표를 찍었다. 국가 체제를 갖추고 다수의 집단과 세력을 통치하던 백제에 산술법이 없었다는 것은 상상할 수 없다. 최고통치자가 산술 전문가가 아닐 가능성은 있지만, 국가 지배 체제의 중심부에 있는 지배 집단, 즉 관료 조직 내에는 산술에 뛰어난 전문가 집단이 반드시 있어야 한다. 국가를 유지하고 다스리는 데 필요한 경제적 산출물을 관리하는 데 산술은 기본이기 때문이다.

지배자는 국가에 소속된 백성들의 수를 헤아리고, 그들의 성별·연령별·거주지별 통계를 내야 한다. 그래야 어떻게 다스릴지 결정할 수 있다. 농업 사회에서는 토지 면적을 계산하고 거기서 나온 생산물의 양을 헤아릴 줄 알아야 한다. 국가 전체의 토지와 거기에서 나온 생산물을 일일이 조사하는 데는 막대한 인력과 시간이 필요하다. 그렇지 않으면 생산물의 많고 적음에 따라 세금을 부과하거나 공물을 요구하는 따위의 일들을 제때 해내기 어렵다.

토지의 면적을 알아야 생산물의 양을 계산하고 세금을 매길 수 있다. 또한 제방이나 성을 쌓는 등 역역을 부과하고 군대를 운용하기 위해서도 셈을 할 줄 알아야 한다. 당연히 백제도 이런 정도의 산술은 충분히 하였다. 그렇기 때문에 풍납토성 같은 막대한 노동력과 물자와 시간이 투입되는 토목공사도 할 수 있었고, 군대를 동원하여 주변 세력과 전쟁을 할 수도 있었다.

궁궐이나 사원 같은 건축에 소용될 목재나 기와의 수를 미리 계산하거나 투입될 인원과 공사 기간 등을 헤아리지 않으면 제대로 공사를 진행하거나 완성할 수 없다. 대강이라도 자재와 물량, 동원될 인력 등을 예측해야 하는데, 그것은 산술을 통해서 해결할 수 있었다.

백제의 산술 수준은 천문을 관측하고 예측할 수 있을 정도로 높았다. 『삼국사기』에 등장하는 일식 기사가 이를 증명한다. 백제는 왜에 역曆박사를 교대로 보낼 만큼 수준 높은 산술 능력을 가지고 있었다. 또한 중앙 관청에 일관부日官部를 따로 둘 정도로 천문天文에 대한 관심도 높았다. 천문이란 해와 달을 비롯해 별들의 운행을 관측하여 기록하고 예측하는 것으로, 고도의 수학적 지식이 있어야만 한다. 백제에서 일식을 관측하거나 하는 일은 단순히 천문 현상만을 기록하는 데 그친 것이 아니었다. 별자리 운동을 예측하고, 이를 바탕으로 달력을 만들어 사용하는 능력을 이미 갖추고 있었다는 증거이다. 천문 관측에 필요한 산술이 간단한 연산만으로 해결될 수 없는 것임은 너무 당연하다.

한편 백제는 창고와 재정에 관한 일을 담당하는 내두좌평을 두었다. 창고와 재정에 관한 일이란 국가 경영에 필요한 세금 등을 통해 재정을 확보하고, 이를 보관하고 사용하는 일을 말한다. 내두좌평은 국고의 출납과 회계를 총괄하는 재무 담당 책임자였다. 이런 일을 하려면 산술 능력이 반드시 필요하다. 초보적 산술이 아니라 고도의 수학적 지식을 갖추어야만 한다. 그러기에 내두좌평 아래에는 재무 회계 전문가들이 실무 관리로 임용되어 활동했을 것이다.

내두좌평 아래에는 호구를 파악하는 업무를 담당한 점구부點口部가 있었다. 전국의 호구를 파악하는 것은 세금을 부과하고 역역을 징발하거나 군사를 동원하는 데 필요한 기초 자료를 확보하기 위해서였다. 또한 도시부都市部가 있어 시장에서의 각종 활동을 담당하였다. 도시부가 하는 일에는 시장에서의 교역과 교역에 필요한 도량형 등의 관리도 포함되었을 것이다. 호구 파악과 관리, 교역과 도량형 관리 등을 하려면 당연히 높은 수준의 산술 능력을 갖추어야 한다. 수를 단순히 헤아리는 데서 나아가 고차원적인 산술 지식을 갖고 있어야만 했다.

백제 사람들이 사용한 산술과 관련된 기록은 문헌에서는 단순한 사례만 찾을 수 있다. 연월年月과 날짜, 간지干支, 나이, 수량, 단위, 전쟁에 동원한 군대의 수 등이다. 백제 당시의 문헌 기록으로 남아 있는 것은 분명 희소하다. 그러나 아주 없는 것은 아니다. 알려지기 시작한 지 오래되지는 않았지만, 각종 유적에서 출토된 유물에 새겨지거나 쓰인 숫자들이 있다.

백제 수도였던 부여 궁남지에서 나온 목간, 능산리 절터에서 나온 목간, 쌍북리와 구아리에서 새롭게 드러난 목간은 모두 백제 사람들의 숫자에 대한 기록의 잔편들이다. 나주 복암리 같은 지방의 중심지에서 나온 목간도 단편적이지만 숨겨진 백제 사람들의 산술 수준에 대해 알려 준다. 부여 궁남지의 수전水田이나 나주 복암리의 수전·백전白田·맥전麥田 등 토지 면적을 계산할 때도, 능산리 절터에서 발견된 지약아식미기 목간에 기록된 내용과 쌍북리에서 출토된 좌관대식기 목간에 기록된 곡식 대여 내용과 이자율 계산에도 단순한 산술 기능이 아닌 구구단을 기반으로 한 산술법이 활용되었을 것이다.

목간 외에 금석문 등을 통해서도 숫자에 대한 기록과 정보를 찾아낼 수 있다. 무령왕릉 출토 묘지석에는 62세, 7일, 12일 등의 나이와 날짜, 은팔찌에는 30주이卅耳 등의 숫자와 단위 등이 새겨져 있다. 부여 왕흥사지 사리기 청동 외합에는 사리 2개가 3개로 늘어났다는 기록이 있는가 하면, 왕흥사지 출토 토기편에 '일천一千'이라 새겨진 숫자, 정암리 가마터 출토 토기에 새겨진 '이백팔二百八'이라는 숫자, 익산 미륵사지서탑 출토 사리봉영기에 새겨진 '입구일廿九日(이십구일), 팔곡八斛, 삼천三千, 삼보三寶' 등의 숫자와 금정金鋌에 새겨진 '일량一兩', 금산 백령산성 출토 기와의 '오십구五十九, 구십오九十五' 등의 숫자가 있다. 이는 모두 백제인들의 산술 활용 사례를 보여 준다.

이 기록들은 언뜻 보기에 단순한 숫자 표기에 지나지 않을 수도 있다. 그러나 각종 숫자의 표기법이나 단위 등을 함께 알려 주는 것임이 분명하다. 날짜 등은 역법의 복잡한 체계를 이해하지 않고서는 쓸 수 없다. 비록 웅진 시대에 이르러 송나라의 원가력元嘉曆(송나라에서 만든 태음태양력으로, 백제와 일본에서 사용함) 등을 채용한 것 같으나, 이미 일식 관측 등을 시행하고 있었다. 그리고 왜에 역박사를 파견하였다는 기록에서 보듯이, 높은 차원의 산술법을 활용한 천문 지식을 가지고 있었다. 원가력 채용은 단순한 차용이 아니라 백제 산술 수준을 높여 역법을 표준화 또는 국제화하려는 노력의 산물이라고 할 수 있다.

역법의 사용은 1년을 열두 달로 나누어서 이해하고, 한 달을 30일로 이해한 것으로 지구와 태양의 천체 운동에 대한 계산을 전제로 한 것이었다. 이는 대략 30일을 기준으로 지구 주위를 도는 달의 운동도 알고 있었다는 의미로, 대략 30일이 열두 번에 걸쳐 돌아오면 한 해가 지나가고 새로운 해가 시작된다는 것이었다. 즉, 30일이 열두 번 반복되면 한 해가 된다는 것, 30일은 1개월이고, 12개월은 1년이라는 계산식을 알고 있었던 것이다. 12개월은 1년, 12개월의 배수인 24개월은 2년, 12개월의 3배수인 36개월은 3년이라는 것도 당연히 알고 있었을 것이다.

1년을 춘하추동으로 나누고 봄은 1·2·3월, 여름은 4·5·6월, 가을은 7·8·9월, 겨울은 10·11·12월 등 한 계절을 3개월씩 묶어서 기록한 것도 주목할 만하다. 각 계절을 3의 배수로 나누어 이해하였고 최종적으로 12개월을 3으로 나누어서 4계절로 구분한 것이다. 이는 계절을 구분하는 비례상수로 3을 내세운 것이며, 비례상수와 비례배분의 원칙을 알고 있었기에 가능한 일이었다. 또한 덧셈과 뺄셈 외에도 나눗셈을 할 줄 알았다는 증거이다.

백제에서는 60갑자를 사용하여 간지를 표시하였다. 이는 갑·을·병·정·무·기·경·신·임·계의 10진법과 자·축·인·묘·진·사·오·미·신·유·술·해의 12진법을 동시에 사용하고 있었음을 말해 준다. 이처럼 백제 사람들은 10진법과 12진법을 알고 있었으며, 60진법도 동시에 사용하였다. 오늘날 우리가 사용하는 산술법을 거의 다 사용하고 있었던 것이다. 무령왕릉 출토 지석에 새겨진 간지도는 이를 증명하는 자료이다.

백제 사람들은 큰 수를 다룰 줄도 알았다. 앞서 얘기한 12와

30을 단위로 한 연월의 계산은 날짜를 일일이 계산하지 않아도 큰 단위의 기호를 사용함으로써 더 큰 수를 헤아릴 수 있는 방법이다. 60갑자를 이용한 것도 마찬가지이다. 더 큰 숫자를 표기하기 위해 천千이나 만萬 같은 단위도 사용하였다.

아라비아 숫자는 알지 못했지만 한자를 사용하여 숫자를 표기하였다. 한자의 필획이 너무 복잡하거나 반대로 너무 간단해 분별하기 쉽지 않거나 혼동의 우려가 있을 경우엔 별도의 글자를 사용하였다. 이십二十을 '입卄', 삼십三十을 '삽卅', 사십四十을 '십卌' 등으로 간단히 표기한 것과 삼三을 '삼參'으로 쓴 것 등이 그 예이다.

숫자 사용과 산술의 결과물은 문헌 기록과 유물을 통해서 확인할 수 있다. 그렇지만 숫자를 헤아리고 사용하는 방법을 어디서 어떻게 배웠는지 자세히 알기는 어렵다. 일찍이 고구려가 태학과 경당이라는 국립학교를 설치하여 교육을 하였듯이, 백제도 교육기관을 설치하여 통치에 필요한 지식과 기술을 가르쳤다. 고구려와 마찬가지로 태학이 설치되었다는 것이 확인되었고, 왜에 박사를 보내 각종 기술과 지식을 전수했다는 기록들도 이를 뒷받침해 준다.

일상생활에서 사용할 수 있는 수와 양의 간단한 성질과 셈을 다루는 기술, 즉 숫자를 계산하는 방법이 산술이다. 이를 더 체계화하고 복잡화한 것이 산학 또는 수학이다. 누구라도 이런 산술 또는 산학의 영향권에서 벗어날 수 없다. 선사 시대 이래로 생존을 위한 수렵과 채집 등의 활동을 하면서 채집물의 수와 양을 헤아리지 못했다면 누구도 살아남기 어려웠을 것이고, 후손을 남길 수도 없었을 것이다. 농경과 목축을 하던 시대에 들어와서도 마찬가지였다. 수를 세지 못하면 경제적 손실을 고스란히 감당해야만 했다. 자신이 수확한 생산물의 증감을 헤아릴 수 없고, 남에게 도둑을 맞아도 알 수 없기 때문이다. 수를 헤아리지 못해 손실을 봄으로써 부의 축적이 힘들어지고, 궁극적으로 집단 또는 사회에서 도태되는 상황으로 몰리게 된다.

수를 세고 헤아리는 능력은 아무나 가질 수 있는 것이 아니었다. 처음에는 손가락과 발가락 등을 이용해 수를 세고 헤아렸을 것이다. 손발을 이용한 초보적 셈법은 그리 어렵지 않았을 것이라고 수학자들은 이야기한다. 그렇지만 손발의 범위를 넘는 큰 수를 이해하고 파악하는 것은 아무나 가질 수 없는 능력이었다. 더 높은 수준의 산술 능력을 위해서는 숫자를 상징하는 문자와 부호 체계 등을 이해해야만 했다.

문자와 부호를 이해하려면 누군가에게 배워야 하는데, 그러자면 경제적 여유와 지적인 세례를 주변에서 받을 수 있는 환경에 있어야 한다. 아무나 배우고 익힐 수 없는 것이 산술 또는 산학이었다. 오늘날은 숫자와 문자를 모르는 사람이 거의 없는 문명화된 시대이지만, 불과 100년 전이나 200년 전을 생각하면 누구나 숫자와 문자를 알고 쓸 수 있었다고 말하기 어렵다.

중세 유럽에서 문자를 읽고 쓸 줄 알며 숫자를 잘 아는 사람은 소수의 상류층과 전문가들뿐이었다고 한다. 이들조차도 덧셈과 뺄셈을 하는 것이 고작이었으며, 곱셈과 나눗셈은 불가능에 가까운 영역이었다. 곱셈과 나눗셈은 전문가들의 영역으로 최고 수준의 대학에서나 배울 수 있었다.

숫자를 계산하려면 먼저 알아야 하는 것이 있다. 숫자를 헤아리는 방법이다. 오늘날에는 1 다음은 2, 2 다음은 3, 3 다음은 4, 4 다음은 5…, 이런 식의 수 체계를 누구나 알고 있지만, 처음부터 그것을 알았던 것은 아니다. 더구나 1, 2, 3, 4, 5로 이어지는 아라비아 숫자가 사용된 것은 조선 말기이다. 그 이전에는 한자의 一, 二, 三, 四, 五 등을 사용했다. 즉, 한자를 익힌 사람만이 숫자를 계산할 수 있었다는 말이다. 물론 초보적 셈법인 하나에 하나를 더하면 둘, 둘에 셋을 더하면 다섯 같은 간단한 계산은 손가락을 이용하거나 나무 막대기를 잘라서 만든 산가지 등의 도구를 사용해서도 충분히 할 수 있었다. 그러나 수백이나 수천, 그 이상에 이르는 큰 수를 셈하는 것은 쉬운 일이 아니었다.

문자를 알고 셈에 대한 전문가적 지식을 갖춘 사람은 특별한 지위를 누렸다. 어떤 수의 배수를 구하는 곱셈이나, 어떤 수의 분수를 구하는 나눗셈 등은 손가락과 발가락을 아무리 잘 이용해도 셈하기 어려운 영역이다. 그러므로 셈을 잘한다는 것은 월등한 능력을 갖춘 것이라고 할 수 있다. 이런 사람들은 일반 백성들보다 우위에 있는 능력자이자 지식인으로서 대우를 받았으며, 사회의 지배층이 되었다.

구구단 목간은 어떤 의미를 갖고 있나

2011년 쌍북리 유적에서 발굴된 목간이 2016년에 구구단 목간으로 판명되기 전에는 우리나라에서 구구단을 사용한 흔적을 찾을 수 없었다. 쌍북리 구구단 목간의 발견으로 드디어 일본 고대 문화의 형성과 발전에 영향을 준 한반도에서도 구구단 목간이 사용되었다는 사실이 알려졌다. 그리고 구구단 역시 중국에서 일본으로 바로 건너간 것이 아니라, 한국을 거쳐 일본으로 건너갔다는 증거를 찾게 되었다. 우연히 발견된 목간 한 점이 백제 수리 체계의 확립을 증빙하는 자료로서 새로운 역사적 의미를 갖게 된 것이다.

처음 구구단 목간임을 알아냈을 때에는 목간 앞면에만 구구단이 적혀 있는 것으로 알았다. 그러나 재조사 결과 목간 앞뒷면에 모두 구구단이 기록되어 있음이 밝혀졌다. 자칫 희미한 먹물 자국으로 가득 찬 목간으로만 남을 뻔했으나 백제의 구구단 목간이라는 사실이 밝혀진 것이다.

이 목간이 학습용으로 만들어진 것인지, 실제 일상생활에서 참고용으로 사용된 것인지는 알 수 없다. 만약 학습용으로 쓰인 것이라면 학생들이 사용했을 테지만, 일상생활에서 참고용으로 쓰인 것이라면 실무 관리들이 사용했을 가능성이 크다.

백제 사람들이 수를 헤아리고 이를 실제 적용한 결과물들은 각종 기록과 유적, 유물을 통해 확인할 수 있다. 다른 국가들과 마찬가지로 토지 측량, 조세와 부역, 공물의 수취, 조공과 무역, 화물 수송, 축성과 그 밖의 토목 공사, 군대의 운용 등 다방면에서 산술은 필수적이다. 어느 하나 빼놓을 것 없이 셈을 할 줄 알아야 했다. 기초적인 산술에서 고도의 수학적 계산이 필요한 분야에 이르기까지 셈법은 중요한 기술이자 생활에 필요한 실용 지식이었다. 구구단 목간은 백제가 복잡한 산술 체계를 이해하고 활용했다는 중요한 증거물이다.

김영관 충북대학교 사학과 교수

4부

백제의 종교와 신앙

13

백제인의 토착신앙
─ 남근형 목간

남근 모양의 독특한 목간을 발견하다

충청남도 부여군에 위치한 능산리사지(일명 '능사陵寺')는 백제 사회를 이해하는 데 중요한 유물이 여럿 발견된 곳이다. 바로 이 곳에서 남근형 목간도 발견되었다. 남근형 목간은 출토 당시 '목 간 번호 295번'으로 분류됐지만, 그 독특한 형태로 인해 '남근형 목간'이라고 불리고 있다.

능산리사지의 유물은 크게 네 지점에서 출토되었다. 그 가운데 남근형 목간은 자연배수로가 위치한 제1지점에서 출토되었다. 하 지만 출토 지점과 출토 층위의 상대편년, 함께 출토된 유물의 성 격 등 출토 당시의 상황은 명확지 않다. 따라서 목간의 제작 연대 를 정확히 알 수 없다. 다만 제1지점이 능산리사지 초기 자연배수로라는 점에서 능사가 만들어진 567년 전후에 목간이 남겨졌으리라고 추측할 수 있다.

남근형 목간은 크기가 길이 22.7cm, 너비 2.4cm, 두께 2.1cm로, 파손된 곳 없이 완형으로 출토되었다. 이 목간은 명칭에서도 확인되듯 남근형이라는 독특한 형태를 가지고 있다. 그뿐만 아니라 글자가 기록되어 있다는 점에서 많은 연구자의 관심을 끌었다. 남근형 목간은 총 4면에 글자가 기록되어 있다. 글자는 새겨서 쓴 각서와 먹으로 쓴 묵서가 각 면에 섞여 있다. 따라서 독특한 형태뿐만 아니라 글자 기록 방식도 검토를 해야 하는 매우 특이한 목간이라 할 수 있다.

또 남근형 목간에 구멍이 뚫려 있다는 점도 주목해야 한다. 일반적으로 목간에 있는 구멍은 목간을 어딘가에 매달아 놓기 위해 뚫은 것이다. 남근형 목간에도 구멍이 있는 것으로 보아 매달아 사용하였다고 볼 수 있다. 하지만 어떠한 의도를 가지고 그것을 매달아 사용하였는지는 뚜렷하게 파악할 수 없다.

글자가 가장 많은 면을 1면으로 하여 시계 방향으로 돌려 가며 글자가 기록된 양상을 살펴보면 1면은 각서+묵서, 2면은 묵서, 3면은 각서, 4면은 묵서로 글자가 기록되어 있다. 구멍은 각서가 있는 1·3면에 있으며, 남근 아랫부분에 뚫려 있다.

남근형 목간에는 어떤 글자가 새겨져 있을까

남근형 목간에는 앞에서 말한 것처럼 각서와 묵서 두 가지 방식으로 글자가 기록되어 있다. 각서는 모두 판독이 가능하지만, 묵서는 정확히 판독할 수 없는 글자들이 섞여 있다. 그중에서 1면의 묵서 두 번째 글자에 대해 이견이 가장 많이 제기되었으며, 지금까지도 그에 대한 논의가 지속되고 있다. 대부분의 연구자들은 이 글자를 '연緣'자로 판독하였다. 좌변이 '사糸'자임이 확실하다고 판독했기 때문이다. 그러나 최근에는 길에 지낸 제사와 관련해

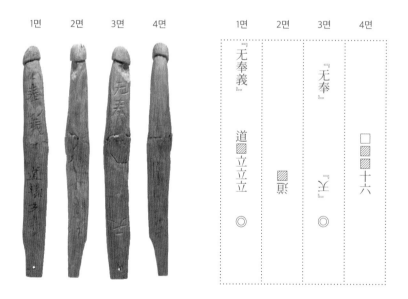

| 그림 13-1 | **남근형 목간의 4면과 판독문**
부여 능산리사지에서 발굴된 남근형 목간에는 각서와 묵서 두 가지 방식으로 글자가 기록되어 있다. 글자를 새겨서 기록한 각서(『』표시)는 1면과 3면에 있다.

'양禓'자로 판독하는 견해가 제기되었다. 이처럼 남겨진 묵서만으로는 정확하게 어떤 글자인지 확정하기 어렵다. 좌변과 우변 모두 판독에 이견이 있으므로 판단을 미루는 것이 바람직할 것이다.

글자를 새겨서 기록한 각서는 1면과 3면에 있다. 1면 위쪽에는 '무봉의無奉義'가 새겨져 있다. 3면 위쪽에는 '무봉無奉', 그 아래쪽에는 '천天'자가 뒤집어져 새겨져 있다. 묵서는 1면 아래쪽과 2면, 4면에 기록되어 있다. 이 목간을 판독하면 다음과 같다.

| 남근형 목간(부여 능산리사지 295호 목간) |

판독문

1면 无奉義　道▨立立立 ◎

2면　　　　　　　▨帋

3면 无奉　　　　　　＊ ◎

4면　　　　　□▨▨十六

....

해석문

1면 받들 뜻이 없다. 길가에 … 서라! 서라! 서라!

2면 길가…

3면 받들지 말라… 하늘

4면 …16

남근형 목간의 핵심은 1면과 3면에 기록된 '무봉'이라는 글자와 1면과 2면에 기록된 '도□道□'를 어떻게 해석하는가에 달려 있다. 따라서 '무봉'과 '도□'가 함께 적힌 1면이 이 목간에서 가장 중요하다.

'무봉'에 대해서는 정확한 의미를 파악할 수 없지만 크게 두 가지 견해로 정리할 수 있다. 첫 번째는 한자 뜻 그대로 '무无'자는 '없다', '봉奉'자는 '받들다'로 보아서 '받들지 않는다'라고 해석하는 것이다. 두 번째는 '무无'자를 문장 첫머리에 의미 없이 쓰는 발어사로 보는 것이다. 다만 이 견해에서 발어사는 묵서의 내용과 형태를 볼 때 단순한 발어사보다는 제사 의식이나 주술용 용어로 보아야 한다. 어찌되었든 이 견해는 '무'자를 아무 의미 없는 발어사로 보기 때문에 '봉'자의 '받들다'만 해석한다. 이처럼 '무'자를 어떻게 보느냐에 따라 이 두 가지 견해로 나뉘며, 서로 상반된 해석을 보인다.

다음으로는 1면 아래에 묵서로 기록된 '도□'에 대한 해석이다. 이 글자에 대해서는 알 수 없는 뒷글자를 어떻게 판독하느냐에 따라 다양한 의견이 도출되었다. 우선 판독이 가능한 '도道'자만 가지고 단순하게 해당 목간이 길과 관련된 목간이었다고 이야기하는 견해가 있다. 여기에 '도□'의 '□'를 확대된 개념으로 판독해 길에 지낸 제사와 관련된 글자로 보는 견해도 있다. 하지만 확실하게 판독 가능한 글자는 '도'자밖에 없다. 2면에도 '도□'가 기록되어 있지만, 여기에서도 '도'자만 판독된다. 1면과 2면의 '□'를 무리하게 판독해 길에 지낸 제사의 의미를 부각하는 것은 문제가 있다. 물론 '도'자가 확인되므로 이를 길에 지낸 제사와 관련이 있다고 추론하는 것은 가능할지 모른다.

하지만 무리한 판독으로 길에 지낸 제사와 연결하는 것은 문제가 있어 보인다. 1면과 2면을 검토하면 길과 관련된 무언가를 기록한 것은 확실하기 때문에 이 정도의 판독에서 이야기를 풀어 나가도 좋을 듯하다.

다음으로는 3면에 기록된 '천天'자를 살펴보자. 이 글자는 2면에 묵서로 적힌 '도道'자와 마찬가지로 거꾸로 새겨져 있다. 따라서 3면은 윗부분과 아랫부분의 서사 방향이 다르다. 3면의 '천天'자는 왜 거꾸로 새겼는지, 3면의 다른 글자와 방향을 다르게 기록한 이유가 무엇이었는지에 대해서는 그동안 큰 관심이 없었다. 그러나 후대의 사례로, 민속신앙에서 복을 기원할 때 글자의 상하 또는 좌우를 바꾸어 쓴 사례가 있다. 또 현재 의식용 유물로 분류되는 조선 시대의 '분청사기 천명 양이잔粉靑沙器天銘兩耳盞'에도 몸체 부분에 '천天'자가 적혀 있음을 감안하면 남근형 목간도 의식용으로 사용되었을 가능성이 있다.

그렇다면 고대 사회에서 남근은 어떠한 의미를 지녔으며, 당시 사람들은 남근에 대해 어떻게 인식하고 있었을까? 그리고 남근형 목간이라는 독특한 형태가 등장하게 된 까닭과 목간에 글자를 각서와 묵서로 달리 기록한 이유는 무엇일까?

고대 남근은 백제인에게 어떤 의미였을까

풍요와 다산의 상징, 남근

남근을 표현하는 행위는 오래전부터 있었다. 한반도에서 남근을 표현한 가장 오래된 자료는 울산 반구대 암각화에 새겨진 인물이다. 창을 들고 있는 이 인물은 남근을 확인할 수 있을 정도로 사실적으로 묘사되었다. 암각화라는 것이 문자가 등장하기 전 사람들의 욕망과 바람을 그림으로 표현한 것이라면, 이 암각화에 표현된 남근도 어떠한 의도를 가지고 있었을 것이다. 일반적으로 남근 숭배는 풍요와 다산을 이루고자 한 원시 신앙의 한 형태다. 역사 시대 이전에는 노동력을 확보하는 데 다산이 매우 중요했기 때문에 남근을 표현하는 것은 자연스럽고 보편적인 현상이었다.

한 사회가 유지되려면 일정 수준의 인구가 유지되어야 하고, 그를 뒷받침하기 위해서는 의식주가 해결되어야 한다. 그중 먹고사는 문제를 해결하기 위해 농업 생산력 증대를 중요하게 생각했다. 농업 생산력이 증대되기 위해서는 인구가 많아져야 하기 때문에 남성의 성기에 특별한 관념을 투영한 것이라 할 수 있다. 초창기 남근은 남성의 성기라는 인식보다는 인구를 늘릴 수 있는, 더 나아가 사회를 번창하게 만드는 신앙의 대상으로 여겼다. 이 때문에 암각화에도 남성의 남근이 사실적으로 묘사된 것이다.

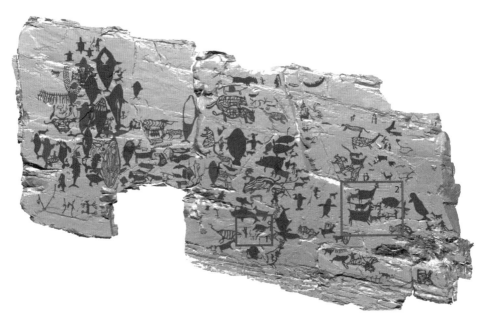

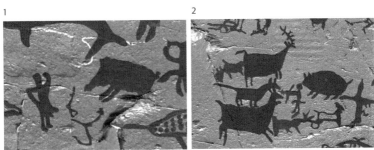

| 그림 13-2 | 울산 대곡리 반구대 암각화에 새겨진 남성

한반도에서 남근을 표현한 가장 오래된 자료이다. 남근을 확인할 수 있을 정도로 사실적으로
묘사하였다.

그러나 시간이 지나면서 남근에 대한 생각은 개인의 욕망을 표출하는 도구로 확대되었다. 그 결과 남근형 상징물이 만들어지게 되었다. 초기 남근이 한 사회를 유지하기 위한 신앙의 대상이었다면, 시간이 흐르면서 개인의 안정과 발전을 기원하는 도구로 그 의미가 확장되면서 휴대할 수 있는 남근형 상징물이 등장하게 된 것이다. 남근이 풍요와 다산, 즉 생산과 연관된 상징물이었기에 남근형 상징물을 소중하고 귀하게 생각했다.

현재 남아 있는 남근형 상징물의 재료를 보면 크게 두 가지이다. 단단한 금석과 쉽게 구할 수 있는 나무이다. 금석은 오래전부터 사용되었지만 재질의 특성상 많은 양의 남근형 상징물을 만들기 어렵다. 반면 나무는 쉽게 구할 수 있는 재료이면서 다루기도 쉽다. 그래서 금속보다는 나무로 남근형 상징물을 만들어 널리 사용했다.

남근형 상징물은 고대 사회 어디서든 확인된다. 가까운 중국에서는 고대 상商나라 수도 유적으로 알려진 은허에서 남근형 상징물이 출토되었고, 전한前漢 시대의 왕묘로 추정되는 무덤에서도 실물 형태의 남근이 출토되었다. 일찍부터 남근형 상징물이 중국에서도 사용되었던 것이다.

한반도에서는 경주의 동궁과 월지에서 신라시대에 제작된 것으로 보이는 남근형 목제품이 출토되었고, 인용사지로 알려진 전傳인용사지에서도 남근형 목제품이 발굴되었다. 이처럼 신라 시대의 다양한 유적에서 나무와 금석으로 만든 남근형 상징물이 다수 발견되고 있다. 그중에서 동궁과 월지 및 전인용사지에서는 남근

| 그림 13-3 | 은허 출토 남근석

| 그림 13-4 | 전한 시대의 왕묘로
추정되는 무덤에서 출토된 남근

| 그림 13-5 | 월지와 동궁에서 출토된 남근형 목제품

| 그림 13-6 | 황룡사지에서
출토된 활석제 남근

형 상징물 말고도 제사와 관련된 유물들이 함께 출토되어 남근형 목제품이 풍요와 다산에서 제사의 영역으로 확대되었을 가능성을 보여 준다.

제사 도구로도 사용된 남근

남근은 1차적으로 풍요와 다산을 의미하는 상징물로서, 남근 숭배 의식은 고대 사회를 거쳐 조선 시대까지 그 맥을 이어 간다. 하지만 신석기 시대를 지나 사회가 다양하게 분화되면서 남근은 그 의미가 더욱 확대된다. 특히 고대사회에서 음양 사상과 연결되어 남근 자체가 양을 상징하는 상징물이 된 것이다. 앞에서 살펴본 것처럼 제사에서 사용된 사례를 보면 남근형 상징물이 음양의 조화를 이루는 제사 도구로 사용되었을 가능성이 있다. 이러한 인식은 일본에서 더욱 확대되어 남근형 상징물이 길제사(포수가 사냥을 떠나기 전에 산신에게 지내는 제사)의 제물로 발전하게 된다.

일본에서도 남근형 상징물이 많이 발견되었다. 일본에서 남근형 상징물이 출토된 지역을 살펴본 결과, 길과 관련된 의미를 부여하는 사례가 있어 주목된다. 『일본서기』에는 길과 관련된 도조신道祖神에게 제사를 지냈다는 기록이 남아 있다. 이 도조신 사례를 분류한 결과, 일본에서 도조신은 1) 경계에서 기능하는 신, 2) 여행의 신, 3) 관계를 맺는 신, 4) 기원·축복하는 신, 5) 기타, 이렇게 다섯 가지로 나눌 수 있다.

하지만 도조신에게 어떤 의미와 능력을 부여했는지는 위의 분류만으로는 정확히 알 수 없다. 도조신을 다섯 가지로 분류하긴 했지만, 일본에서는 도조신이 광범하게 사용되고 있기 때문에 사회·문화적 현상에 따라 유동적으로 해석해야 한다.

그중 1)의 '경계에서 기능하는 신'의 사례를 살펴보면 일본에서는 도성과 지방 도시의 여러 길에서 제사를 지낸 기록이 있다는 것을 확인할 수 있다. 야마나시현山梨縣의 경우만 살펴보아도 거의 대다수 지역에서 길에 제사를 지냈음이 확인된다.

일본에서 길에 제사를 지내는 일이 널리 퍼지게 된 이유는 정확히 알 수 없다. 사회 구조가 다변화되면서 생겨났다는 일반론만 확인할 수 있을 뿐, 어떻게 남근형 상징물이 길제사와 연결되었고, 언제부터 시작되었는지는 알 수 없다. 다만 한반도에서 남근형 상징물이 길과 연결되었다고 생각되는 사례인 백제와 신라의 유적을 통해 그 일부를 확인할 수 있다.

먼저 신라의 사례는 안압지(동궁과 월지)와 황룡사지를 통해 살펴볼 수 있다. 일본과 동일한 목적인지는 알 수 없지만 안압지 입구와 황룡사지 주변 큰 도로에서 남근형 상징물이 발견되었다. 안압지는 월성으로 들어가는 입구이자 동궁이 위치했던 지역이다. 이곳에서 20cm 정도의 장승형 신라 목상木像이 출토되었는데, 신라의 소조 장승이 후대에 거대한 목제 장승으로 이어지는 점과 입구의 경계에서 제사를 지냈다는 점이 주목된다.

신라에서는 황룡사가 창건되기 시작한 진흥왕 14년(553) 이후인 6세기 후반에서 7세기 무렵에 도로 정비가 이루어졌다. 황룡사와 맞은편의 분황사 사이의 도로가 신라에서 가장 폭이 넓은 도로였는데, 사람들의 통행이 늘어나자 역병이나 온갖 나쁜 기운이 돌기 쉬운 공간이 되었다. 이에 황룡사에서는 활석으로 만든 남근을 사용해 도로에서 제사를 지냈다.

이 대목에서 백제 능산리사지에서 출토된 남근형 목간이 눈길을 끈다. 능산리사지 옆에 위치한 도로는 백제 도성인 사비(부여)로 들어가는 관문 역할을 했을 뿐만 아니라 황룡사지와 마찬가지로 역병이나 온갖 나쁜 기운들이 활동할 수 있는 공간이었을 것이다. 그래서 백제인들은 나쁜 기운을 도로에서 차단하기를 원했다. 백제 성곽의 밖, 도성 외곽의 가장 큰 도로에서 길을 향해 제사를 지낸 것은 바로 이 때문이다. 그리고 제사를 지낸 후에는 역병이나 온갖 나쁜 것들을 물에 흘려보낸다는 의도에서 남근형 목간을 주변 물웅덩이에 폐기했다.

이처럼 백제와 신라에서 지내던 경계 제사는 초창기 중국에서 행해지던 문화가 들어온 것으로 생각된다. 그리고 이러한 길에 대한 제사와 관련된 문화가 일본으로 전파되어 일본 사회의 변화 과정과 맞물려 더욱 분화된 형태로 발전했을 것이다.

백제의 토착신앙, 남근 숭배

신석기 시대부터 사용된 것으로 보이는 남근형 상징물은 시간이나 장소에 구애받지 않고 다양하게 사용되었다. 물론 백제에서도 남근이 사용되었다. 아직 백제의 모든 지역에 대한 발굴조사가 이루어지지 않아 남근형 상징물의 전체 범위를 파악하기는 어렵지만, 부여 지역에서 남근형 상징물이 사용되었다는 것은 확실하다. 부여에서 남근형 상징물이 발견된 곳은 지금까지 총 3곳이다. 논치 유적, 궁남지, 능산리사지이다.

우선 부여의 논치 유적은 제사 유적으로 알려져 있다. 이곳에서는 구석기 유적도 같이 확인되어 오래전부터 사람들이 살아왔던 곳임을 알 수 있다. 국립부여박물관은 논치 제사 유적 15호를

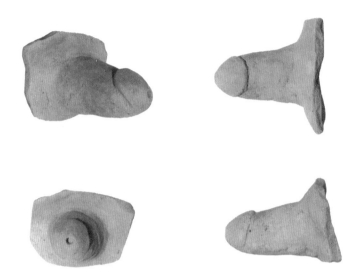

| 그림 13-7 | **부여 논치 유적에서 출토된 남근형 파수**
남근형 파수가 어떤 의미로 제작된 것인지는 확실하지 않지만 이 파수가 달려 있던 도구는 제사 의례용으로 사용되었을 것이다.

발굴조사하였고, 이에 관하여 2007년 발굴보고서를 발간하였다. 논치 제사 유적에서 출토된 유물 중 눈에 띄는 유물이 하나 있다. 바로 토기의 일부분으로 만들어진 남근형 파수把手(그릇 따위에 붙어 있는 손잡이)이다. 이 유적은 명칭에서 엿볼 수 있듯이 제사 의식을 위해 조성된 공간이다. 남근형 파수가 어떤 의미를 가지고 제작된 것인지 정확하게 알 수는 없다. 그렇지만 유적의 특성상 남근형 파수가 달려 있던 도구는 제사 의례를 위해 사용되었을 것이다.

2001년 궁남지 발굴조사를 통해서도 남근형 목제품이 확인되었다. 궁남지의 북편 일대 수로를 중심으로 발굴조사를 진행한 결과 남근형 상징물이 발견된 것이다. 이곳에는 수전水田과 건물지, 도로 시설이 있었다. 소·사슴·개·돼지·말 등의 동물 뼈와 생활 용구가 출토된 것으로 보아 농경 관련 시설이 집중 분포되었던 지역으로 보인다.

백제의 도읍지가 위치한 지역은 모두 신석기 유적지가 존재하는 곳이다. 즉 예전부터 사람들이 살아왔던 곳이며, 농사를 지속적으로 짓던 지역이라는 말이다. 특히 궁남지에서 출토된 남근형 목제품은 농경과 관련된 곳에서 발견되었다. 이 때문에 초창기 농업 생산력의 증대를 기원하기 위해 남근형 상징물을 사용한 것이 아닐까 추정된다. 농사의 발달과 인구 증가에 관심을 가졌던 만큼 남근에 대한 인식은 꾸준히 존재하였을 것이다.

남근형 상징물이 발견된 부여 세 유적의 특징은 제사와 관련이 있다는 것이다. 특히 논치 유적은 청동기 유적이 확인되는 지역으로, 다량의 제사 유물이 발견되었다. 발굴 초기부터 제사 유적으로 판정된 이곳은 발굴조사가 진행되면서 계속해서 제사 유물이 나오고 있다. 논치 유적은 부여 나성 밖에 위치해 있는데, 유물의 종류나 규모로 보아 각종 제사를 전담했던 곳이 아닐까 생각된다. 제사지를 여러 곳에 두기보다 한 곳에서 전담해서 제사를 지냈을 가능성이 높다.

궁남지 유적 주변에는 군수리사지와 동남리사지 등 사찰도 존재했다. 사찰에서는 간단한 제사 의례가 행해졌다. 남근형 목간이 출토된 궁남지 북쪽에서는 대부분 농경과 관련된 유물이 출토되

| 그림 13-8 | **궁남지에서 출토된 남근형 목제품**
궁남지 북편 수로에서 발견된 것으로, 초창기 농업 생산력 증대를 기원하기 위해 사용한 것으로 보인다.

었으나 초기 발굴조사를 살펴보면 제사용 도구로 추정되는 유물도 출토되었다. 이런 점을 감안하면 비록 궁남지에서 제사가 전문적으로 이루어졌다고 볼 수는 없지만 일부 제사 의례가 행해졌다고 말할 수 있을 것이다.

능사에서는 제사와 관련된 의례가 진행되었다. 특히 능산리고분군은 사비 시기 백제의 왕족들을 모셔 놓은 무덤군이다. 이들에 대한 제사 의례는 대부분 능산리고분군 옆에 위치한 능사에서 지냈다. 능산리사지에서 발견된 제사 유물은 아마도 능산리고분군의 제사와 사찰에서 지낸 다양한 제사와 관련 있는 유물일 것이다. 여기에 길제사 같은 특수한 성격의 제사도 같이 지냈던 만큼 능산리사지 부근도 제사 유적지로 볼 수 있다.

이처럼 남근형 상징물이 제사 의례와 관련이 있다는 사실은 남근형 상징물들이 제사 의례를 행한 지역에서 발견되었다는 점에서도 추정 가능하다. 풍요와 다산, 나아가 길에 대한 제사와 관련된 행위를 위해 남근형 상징물을 사용하였고, 이를 통해 그들이 원하는 바를 이루고자 기원했을 것이다. 부여의 논치 유적, 궁남지, 능산리사지에서 남근형 상징물이 나온 것도 그런 이유에서일 것이다.

백제 사회에서 남근형 상징물이 어떠한 의미를 갖고 있었는지 아직 명확하게 밝혀진 것은 없다. 앞서 살펴본 일반론적인 내용과 주변의 신라와 일본에서의 활용 사례를 통해 유추하는 것 말고는 그 성격을 명확하게 단정 짓기도 어렵다. 그러나 다행히 백제 문화가 신라와 일본에 많이 전했다는 사실은 두 나라의 사례가 백제에도 적용될 수 있다는 것을 의미한다. 그 사례를 통해 백제 사회에서 남근형 상징물이 어떻게 사용되었는지 실마리를 얻는 것만으로도 큰 성과일 것이다.

남근형 목간에는 어떤 의미가 담겨 있나

부여 능산리사지에서 발견된 남근형 목간은 목제품이라는 것

말고도 글자가 남겨져 있다는 점에서 다른 남근형 상징물들과는 차이가 있다. 한반도에서는 조선 시대까지 남근형 상징물이 사용되었다. 하지만 남근형 상징물에서 글자가 발견된 사례는 부여 능산리사지에서 출토된 남근형 목간이 유일하다. 게다가 글씨를 쓴 방식을 보면 각서와 묵서 두 가지로, 백제 남근형 목간의 성격에 대한 궁금증을 불러일으킨다.

일반적으로 남근은 다산과 풍요의 상징이기 때문에 대개의 경우 그 상징물에 글씨를 새겨 넣는 행위까지는 하지 않았다. 하지만 백제의 능산리사지에서 발견된 남근형 목간에는 글씨가 있는 것으로 보아 기존의 남근형 상징물과는 다른 의미를 지녔을 것으로 생각된다.

처음 이 목간이 소개되었을 때에는 모종의 토착신앙을 매개로 이루어진 제사 의례에서 사용된 것이라고 추측하였다. 남근형 목간이 발견된 능산리사지 제1지점에서 '제의·주술적' 성격을 갖는 제품들이 같이 발견되었기 때문이다. 물론 남근형 목간이 제1지점에서 발견된 유물들과 같은 시기에 사용되었는지는 알 수 없지만, 유적의 특성상 능사가 건립된 567년 무렵 남근형 목간이 폐기되었던 것은 확실하다.

앞에서 살펴보았듯이 이 남근형 목간에는 각서와 묵서가 동시에 존재한다. 남근형 목간을 제작한 백제인이 두 가지 서사 방식을 사용했다는 사실은 남근형 목간의 사용 목적이 바뀌었던 것은 아닐까 하는 의문을 갖게 한다. 남근형 목간을 자세히 보면 각서를 먼저 쓰고, 묵서를 나중에 쓴 것으로 보이기 때문이다.

그동안 목간의 모양이 남근형이라는 것에 초점을 맞추다 보니 목간에 기록된 글씨에는 크게 관심을 갖지 않았다. 목간에 남겨진 글씨뿐만 아니라 왜 두 가지 서사 방식을 사용했는지에 대해서도 소홀했다. 두 가지 서사 방식은 분명 다른 목적을 가지고 있었을 것이다. 목간을 보면 매우 정교하게 다듬어져 있다. 글씨도 심혈을 기울여 새긴 것으로 보인다. 반면 묵서의 서체는 각서에 비해 상대적으로 성의가 없어 보인다. 특히 1면의 경우 두 가지 서체가 동시에 나타나는데, 각서를 쓰고 남은 빈 공간에 묵서를 남겼다. 즉, 각서를 먼저 쓰고 묵서를 나중에 쓴 것이다.

각서가 쓰인 1면과 3면을 보면 남근의 반대편에 구멍이 뚫려 있어 매달아 사용하던 목간이었음을 알 수 있다. 이러한 방식은 해신당에 걸려 있는 남근형 목제품을 통해서도 확인된다.

그런데 재미있는 점은 매달았을 경우 기존에 판독했던 방향과 다른 결과가 나온다는 것이다. 지금까지는 대부분 각서가 새겨진 방향을 기준으로 보아 구멍이 있는 부분을 아래쪽으로 보았다. 하지만 매달게 되면 구멍이 있는 부분이 위쪽이 된다. 그럴 경우 1면의 '무봉의无奉義'와 3면의 '무봉无奉'은 거꾸로 새긴 것이 된다. 반면 3면의 '천天'은 정상적으로 새겨진 것이 되어, 남근형 목간을 매달았을 경우 가장 높은 곳에 '천天'이 정상적으로 새겨진 셈이 된다. 반면 '무봉'은 어떤 의미인지는 모르지만 한자 그대로 해석하면 '받들지 않겠는가'가 되고, 거꾸로 새겨져 있기 때문에 반대로

'받들겠다'는 의미로 해석할 수 있다. 즉, 하고 싶은 이야기를 반대로 기록한 것이 된다.

고대에는 제사를 지낼 때 반대로 이야기하는 역설의 주술이라는 관념이 존재했다. 아마도 이러한 관념이 목간에 투영된 것이 아닐까. 각서만을 보면 처음에는 하늘에 제사를 지내는 용도로 남근형 목간이 사용되었던 것으로 추측된다. 물론 구멍이 뚫린 부분을 위로 두고 해석하는 것이 맞는지, 아래로 두고 해석하는 것이 맞는지에 대해서는 명확하게 알 수 없다.

이후 남근형 목간은 주술적 상징성을 가지고 있었기에 2차로 재사용된 것으로 보인다. 묵서가 보이는 것은 이 때문일 것이다. 시점이 다른, 그리고 빈 공간에 묵서를 썼다는 사실은 두 가지 목적을 가지고 남근형 목간이 사용되었다는 것을 의미한다.

1면과 2면에는 묵서로 '도道'자가 쓰여 있다. 이를 통해 남근형 목간이 길과 관련 있는 목간이라는 것을 알 수 있다. 왜 '도'자가 쓰여 있는지는 의문이지만 신라와 일본 사례를 본다면 길제사에 사용하기 위해 '도'자를 썼을 것이다. 더욱이 1면의 '립立'자가 세 번 연속으로 쓰였다는 점에서 '립'자와 연관된 무언가를 강조하기 위한 것이며, 묵서를 쓴 백제인들이 무언가를 원했으리는 것을 유추할 수 있다. 물론 원하는 것이 무엇이었는지 정확하게 알 수는 없지만 '도'자와 관련 있다는 점은 부정할 수 없을 것이다.

지금까지 살펴보았듯이 남근형 목간은 길에 대한 제사와 관련이 있다는 사실을 확인할 수 있다. 하지만 이 목간에 대해서는 여전히 고민해 봐야 한다. 두 가지 서사 방식이 있다는 것은 남근형 목간이 처음부터 남근형 목간 형태로 사용된 것인지, 아니면 가공해서 남근형 목간으로 재사용한 것인지 현재로서는 알 수 없기 때문이다. 그리고 백제인들 사이에서 길에 대한 제사가 어느 정도 인식, 통용되고 있었는지에 대해서도 앞으로 살펴봐야 할 것이다.

오택현 동국대학교 역사교육과 일반연구원

14

아들을 위한 절
― 자기사 목간

능사에서 출토된 목간

역사는 기록을 통해서 알 수 있다. 한국 고대의 역사를 알기 위해서는 『삼국사기』와 『삼국유사』를 반드시 읽어야 한다. 그러나 이 두 책은 각각 12세기와 13세기에 찬술되었다. 그로 인해 기원 전부터 7세기에 걸치는 삼국 당대의 역사를 얼마나 잘 전하고 있는지는 의문으로 남아 있다. 이런 후대의 기록을 보완해 주는 것이 당시 사람들이 남긴 문자 자료이다. 종이가 널리 사용되기 전 고대 사회의 문자 자료로 대표적인 것이 비석 같은 데 새겨진 금석문과 나무에 글을 남긴 목간이다. 이 중 실생활에서는 목간이 더 많이 사용되었다. 고대 사회의 목간은 오랜 세월이 흘러 썩어 없어지기도 하였지만 최근 많은 수의 목간이 발견되어 주목을 받고 있다.

| 그림 14-1 | **자기사 목간이 출토된 능사의 전경**

능사는 백제 사비 시대 왕들이 묻혀 있는 능산리고분 옆에 왕들의 명복을 빌기 위해 세운 절이다. 이곳에서 많은 목간이 출토되었다.

백제 사비 시대 왕들이 묻혀 있는 능산리고분 옆에는 왕들의 명복을 비는 절이 있다. 능 옆에 세웠다고 해서 '능사陵寺'라고 한 다. 이 능사에서도 많은 목간이 출토되었다. 글씨가 쓰여 있는 목 간은 30여 점이다. 능사에서 발견된 목간은 사비도성을 둘러싸고 있는 나성 축조, 길에 지내는 제사, 성왕의 장례, 성왕의 명복을 비 는 능사 축조와 관련된 목간 등으로 나눌 수 있다. 목간이 만들어진 시기는 538년 사비 천도 전후부터 창왕명 사리감 조성 연대인 567년 전후로 보고 있다.

불교 관련 목간도 다수 발견되었다. 목간에는 "숙세결업 동생 일처宿世結業 同生一處", 곧 "숙세에 맺은 업으로 한 곳에 같이 태어났다"라고 적은 것도 있고, "사월칠일 보희사 송염이석四月七日 寶憙寺 送塩二石", 즉 "4월 7일 보희사에서 소금 2석을 보내다"라고 적은 것도 있다. 또한 절 이름에 흔히 들어가지 않는 아들 '자子'자가 들어간 "자기사子基寺"라는 절 이름이 적힌 목간도 있다.

자기사 목간에는 어떤 글자가 적혀 있을까

능사에서 발견된 목간 가운데 '자기사'라는 글자가 적힌 목간이 눈길을 끈다. 목간 앞면에 '자기사'라는 세 글자만 적혀 있다. 뒷면은 글씨의 흔적이 보이지만 판독할 수 없는 상태다. 이 목간은 능사의 입구인 중문 터 남서쪽 자연배수로 근처에서 출토되었다. 능사와 자기사가 주고받은 물품의 꼬리표로 보인다.

자기사 목간은 무엇보다 절 이름이 특이하다. 직역하면 '아들의 터가 되는 절'이다. 자기사란 이름의 절은 목간에만 보이는 백제 절이다. 『삼국유사』와 『삼국사기』에 나오는 사찰 이름은 모두 229개인데, 그 가운데 '아들 자子'자가 들어간 절 이름은 없다. 삼국 시대는 물론 우리나라 사찰에서 자기사가 유일하다. 목간에

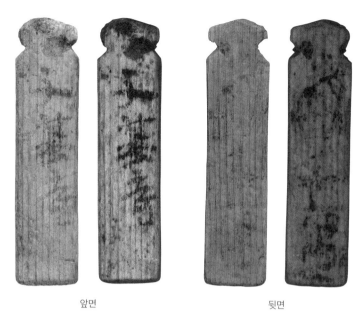

앞면　　　　　　　　뒷면

| 그림 14-2 | **자기사 목간의 실물과 적외선 사진**
자기사를 직역하면 '아들의 터가 되는 절'이다. 이 목간은 능사와 자기사가 주고받은 물품의
꼬리표로 사용된 것으로 보인다.

는 '자기사'라는 절 이름만 쓰여 있어 창건 연대나 목적 같은 것은
알 수 없다.

　자기사의 '자'는 '아들 자子', '기'는 '터 기基'자이다. '자'자와
'기'자를 풀이할 때 '자의 기'로 하면 '아들의 터'가 되고, '자가 기
하다'로 하면 '아들이 터를 놓다'가 된다. 아들의 터로 해석할 때는
아들을 위해 세운 절이 되고, 아들이 터를 놓다가 되면 아들이 세
운 절, 곧 아들이 부모를 위해 세운 절이 된다. 둘 다 가능성이 있
지만 이 글에서는 부모가 아들을 위해 세운 절이라는 해석에 초점
을 맞추고자 한다.

왕의 아들, 죽은 왕자를 위하여

'자기사'란 절이 구체적으로 백제의 어떤 절인지 알 수 없지만 아들을 위해 세운 절이라고 하면 일반 평민이 세운 절은 아닐 것이다. 절을 건립할 정도의 경제력과 영향력이 있는 지배층일 것이며, 아마도 죽은 아들을 위한 절일 가능성이 높다.

그런데 백제 부여에서 발견된 절터 가운데 죽은 왕자를 위해 세운 절이 있다. 지금은 절터만 남았지만 백마강 건너편에 있던 왕흥사가 바로 그 절이다. 이 절의 목탑 자리에서 사리함이 발견되었는데, 이런 글씨가 쓰여 있다.

| 왕흥사 터 출토 사리함 |

판독문

丁酉年二月十五日 百濟王昌爲亡王子立刹 本舍利二枚
葬時神化爲三

해석문

정유년 2월 15일 백제 왕 창이 죽은 왕자를 위해서 찰刹을 세웠다. 본래 사리가 2매였는데 묻을 때 신통한 변화로 3매가 되었다.

백제 위덕왕(창왕)이 577년(정유년) 죽은 왕자를 위해서 찰刹을

| 그림 14-3 | **왕흥사와 부소산성 사이를 흐르고 있는 백마강**

세웠으며, 처음 사리를 넣었을 때는 2개였는데 사리를 봉안할 때 3개로 변했다는 내용을 담고 있다. 명문에 나오는 '입찰立刹'의 '찰刹'은 좁은 의미로 목탑의 찰주刹柱, 즉 탑을 말하지만 넓은 의미로는 절(사찰寺刹)을 가리킨다.

왕자가 죽은 정확한 이유는 알 수 없지만 아마도 질병이나 전쟁으로 인해 죽었을 것이다. 어떤 경우든 자식을 먼저 보낸 부모의 마음은 말로 표현할 수 없을 것이다. 위덕왕은 사랑하는 아들이 보고 싶을 때마다 부소산성에 올라 저 멀리 백마강 건너편의 왕흥사를 바라보았을 것이다. 아들의 명복을 빌기 위해 세운 왕흥사 탑을 바라보면서 그는 아들에 대한 그리움을 달랬을 것이다.

『삼국사기』와 『삼국유사』에 따르면 왕흥사는 600년 법왕이 창건하고 634년 무왕이 완공했다고 한다. 그런데 「사리함기」에는 577년 위덕왕이 창건했다고 나와 있어 지금은 왕흥사의 창건 연대를 위덕왕 때로 보기도 한다. 또 법왕이 창건하고 무왕이 완공했다는 왕흥사란 절은 실은 익산의 미륵사를 말하는 것이라는 주장도 있다. 그러나 왕흥사를 찾아갈 때 절이 강가에 있어서 매번 배를 타고 들어갔다고 했다. 이는 익산 미륵사로 가는 길에 대한 묘사가 아니다. 법왕과 무왕 때의 왕흥사는 백마강 건너편 왕흥사로 보아야 한다.

그렇다면 「사리함기」와 『삼국사기』의 창건 기록이 서로 다른데 이것을 어떻게 이해해야 할까? 먼저 생각할 것은 위덕왕이 죽은 왕자를 위해서 절을 창건했다고만 했지, 구체적으로 절 이름을 언급하지 않았다는 점이다. 위덕왕 때 죽은 왕자를 위해 세운 절이 나중에 왕흥사로 이름이 바뀌었을 수도 있다. 절 이름이 바뀐 경우는 생각보다 많다. 백제의 오합사가 신라 때 성주사로 바뀌었고, 신라의 자추사는 백율사로 바뀌었다.

위덕왕이 죽은 왕자를 위해 절을 세웠고 그 절이 왕흥사라고 하면 절의 창건 목적과 절 이름이 어울리지 않는다. 왕흥사란 절 이름은 '왕을 흥하게 한다'는 뜻이다. 왕은 세속의 왕 '전륜성왕'일 수도 있고, 아니면 '법왕' 곧 석가모니를 일컬을 수도 있다. 죽은 왕자를 위해 지은 절과 어울리지 않는다. 법왕이 왕흥사를 세웠을 때는 죽은 부왕(혜왕)을 위해 지은 절이기도 하지만, 법왕 자신이 통치하는 나라를 흥하게 한다는 의미까지 포함했을 것이다. 왕흥사는 부왕의 명복을 빌면서 법왕(석가)을 자처한 백제 법왕 자신의 치세를 불법으로 다스리고자 한 의도가 반영된 것이다. 미륵사 사리봉안기에도 석가모니를 뜻하는 '법왕'이라는 표현이 보인다.

　물론 위덕왕이 창건한 절과 법왕·무왕이 창건한 절이 다른 절이라는 말은 아니다. 처음 왕자를 위해서 지은 절을 나중에 왕실의 원찰이자 국가 사찰로 격을 높여 중창하고, 그때 절의 이름을 왕흥사로 바꾸었을 수도 있다. 그럼 왕흥사로 바뀌기 전의 이름은 어떠했을까? 위덕왕은 죽은 왕자의 명복을 빌기 위해 탑을 세우고 사리를 봉안하면서 절의 이름을 자기사로 짓지 않았을까? 중국의 양무제는 아버지의 명복을 위해 절을 짓고 황기사皇基寺라고 하였다. 자기사를 지을 때 황기사라는 이름을 참조했을 수도 있다.

　백제 위덕왕이 죽은 왕자를 위해 지은 절이 자기사가 아닐까 추측해 보았는데, 가장 큰 문제는 연대가 맞지 않는다는 점이다. 능사에서 나온 목간은 능사의 탑이 건립된 567년을 넘지 않는다고 한다. 그런데 위덕왕이 죽은 왕자를 위해서 지은 절의 건립 연대는 577년이다. 577년에 세워진 절에서 567년에 능사로 물품을 보낼 수는 없다. 물론 능사의 목간 일부는 567년을 넘긴 6세기 후반으로 보기도 하지만, 자기사 목간의 경우 출토 층위를 보았을 때 그럴 가능성은 적다고 한다. 하지만 자기사 목간의 하한이 567년이라고 해서 모든 목간이 정확히 567년 이전의 것이라고 단정할 수는 없다.

자기사 목간에는 다른 내용이 적혀 있지 않지만 능사에서 발견된 보희사 목간에는 4월 7일 소금 2석을 보낸다는 내용이 덧붙여져 있다. 4월 8일 부처님오신날을 맞이하여 능사에서 여러 불교 행사를 개최하여 주변의 여러 사찰에서 물품을 보냈던 모양이다. 아마 자기사에서도 능사에 어떤 물건을 보냈을 것이다.

능사는 위덕왕의 아버지 성왕의 명복을 빌기 위해 세운 절이다. 위덕왕은 아버지 성왕이 자신 때문에 관산성에서 죽었다고 생각하여 평생 죄책감에 시달렸을 것이다. 그런데 그 업보는 거기서 끝나지 않았다. 위덕왕은 자신의 사랑스런 아들도 먼저 보냈다. 자신은 살아 있고 아버지와 아들은 유명을 달리했으니 그가 느꼈을 인간적 고통이 어떠했을지 짐작조차 하기 어렵다. 4월 7일 자기사에서 선물을 들고 능사로 간다. 선물을 가지고 가는 이는 자기사의 위덕왕 아들이고, 선물을 받아든 이는 능사의 위덕왕 아버지인 성왕이었다. 이승을 떠난 두 사람, 할아버지 성왕과 손주의 만남을 자기사 목간은 말해 주고 있다.

같은 곳에 태어나 전사한 백제의 아들을 위하여

백제 위덕왕은 관산성에서 죽은 아버지를 위해서 절을 지었고, 죽은 아들을 위해서도 절을 지었는데, 또 누군가를 위해 절을 지어야만 했다. 바로 관산성에서 죽은 백제 병사들의 원혼을 달래는 절이었다. 황산벌 싸움에서 죽은 신라의 장춘랑과 파랑이 태종무열왕의 꿈에 나타나 "우리들은 지난날 나라를 위해 몸을 바치고 지금 백골이 되었으나 소정방의 위세에 눌려 쫓겨 다니고 있습니다. 부디 임금께서는 저희에게 작은 힘을 보태 주소서"라고 하소연하였다. 이에 무열왕은 장의사를 지어 그들의 명복을 빌었다. 위덕왕도 마찬가지였을 것이다.

관산성 싸움에서 왕만 전사한 것이 아니었다. 최고 신료인 좌평 4명이 죽었고 군사 2만 9,600명이 전사하였다. 위덕왕은 아버지 성왕의 원혼을 달래고 명복을 빌기 위해 3년의 빈상殯喪을 치르고 능사를 건립하였다. 이를 통해 침체된 나라의 분위기를 안정시키고자 한 것이다.

그런데 성왕과 함께 죽은 신료와 군사들의 원혼을 달래는 것 또한 미룰 수 없는 일이었다. 여차하면 민심이 변하여 나라가 더 큰 혼란에 빠질 수 있기 때문이었다. 3만 명에 가까운 군사가 전사했다면 관련된 가족은 적어도 15만 명에 이르고 친인척까지 고려하면 몇십만 명에 이를 것이다. 왕에게 백성은 아들과 같다. 자기사의 '자'는 백제를 위해 죽어 간 백제의 백성, 왕의 아들들이었다. 그러니 자기사는 죽은 자신의 아들만이 아니라 전쟁에서 죽어 간 백제의 아들들의 명복을 빌기 위해 세운 절이 아니었을까?

관산성에서 죽은 성왕의 명복을 빌기 위해 세운 능사에 여러 절에서 물품을 보냈겠지만, 특히 관산성에서 죽은 병사들을 위해 세운 자기사에서 보낸 물품은 남달랐을 것이다. 자기사에서 선물을 갖고 온 이는 죽은 병사의 영혼이고, 그 선물을 받은 이는 성왕의 영혼이었다. 554년 관산성에서 유명을 달리한 성왕과 성왕의 병사들이 그날 능사에서 영혼으로 다시 만난 것이다.

능사에서 나온 목간 가운데 숙세결업 목간이 있다. 일반적인 해석(해석문 1)과 이를 참조한 필자의 해석(해석문 2, 3)을 제시하면 다음과 같다(참고로 이 장에서의 해석은 11장의 숙세결업 목간의 해석과 다르다. 연구자마다 해석이 다른 점 이해 바란다).

| 숙세결업 목간(부여 능산리사지 305호 목간) |

판독문

앞면

宿世結業 同生一處 是非相問 上拜白來

....

해석문 1

숙세에 업을 맺었기에 같은 곳에 함께 태어났으니, 시비를 서로 묻기를, 절을 올리며 사룁니다.

(권인한·김경호·윤선태 공동편집, 『한국 고대 문자 자료 연구(상)』, 주류성, 2015, 212쪽)

해석문 2(직역)

숙세에 맺은 업으로 한 곳에 같이 태어나서 시비를 묻겠는가? 절 올리고 아룁니다.

오랜 세월 맺은 업으로 같이 이 땅 백제에 태어나서 (나라를
위한 관산성 싸움에서 모두 죽었지만 이 또한 업인걸) 서로 옳고
그름을 물어 무엇 하겠습니까. 부처님께 절 올리고 귀의합니다.

| 그림 14-4 | **숙세결업 목간**
관산성 전투로 목숨을 잃은
백제의 아들들의 명복을
빌었던 목간일 수도 있다.

"숙세에 맺은 업으로 한 곳에 같이 태어
났다"는 뜻의 "숙세결업宿世結業 동생일처同
生一處"는 연구자마다 해석이 비슷하다. "시
비상문是非相問"도 '옳고 그름을 서로 물어
서' 또는 '시비를 서로 물어' 또는 '시비가
분명하게 서로 보내며' 등 대부분 "시비를
서로 묻는다"로 해석하고 있다. "상배백래
上拜白來"는 정식 한문투가 아니라 뜻이 명
확하지 않은데, 배拜와 백白에 주목하여 '절
하고(예를 갖추고) 아뢴다'는 내용을 담아 해
석하고 있다.

그런데 "시비상문"을 "시비를 서로 묻
는다"로 해석하면 숙세결업 목간의 전체
맥락과 어울리지 않는다. 그래서 이 부분
을 평서문이 아니라 "잘잘못을 서로 묻겠는
가?"처럼 의문반어형으로 해석해 보면 어떨

까? 특히 해석문 3은 반어법으로 해석하게 된 역사적 배경을 염두에 두고 의역해 본 것이다. 처음 시도해 보는 해석이지만 이렇게 해석한 것은 능사라는 절의 특수성을 감안한 것이다. 능사에서 성왕에 대한 명복을 빌 때 성왕에 대한 명복만 빌지는 않았을 것이다. 관산성 전투 때 죽은 귀족들과 수만 명의 병사들 명복도 빌었을 것이다. 그때 영혼들끼리 또는 그 가족들끼리 나누었을 대화가 바로 숙세결업 목간의 내용과 같은 것이 아니었을까?

자식을 위한 절의 불상, 태안 마애삼존불

자慈는 자식에 대한 부모의 사랑을 말하고, 효孝는 부모에 대한 자식의 사랑을 말한다. 백제의 성왕은 신라와 최전선에서 싸우고 있는 아들 창을 위로하기 위해 가던 도중 매복해 있던 신라군에게 죽임을 당한다. 이때 성왕이 창을 만나러 가면서 했던 말이 "부자다궐父慈多闕 자효희성子孝希成"이다. "아비의 자애로움에 모자람이 있으면 자식도 효를 이루기가 어렵다"는 뜻이다. 아비와 자식 간의 사랑은 일방적이 아니라 상호적이며, 특히 아버지가 자식을 어떻게 대하느냐에 따라 효도 거기에 따라온다는 뜻이다.

사람들은 절을 지으면서 소원을 빈다. 소원의 대부분은 가족의 건강과 명복이다. 부모가 자식의 건강을 기원하고, 자식이 부모의 건강과 명복을 비는 것은 자연스런 업의 결과일 수도 있겠지만,

부모가 자식의 명복을 빌기 위해 짓는 절은 그 의미가 남다르다. '자기사'란 절도 부모가 자식의 명복을 빌 수밖에 없는 기막힌 상황을 맞이하여 지은 절이기 때문에 붙여진 특별한 이름으로 보인다. 자기사가 죽은 아들을 위해 지은 절이라면 자식의 건강을 위해 지은 절과 불상도 많았을 것이다.

태안 마애삼존불에 대한 해석에서 두 부처가 어떤 부처이고 중앙의 보살이 봉보주보살인가 미륵보살인가, 아니면 또 다른 보살인가가 중심이 되겠지만, 왜 가운데에 보살을 배치했는가라는 문제도 빼놓을 수 없다. 왜 굳이 보살을 중앙에 놓고 부처를 양옆에 두는 구도를 택했느냐가 태안의 마애삼존불을 이해하는 핵심 포인트가 될 것이다.

나란히 서 있는 두 부처 사이에 있는 보살, 이 구도는 부모가 아이를 데리고 가는 구도와 비슷하다. 다보불과 석가불의 경우, 돌아가신 아버지·어머니를 위해 조성한 사례가 있다. 이 두 부처가 부모를 상징하는 경우가 많다면 두 부처 사이에 있는 보살을 아이라고 자연스럽게 유추하게 된다. 부모가 자식의 건강을 위해, 혹은 자식이 먼저 죽었을 경우 자식의 명복을 빌기 위해 중앙에 보살을 배치한 보살삼존불을 만들었을 가능성도 있다.

특히 왕자가 죽었을 경우, 왕과 왕비가 국가적 차원에서 이러한 불상을 만들었을 수도 있다. 다음 왕위를 이어 갈 왕자의 죽음은 왕과 왕비뿐 아니라 온 나라의 슬픔이었다. 위덕왕은 왕비와 함께 절을 세워 아들의 명복을 빌었고, 아마도 다른 곳에 아들의

| 그림 14-5 | **태안 마애삼존불입상**
두 부처 사이에 보살이 있는 모습은 부모가 아이를 데리고 가는 구도와 비슷하다. 부모가 자식의 건강을 위해, 또는 자식이 먼저 죽었을 경우 자식의 명복을 빌기 위해 중앙에 보살을 배치한 것은 아니었을까 추측해 본다.

명복을 비는 불상도 만들었을 것이다. 그 가운데 하나가 태안 마애삼존불일 수도 있다. 또한 자기사에서 불상을 만들었다면 태안 마애삼존불처럼 마치 부모가 자식을 보호해 주는 듯한 보살삼존불 형상으로 만들었을 것이다.

능사에서의 만남

능사에서 발견된 아들 자子가 들어간 '자기사'라는 절 이름은 인생의 모든 고뇌를 함축하고 있다. '자기'는 '아들의 터', 곧 아들을 위한 절이거나 아들이 터를 놓은 부모를 위한 절일 가능성도 있지만 전자일 가능성이 높다. 아들을 위한 절일 경우, 죽은 왕자를 위한 절이었거나 전쟁터에서 전사한 병사들의 원혼을 달래기 위한 절이었을 것이다.

죽은 왕자이든 전사한 병사이든 이들은 부모와 자식으로 연결되었다. 숙세의 업에 따라 세상일이 돌아간다고 하지만 자식을 먼저 보낸 부모의 심정은 그 무엇으로도 위로받을 수 없다. 자식을 먼저 보낸 부모가 한둘이 아니겠고 자식을 위해 지은 절이 한두 개가 아니겠지만, 절 이름에 아들 자子자까지 붙인 것은 평생 자식의 죽음이 자신 때문이라는 부모의 한이 더해진 것은 아닐까?

위덕왕은 자신을 만나러 오다가 매복에 걸려 죽은 아버지 성왕과, 자신보다 먼저 죽은 자식의 주검을 봐야 했다. 능사는 위덕왕이 지은 절로 죽은 아버지의 명복을 빌기 위한 절이었고, 왕흥사는 위덕왕이 죽은 아들의 명복을 빌기 위한 절이었다.

자기사의 '자'는 부모에게는 자식이겠지만 왕에게는 백성의 의미까지 포함된다. 관산성에서 죽은 성왕과 함께 전사한 수만 명의 병사들은 백제의 백성이고 왕의 자식이기도 하다. 자기사는 그때 죽어 간 백제의 아들들의 명복을 비는 절이기도 했다.

어느 해 부처님 오신 4월 8일, 위덕왕은 아버지 성왕, 아들 왕자, 백제의 병사들이 능사에서 다정하게 만나는 모습을 꿈속에서나마 보았을까? 자기사! 숙세결업 동생일처! 삶과 죽음, 시비를 물어 무엇 하겠는가? 죽는 것은 이치에 따라 이르는 것이니 살아 있는 사람은 지나치게 슬퍼하지 말라!

조경철 연세대학교 사학과 객원교수

15

절에서 절로 소금을 보내다
— 송염 목간

능산리 절터에서 발견된 목간

'송염 목간(부여 능산리 304호 목간)'이 출토된 부여 능산리 절터
는 백제 사비 시대의 왕릉인 능산리고분과 연관된 왕실 사원(능
사)으로 여겨지는 곳이다. 1993년부터 시작된 발굴조사는 2002년
까지 진행되었는데, 2001년 능산리 절터 7차 발굴조사 과정에서
중문지 남서쪽 자연배수로층에서 많은 양의 목간이 출토되었다.
이 가운데 묵흔(먹물이 묻은 흔적)을 확인할 수 있는 목간은 총 30여
점이며, 목간 부스러기인 폐柿도 137점가량 발굴되었다. 이 목간
들의 사용 시기는 대체로 538년 사비 천도 이후부터 창왕명 사리
감 명문의 정해년, 즉 567년 이전으로 보인다. 왕실 사원인 능산
리 절터에서 발굴된 각종 목간들은 6세기 중반 백제 사회와 종교

생활의 다양한 모습을 생생하게 담고 있다.

여러 목간 중에는 이 절의 건립과 운영 과정에서 사용한 것으로 볼 만한 목간들도 있는데, 그 가운데 '보희사寶憙寺'라는 절의 이름과 함께 '송염送塩'이라는 글자가 쓰인 목간이 있다. 목간 윗부분은 손상 없이 온전하지만 아랫부분은 파손되었다. 목간의 크기는 길이 12.7cm, 너비 3.6cm, 두께 0.4cm이다. 앞뒤 양면에 묵서가 있는데, 앞뒷면 글의 방향이 서로 반대이다. 전체적으로 글씨가 고르고 유려하며 앞면의 행서와 뒷면의 초서 모두 능숙하게 보인다. 발굴조사단의 최초 판독문 이후 여러 연구자에 의해 수정된 판독문을 종합하면 다음과 같다.

| **송염 목간(보희사 묵서명 목간, 부여 능산리사지 304호 목간)**

판독문

앞면　四月七日寶憙寺 智眞… 乘…

뒷면　…又 送塩 二石

해석문

앞면　4월 7일 보희사 지진… 승…

뒷면　…또 소금 2섬을 보낸다.

판독 과정에서 논란이 된 글자는 2자 정도이고 나머지는 무난

앞면

뒷면

| 그림 15-1 | **송염 목간 실물과 적외선 사진**

목간 뒷면에는 소금을 보낸다는 의미의 '送塩'자가 비교적 뚜렷하게 보인다.

히 읽힌다. 시기를 뜻하는 '4월 7일'과 절 이름을 뜻하는 '보희사', 소금을 보낸다는 의미의 '송염'은 글자가 비교적 뚜렷하다.

그동안 많은 사람이 가장 관심을 가진 글자는 '보희사'로, 이 이름은 새롭게 확인된 백제 당시의 절 이름이다. 그리고 '4월 7일'이라는 부처님오신날(음력 사월 초파일) 즈음의 날짜가 절 이름과 함께 기록되어 있어서 이 목간을 부처님오신날 행사와 관련 있는 것으로 보고 있다. 즉, 부처님오신날 행사에 참석하기 위해 4월 7일 보희사에서 이곳 능산리에 온 승려에게 왕실 사원 측에서 행사 후 답례품으로 소금을 주었다는 해석이다. 그러나 해석대로 보희사로 소금을 주면서 이 목간을 함께 보내려고 '송염'이란 글을 썼다면, 능산리에 이 자료가 남아 있는 상황을 설명하기가 그다지 매끄럽지 않다. 그렇다면 소금을 보냈다는 문자 기록이 능산리 절터에 남겨져 있던 이유는 무엇일까?

소금은 누가 어떤 방식으로 생산했을까

소금은 인간이 생존하는 데 반드시 필요한 물질이다. 농경 사회 진입 이후 육류 섭취 비중이 낮아지면서 세계 각지의 인류는 각자가 처한 자연환경에 맞는 소금 생산 기술을 개발하고자 노력하였다. 오늘날에는 소금이 주변에서 흔히 볼 수 있는 저렴한 물품이지만 고대에는 황금에 견줄 만큼 아주 귀중한 상품이었다. 소금의 한자 표기인 '염鹽'은 소금 결정을 형상화한 로鹵를 소금 그릇〔皿〕위에 놓고 신하〔臣〕가 소금을 지키면서 소유를 분명하게 표시하기 위해 소금에 깃발을 꽂아 놓은 것을 표현한 글자이다.

과거 소금은 극히 제한적으로만 생산되었기에 매우 가치가 있었다. 그 때문에 언제나 국가 권력의 통제 아래 있었고, 전근대 사회에서는 국가 권력 외에는 세도가 또는 큰 규모의 사원만이 소금을 생산하고 관리할 수 있었다. 소금이 대중화된 것은 일반적으로 18세기 이후로 본다. 수요에 비해 늘 공급이 부족하여 얻을 수 있는 소금의 양은 권력과 정비례하였다. 이러한 상황은 서양의 경우에도 비슷해서 소금을 생산할 수 있는 염전은 왕실에서 소유하고 있었으며, 그 관리는 왕실을 대신하여 수도원에서 맡았다.

오늘날 우리는 바닷가 염전에서 뜨거운 햇볕과 바람을 이용해 천일염天日鹽을 생산하는 것이 우리나라 전통의 소금 생산 방식으로 알고 있다. 그러나 천일염은 타이완의 전통적인 소금 생산 방식으로, 1909년 일제가 우리나라에 도입한 것이다. 그 이전까지는 불을 피워 소금을 만드는 방식으로 자염煮鹽을 생산하였다. 자염이란 '소금을 굽는다'는 뜻을 가진 한자식 표현이다. 중국은 암염岩鹽·해염海鹽·정염井鹽 등 다양한 형태의 소금을 생산하는 데 비해, 우리나라는 바닷물을 끓여서 소금을 생산하는 방식을 주로 이용하였다. 바닷물을 농축하여 노수(소금에서 녹아 나오는 짜고 쓴 물)와 염분이 급속히 농축된 바닷물을 만든 다음, 이를 다시 토분이나 철분에 옮겨 가열하여 소금을 만드는 것이다. 이 방법은 일제강점기에 천일 제염법이 들어오기 전까지 널리 쓰였으나, 생산 원가가 더 싼 천일염법으로 급속히 대체되어 현재는 자취를 감추었다. 이러한 전통 방식으로 소금을 만든다고 할 때 소요되는 노동력과 작업 과정의 고됨은 이루 말로 다할 수 없었다. 소금 생산 기술이 나라마다 조금씩 다르다 해도 고된 노동이 요구된다는 사실은 공통되었다.

전통적인 소금 생산 방식은 인력뿐 아니라 연료비를 포함한 비용 역시 막대하였다. 염수의 비등점은 108℃로, 순수한 물보다 8℃나 높아 연료의 양과 연료비가 엄청나게 많이 든다. 이처럼 소금 생산에 소비되는 땔감의 양이 매우 많았기 때문에 연료 확보의 용이성이 무엇보다 중요했다. 다른 나라에서는 석탄을 활용하기도 했지만, 우리나라는 목재만을 사용하였다. 소금 생산에서 가장 선호되는 수종은 소나무였다. 소나무의 화력이 탁월하기 때문이다. 송진을 함유하고 있어 화력이 뛰어날 뿐 아니라 연소가 잘되며, 재가 날리지 않고 오랫동안 타기 때문에 시간이 오래 걸리는 제염 작업에 이상적인 수종이다. 그러나 건축재, 특히 선박 재료로 선호되는 소나무를 지속적으로 공급하기란 쉬운 일이 아니었다. 주요 설비를 갖추고 설비 사용료와 연료 등을 계속 감당하면서 소금을 생산하는 것은 아무나 할 수 있는 일이 아니었다.

우리나라에서는 누가 어떻게 소금을 만들었는지에 대한 기록이 없다. 다만 소금을 유통하는 사람에 대한 이야기가 전하는데, 『삼국사기』를 보면 소금 장수 을불乙弗은 훗날 고구려 제15대 미천왕(재위 300~331)이 된다. 서천왕(재위 270~292)의 손자인 미천왕은 삼촌인 봉상왕(재위 292~300)의 박해를 피해 자신의 신분을 숨기고 소금 장수를 하다가 봉상왕의 악행에 지친 국상 창조리倉租利로 대표되는 나라 사람들에 의해 왕으로 옹립되었다고 한다.

비슷한 시기 신라에는 당시 사람들이 소금 만드는 사람들을 어떻게 인식했는지를 알 수 있는 이야기가 전한다. 신라의 제10대 왕인 내해왕(재위 196~230)의 아들, 석우로昔于老 장군이 253년 신라를 방문한 왜국 사신 갈나고葛那古에게 "조만간 너희 왕을 소금 만드는 노예로 삼고, 왕비를 밥 짓는 여인으로 삼겠다"고 말하자, 이 말을 전해 들은 왜왕이 분노해 당장 쳐들어왔다고 한다. 왜왕을 소금 만드는 노예로 삼겠다는 말은 매우 심한 모욕이었던 것이다. 석우로가 활동하던 3세기에는 이미 소금 생산에 투입된 노예가 있었는데, 고대 사회에서 소금을 만드는 일은 노예가 할 만큼 엄청나게 고된 노역이었음을 말해 준다.

『삼국지』「위지 동이전」을 보면 고구려가 소금을 해안 지방에서 운반해 온 기록이 있다. 이와 관련해 북한 『노동신문』「조선중앙통신」(2014년 7월 5일자 5면)에 실린 고구려의 소금 생산 기사를 소개한다. 이 기사에 따르면 평안남도 온천군 원읍 노동지구에서 북한 최초로 고구려 소금 생산 유적이 발견되었다고 한다. 해안 지역에 위치한 이 유적은 돌과 벽돌로 축조된 구조물인 아궁이 시설과 연소실, 내굴길(연도) 시설로 구성되어 있다. 검은색 재가 두텁게 깔린 웅덩이 시설은 바닷물을 끌어들일 수 있는 도랑과 연결되어 있었는데, 함께 발견된 질그릇과 벽돌들이 4세기 중엽에 해당하는 유물로 밝혀졌다고 한다. 유적 주변 지층의 염도가 매우 높고, 두터운 재층이 깔려 있으며, 바닷물을 끌어들이는 도랑이 형성된 것은 이 유적이 당시 바닷물을 농축하여 쇠가마에 끓이는 방식으로 소금을 생산하였음을 보여 준다. 그동안 잘 알려지지 않았던 우리나라 고대 소금 생산 방식을 고고학적으로 밝혀 주는 성과이자, 8세기 이후 바닷물을 농축해 쇠가마로 끓이는 소금 생산 방식을 이용했던 일본과 우리가 같은 계통이라는 것을 말해 주는 사례라 할 것이다.

우리나라에는 소금 운송 기록이 거의 없다. 상대적으로 일본에는 소금에 대한 문자 기록이 많은데, 그 내용은 누가 얼마만큼의 소금을 바쳤다는 식의 단편적인 기록이 대부분이다. 그 조각들을 모으면 어렴풋하게나마 당시 소금 생산과 유통의 모습을 그려 볼 수 있다. 고대 일본에서 소금을 생산하던 주체는 서양과 마찬가지로 국가 권력과 귀족, 그리고 유력한 대형 사원이었다. 당시 도다이지東大寺·사이다이지西大寺 등의 큰 절들은 시오하마鹽浜·시오야마鹽山·시오키야마鹽木山라는 소금과 관련 있는 광대한 토지들을 소유하고 있었다. 시오하마는 소금 생산을 위한 소금밭이고, 시오야마·시오키야마는 소금 생산을 위한 연료 공급용 산지이다. 이러한 토지를 소유하고 있었다는 것은 그만큼 대규모의 소금 생산을 사원이 담당하고 있었다는 것을 의미한다.

당시 대형 사원의 토지 소유 형태는 〈누가타지額田寺 가람·조리도條理圖〉에 잘 나타나 있다. 이 그림은 절이 소유한 사역 안에

| 그림 15-2 | 〈누가타지 가람·조리도〉

대형 사원의 토지 소유 형태를 알 수 있는 그림이다.

| 그림 15-3 | 〈누가타지 가람·조리도〉 복원도

절이 소유한 사역 안에 들어가는 도로와 하천, 고분을 다양한 색상으로 그려 넣고 지명과 각 토지의 소속 관계를 자세히 기록해 놓았다.

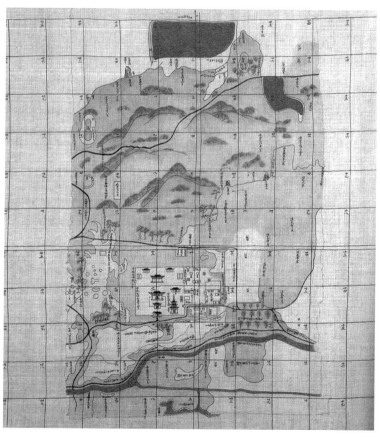

들어가는 도로와 하천, 고분을 다양한 색상으로 그려 넣고 지명과 각 토지의 소속 관계를 자세히 기록해 놓았다. 8세기 후반이지만 대토지를 소유하고 있던 대형 사원이 자신이 소유한 광대한 사역 안에 있던 각종 땅의 소유를 상세히 기록하고 이용 방법과 현상 변화까지 종합적으로 관리하고 있었음을 보여 준다.

일본과 달리 우리나라에는 절에서 소금을 어떻게 생산하고, 염전을 어떻게 관리했는지를 구체적으로 보여 주는 문헌 자료가 거의 없다. 다만 후대의 자료이긴 하나 『고려사』를 보면 대토지를 소유한 절의 경우, 보유한 토지 목록 중에 염전鹽田과 염분鹽盆이라는 표현이 등장한다. 또 13세기 초의 자료인 송광사松廣寺 소장 고문서 '국사당시대중급유지비國師當時大衆及維持費'에 따르면, 당시 왕의 안녕을 기원하기 위해 보성군의 염전 7곳과 승평군의 염전 6곳을 수선사修禪社에 시납하였다는 기록이 있다. 이를 통해 절에서 염전을 소유하게 된 정황을 짐작할 수 있다.

재미있는 것은 우리나라 사원 중에 소금 생산으로 매년 큰돈을 벌어들인 절이 있었다는 사실이다. 신라 말~고려 초 사원인 전남 곡성에 위치한 동리산 태안사泰安寺가 그곳이다. 절의 재산 목록에 논밭·노비와 함께 두원지荳原地라는 곳에 있는 염분 43결을 가지고 있었다(「대안사적인선사조륜청정탑비」, 872)고 하는데, 이 절에서 생산한 소금을 민간에도 판매하여 경제적 이익을 크게 올렸다는 기록이 있어서 눈길을 끈다.

시간을 거슬러 우리나라 사원의 소금 생산 유래에 대해 좀 더 추정해 볼 수 있는 이야기가 태안사가 있는 곡성과 멀지 않은 고창 지역에 전하고 있다. 백제 위덕왕 때 선운사의 검단선사黔丹禪師라는 스님이 인근 마을에 들끓던 도적들을 개과천선케 하고자 소금 제조법을 가르쳐 생업으로 삼게 하고, 대신 생산한 소금을 절에 바치도록 명하였다는 보은염報恩鹽 설화이다. 이로 인해 이 마을을 '검당黔堂 마을'이라고 부르게 되었다고 한다.

이 설화는 『신증동국여지승람新增東國輿地勝覽』을 비롯하여 이 지역 관련 각종 지지서地誌書에 빠지지 않고 등장한다. 특히 1707년(숙종 33)에 쓰인 「도솔산선운사창수승적기兜率山禪雲寺創修勝蹟記」에는 설화 속에 등장한 검단선사가 실존 인물로 기록되어 있으며, 해안가 마을에서 생산한 소금을 산사로 수송한다는 내용도 함께 실려 있다.

설화에서 말하는 염정鹽井의 위치에 대해서는 현재 전라북도 줄포만 주변 옛 무장현(현재 전북 고창군 무장면) 검당 지역으로 추정하고 있다. 이곳에서는 몇 년 전까지만 해도 마을 사람들이 스님의 은혜에 보답하기 위해 매년 봄과 가을 두 차례 선운사에 소금을 두 가마씩 바쳤다. 또한 2009년에는 고창군이 이 지역에 전승되고 있는 '보은염 이운 행사'를 문화 축제로 기획하여 운영했다. 사실 조선 시대 선운사에는 인근 사원을 관할하던 총섭總攝(승통僧統)이 주재하였는데, 그러한 이유에서인지 이 절에서 사용하는 소금을 주변 마을에서 지속적으로 공급받았다고 한다.

사원에서는 어떻게 소금을 소비하고 유통했을까

본래 사원에서는 소금을 다양한 방식으로 소비해 왔다. 음식을 만드는 데 필요한 일반적인 용도 말고도 부처님께 올리는 공양물로 사용한다. 물론 소금은 부처님뿐 아니라 종묘의례 등 국가 제의에도 제물로 올라간다. 이는『주례』에 근거한 것으로, 이때의 소금은 귀한 제물 중 하나이다.

한편 목재 건축물이 대부분인 우리나라 절에서는 전통적으로 소금이 화재를 막는 역할을 한다고 여겨 소금 단지를 사찰 경내에 묻거나 전각에 올려 두는 특이한 풍속이 있었다. 해인사·통도사 등의 큰 절은 지금도 주요 건물에 소금단지를 올리거나 묻는 의례를 지내며, 특히 새 소금을 부처님께 올리면서 각 가정의 화재를 예방하는 의미로 신도들에게도 조금씩 나누어 주는 풍속이 남아 있다.

고대 사회는 유통 경제가 발달하지 못했기 때문에 왕실이나 기관은 필요한 물품을 직접 거두어들이는 경우가 많았다. 이에 따라 고대 도성 주변에서 발굴된 목간 중에는 식품, 공예품, 각종 섬유제품에 붙이는 꼬리표 목간 형태가 많다. 이는 물품을 보낸 사람의 책임을 명확히 하기 위해 부착한 표지가 되곤 한다. 고대 도성 주변의 사원은 이처럼 다양한 물품이 모여드는 곳으로, 대형 사원일수록 사원 안에 큰 창고를 두고 다양한 물품을 체계적으로 보관하고 관리하면서 사원 간에 유통하였다.

우리나라에서는 고대 사원 창고의 설치와 운영이 구체적으로 밝혀진 적이 없지만, 일본에서는 많은 사례가 알려져 있다. 나라 시대 대형 사원 안에 다수의 창고를 줄지어 설치했다는 기록도 있다. 그중에서 가장 잘 알려진 사례 중 하나가 쇼소인正倉院이다. 이는 도다이지東大寺라는 대형 사원에 딸린 창고인데, 그 안에 그릇·서적·그림·악기·약품·섬유 제품 등 현재까지도 수많은 물품과 문화재가 보관되어 있다.

이 외에도 일본 아스카飛鳥 지역에서 발견된 목간 중에는 사원의 창고·자재 관리와 관련된 내용이 꽤 많다. 아스카 지역은 592년 스이코推古 천황이 도유라노미야豊浦宮에서 즉위한 후 710년에 겐메이元明 천황이 후지와라쿄藤原京에서 헤이조쿄平城京로 천도할 때까지 120년간의 수도로, 일본에서 가장 오래된 사원인 아스카데라飛鳥寺가 위치하고 있다. 그래서인지 아스카 북쪽 지구에서 출토된 목간 중에는 절에서 사용된 다양한 물품과 함께 사원의 자재 관리에 대한 자료도 섞여서 나왔다. 경전經典, 각종 약재〔藥物〕, 기름〔油〕, 섬유 제품, 화폐, 식료품이 기록된 목간이 많았는데, 그중 대다수는 삼보三寶(불佛·법法·승僧)에 바치는 공양물로 사용된 물품의 꼬리표였다.

국가적 사경寫經(후세에 전하거나 공덕을 쌓기 위해 경문을 베끼는 것) 사업이 진행되었던 중심 사원 중 하나였던 아스카데라의 경우, 경전 사업을 총괄하면서 지역 전체 사원의 자산과 인원 관리를 담당하게 되었는데 그때 많은 양의 목간이 작성·사용되고 폐기되었던

것이다. 발견된 목간 중에는 가루데라
輕寺를 포함한 야마토 국내에 있는 중
소 사원 12개의 이름을 이어서 쓴 '가
루데라 목간'도 있는데, 이것은 아스
카 지역 사원 간에 긴밀한 네트워크가
있었음을 말해 주는 자료로 이해되고
있다.

| 그림 15-4 | **가루데라 목간**
가루데라 이하 야마토 국내에 있는
중소 사원 12개의 이름을 이어서
쓴 목간으로, 아스카 지역 사원 간
에 긴밀한 네트워크가 있었음을 보
여 준다.

사원을 중심으로 하는 불교 집단
은 비교적 큰 규모의 공동소비를 일상
적으로 하기 때문에 어느 정도 경제
공동체적 성격을 가지고 있다. 따라서
사원 간에 자연스럽게 물품 이동 네
트워크가 형성되었다. 더구나 큰 사
원은 각종 물품과 공양물이 모이는 곳
으로, 단순한 식량이나 일상용품뿐만
아니라 민간에서는 일반적으로 사용하지 않는 종교적 의미를 띠
는 특수한 물품을 보관하였다. 예를 들어 승려에게 필요한 가사나
고급 사치품, 불교 의례에 필요한 의식용 물품, 사원 건축이나 보
수 정비에 필요한 각종 시설 물품들이다. 따라서 절과 절 사이에
는 이러한 물품들을 주고받을 수 있는 나름의 특수한 운송 체계가
있었을 것으로 생각된다.

아울러 부여 능산리에서 송염 목간과 함께 출토된 자기사子基寺

목간의 경우, 상단에 잘록한 부분이 있는 것으로 보아 대부분 물품에 부착되어 함께 운송된 꼬리표 목간으로 보는데, 이런 형태의 목간이 왕실 원찰인 능산리 절터에서 출토되었다는 것은 자기사라는 절에서 무엇인가 능산리 절에 소용되는 물품을 보냈다는 것을 의미한다. 아마도 주변에 있는 많은 절에서 이 절에 물품을 보냈기 때문에, 물품을 수합하거나 사용하고 나서 꼬리표 목간은 폐기하였을 것이다.

다만 이 꼬리표 목간과 함께 운송된 물품이 소금은 아니었을 것 같다. 고대에 소금의 보관과 운송은 매우 까다로웠기 때문이다. 현대의 소금과 달리 고대의 소금은 간수가 많이 포함되어 있어서 공기에 노출되면 공기 중의 수분을 즉각 흡수하여 녹아 버렸다. 보관과 운송 중에 조금이라도 덜 녹게 하기 위해 생산 단계에서 좀 더 구워 단단하게 하거나 졸여서 염도를 더 높이기도 하였는데, 이것 역시 고급 생산 기술이었다.

일반적으로 소금은 삼태기[籠]와 가마니로 운반했을 것으로 보지만, 그중에서도 정말 특수한 용도의 고급 소금은 습기를 막기 위해 토기 등 1차 용기에 담고 다시 2차 포장을 한 후 운송하였을 것으로 추정되기 때문에 일반적인 형태의 꼬리표 목간을 사용하지 않았을 수 있다. 이러한 고급 소금의 운송에 쓰인 목간이 정확히 어떤 형태인지 알 수는 없지만, 부러지기 전 원래의 송염 목간은 일반적인 꼬리표 목간과는 다른 모양이었을 것으로 생각된다.

우리나라 최고의 소금 생산 지역,
서산·태안과 보희사

우리나라의 지형은 삼면이 해안으로 되어 있어 연료 문제만 해결되면 기본적으로 전국 어디서나 소금 생산이 가능하다. 소금 생산 통계가 처음 시작된 일제강점기 통계에 따르면 1908년 조선의 전통 제염소는 3,962개소였는데, 그 가운데 주요 소금 산지는 한반도의 서해안에 집중되어 있었다. 조수간만의 차가 크고 넓은 갯벌을 가진 서해안이 높은 염도의 노수를 얻기에 적합하였기 때문이다.

일찍이 서산·태안 지역은 전라도 변산반도, 경기도 남양만과 더불어 우리나라 소금의 3대 산지로서, 이미 조선 시대부터 가장 많은 양의 소금을 생산하던 곳이자 임진왜란 당시 재정 위기 극복을 위해 왕실에서 가장 먼저 염업 대상지로 거론한 곳이다. 소금 생산에서 중요한 염전의 기본적 입지 조건이 뛰어난 곳이기 때문이다. 조수간만의 차이가 매우 크고 간석지가 넓게 발달해 있어 염전 조성이 편리하고, 주위 해변가에 소나무 등 땔감이 풍부하여 연료 조달이 편리하였으며, 대단위 소비시장과 인접하여 판매에도 유리한 조건을 가졌다. 이러한 이유로 영조 시대 계속된 흉년에 대비하여 진휼 자원을 확보하는 방안을 강구할 때에도 왕실 재정을 확충하기 위한 소금 생산지로 가장 우선적으로 논의되었다.

이 지역에 살았던 토정土亭 이지함李之菡은, 서산과 태안은 소금의 이익을 통해 "한 나라〔一國〕의 경비를 마련할 수 있을 정도"라고 하였다. 그뿐만 아니라 이 지역은 다른 지역에 비해 소금 생산에 탁월한 여건을 지닌 곳으로 평가되어, 조선 시대 서산·태안의 염분 1좌당 염세鹽稅 수세액 역시 다른 지역보다 높았다. 다른 지역이 염전을 가꾸는 데 소를 이용하는 데 반해 이 지역은 우경牛耕이 반드시 필요하지 않다는 기록도 이 지역의 여건을 뒷받침한다.

더욱이 서산 출신 한여현韓汝賢이 광해군 11년(1619)에 기록한 서산군 읍지인 『호산록湖山錄』에 따르면, 다른 지역과 달리 서산은 계절과 날씨에 관계없이 여름과 겨울철에도 소금 생산이 가능한 특수한 곳이라고 한다. 그는 소금 생산 방식에 관해 눈비가 오면 생산할 수 없는 경염耕鹽과 날씨와 상관없이 생산 가능한 정염井鹽으로 구분하고, 정염을 생산하는 곳으로 안면도와 대산大山 백사장을 지목하였다. 아직 이 지역에서 소금우물이 확인된 바는 없지만 소금 생산 능력에 대해 기술한 자료로서 주목된다.

이러한 서산·태안 지역 소금에 대한 평가는 구한말까지 계속되었다. 1910년에 간행된 『한국 수산지』에서는 우리나라 소금의 최대 산지인 전남 지역의 소금 품질이 서산·태안 생산품에 비해 확연히 떨어지고 판로도 점차 축소되고 있다면서, 우리나라 최고의 소금으로 이 지역 소금을 들고 있다.

사실 서산·태안 지역은 일찍부터 백제의 중요한 교역 거점이자 불교 성지의 한 곳으로도 논의되어 왔다. 서산은 백제의 기군

基郡(충남 서산시의 백제 시대 이름)으로, 성대혜현省大兮縣(충남 태안군의 백제 시대 이름)과 지육현知六縣(백제 시대 충남 서산시 지곡면 일대에 설치되었던 현)이 속해 있었다고 『삼국사기』「지리지」는 전한다. 이곳에는 '백제의 미소'로 불리는 서산 마애삼존불이 위치하고 있으며, 중국과의 교역에 종사하는 사람들의 안전을 기원하기 위해 만든 것으로 알려진 태안 마애삼존불도 가까이 있다. 근방에 백제 사비 시대 불상이 발견된 보원사지가 있고, 가야산을 넘으면 바로 예산~청양을 거쳐 수도인 부여로 연결된다는 점에서 백제 불교에서 중요한 루트상에 위치하였다고 할 수 있다.

목간에 기록된 보희사와 관련하여 그동안의 연구에서는 보희사가 7세기 당시 부여 능산리 사원과 비교적 가까운 지역에 위치하였고, 국내에서 가장 오래된 찬술 경전인 『대승사론현의기大乘四論玄義記』에 처음 등장하는 백제 시대 명칭을 정확히 알 수 있는 절 이름이라고 하였다. 『대승사론현의기』의 보희사와 목간에 나오는 보희사가 별개의 사원일 수도 있으나, 현재까지 알려진 중국과 일본의 문헌에서 보희사라는 용어가 전혀 나타나지 않았고, '보희寶憙'가 일반적인 불교 용어도 아니기 때문에 다른 지역에 같은 이름을 가진 사원이 있었을 가능성은 희박해 보인다.

따라서 두 곳에 등장하는 보희사를 동일한 백제 절의 명칭으로 이해한다면 보희사가 위치한 곳은 부여 인근에서 소금 생산지로 유명한 서산·태안 지역을 그 후보로 상정해 볼 수 있다. 목간에 등장하는 보희사가 소금을 직접 생산하거나 체계적으로 감독·감리하여 그중 가장 좋은 소금을 부여에 위치한 큰 절에 공양했을 가능성에 대해서 생각해 볼 필요가 있다. 이른 시기에 건립된 사원 중에는 많은 경우 교역로상에 위치한다는 점에서 소금 생산과 유통에서 유리한 서산·태안 지역에 절이 위치했을 가능성이 있다.

한편 목간에 기록된 4월(음력 4월, 양력으로 5월)이라는 시기에 대해서 부처님오신날(음력 4월 8일)과 연관 짓는 해석이 일반적이다. 그러나 이때는 1년 중 소금 생산이 가장 잘되는 시기이기도 하다. 양력 5월은 가장 질 좋은 소금이 생산되는 동시에, 이 시기의 생산량이 연간 소금 생산량의 대부분을 결정짓는다는 것도 참고할 필요가 있다. 초파일에 부처님께 가장 좋은 품질의 소금을 준비하여 큰 절에 보내는 것은 소금이 생산되는 지역에 있는 스님으로서는 당연히 해야 할 일이 아니었을까? 종교인으로서 연중 가장 큰 종교 행사일에 정성껏 준비한 물품을 차려 놓고 초월적 존재와 소통하는 일은 모든 종교의 공통된 소통 방식일 것이다.

송염 목간에는 어떤 의미가 담겨 있나

부여 능산리에서 '송염 목간'이 발견될 때 함께 나온 자료 중에 '자기사 목간'이 있는데, 이 목간들은 각각 백제에 '보희사'와 '자기사'라는 사원이 있었다는 사실을 말해 준다. 백제 시대 사원 중 당대의 명칭을 알 수 있는 사례가 많지 않은 만큼 이 목간들은 백제 불교사를 밝히는 데 중요한 자료라 할 것이다. 또한 이 목간들을 통해 보희사와 자기사가 각각 목간이 발견된 능산리에 있던 큰 절과 인적·물적으로 교류했음을 알 수 있다.

나아가 목간에 기록된 '송염', 즉 '소금을 보낸다'는 표현에 주목하여 소금과 관련된 여러 가지 기록을 정리해 보았다. 지금까지 조사된 백제 목간에는 다양한 물품의 이름과 그 물품의 이동을 추정할 수 있는 기록이 남아 있으나 소금에 대한 기록은 이 자료가 유일하다. 따라서 이 목간은 백제의 소금을 증명하는 매우 의미 있는 자료로 평가할 수 있다.

목간뿐 아니라 문헌 기록이나 금석문에서도 우리나라 소금에 대한 기록은 매우 드물다. 과거에도 소금은 일상생활에서 흔히 접하는 물품이었지만, 너무나 일상적인 소재이기 때문인지 기록을 특별히 남겨 놓지는 않았던 것 같다.

그동안 학계에서 우리나라 소금에 대해 관심이 많지 않았던 데에는 관련된 고고학적인 직접 자료가 많지 않았던 것도 한 원인이었을 것이다. 고대의 소금에 대한 자료와 연구 성과가 많지 않다 보니 백제 소금에 관해 구체적인 사실을 이야기하기 어려웠다. 하지만 비슷한 시기 일본의 경우를 염두에 두면 백제에서도 소금을 생산하고 유통하는 체제에 나라에서 관리하는 대형 사원이 동원되었을 가능성이 있다. 더욱이 최근에 3세기 대로 편년되는 인천 운남동 유적과 4세기로 추정되는 당진 복운리 유적을 제염 유적으로 보는 등 제염 관련 제의용 토기와 전통 제염장의 흔적을 찾는 노력이 계속되고 있어, 앞으로 백제 소금의 생산과 유통에 대해 더 진전된 이야기가 나올 것으로 기대한다.

윤수희 한성백제박물관 학예연구사

16

백제 도교의 표상
— 오석 목간과 삼귀 목간

백제인의 정신세계를 엿볼 수 있는 도교 목간

다른 시대와 비교할 때 유독 사료 부족으로 어려움을 겪고 있는 백제사 연구에서 목간 자료들은 오뉴월 가뭄에 내리는 단비와도 같다. 현재까지 발견된 목간 자료들은 정치·경제·사회·문화 등 백제 사회의 다양한 측면을 살필 수 있는 긴요한 기재로 활용되고 있는데, 백제인의 정신세계를 알 수 있는 물질 자료로서도 주목된다.

백제인의 정신세계, 즉 사상 체계는 토착신앙 외에도 유교·불교·도교 등 외래적 측면에서 살펴볼 수 있다. 이 가운데 유교나 불교 못지않게 백제인의 삶에 밀착되어 영향을 끼쳤던 것이 도교 사상이었다. 백제의 목간 중에서도 이러한 도교의 흔적을 살필 수 있는 것들이 있는데, 그 대표적인 것이 '오석五石 목간'과 '삼귀三貴 목간'이다. 이외에 나주 복암리에서 발견된 태극문과 동심원문이 그려져 있는 목제 유물 등을 통해서도 도교의 영향을 엿볼 수 있다.

오석 목간

2010년 4월 부여읍 쌍북리 173-8번지 '119 안전센터' 건립 예정 지역에서 묵서 다섯 글자가 확인되는 백제 사비 시대 목간이 발견되었다. 이 목간은 다섯 글자 중 처음 두 글자가 '오석五石'으로 판독되어 '오석 목간'으로 불린다. 목간이 발견된 이 일대는 금강의 범람이 잦은 습지 지역이라 폐기된 목간이 펄에 묻혀 썩지 않은 채 남아 있었던 것으로 보인다.

쌍북리는 부여읍 북동쪽에 자리하며, 서북쪽에 부소산성이 있고 남으로는 금성산이 있다. 백제 사비 시대에는 도성에서 공주나 논산 지역으로 나아가는 길목으로 행정·군사상의 요충이었다. 이 지역은 1998년 이래 상당수 목간이 발견된 곳이기도 하다.

오석 목간의 크기는 길이 9.9cm, 너비 1.7cm, 두께 0.8cm이다. 내용이 몇 글자 안 되는 이 목간의 판독문은 다음과 같다.

| 오석 목간(부여 쌍북리 173-8번지 194호 목간) |

판독문

五石□十斤

| 그림 16-1 | **오석 목간의 실물과 적외선 사진**

이 목간은 백제인의 도교적 불로장생 선약을 만들기 위해 그 재료가 되는 오석을 운송했던 물
품 꼬리표로 볼 수 있다.

이 글귀는 '오석 □십근'으로 풀이되는데, 오석 다음에 나오는
모르는 글자 때문에 해석이 분분했다. 그러나 뒤의 '근斤'이라는
무게 단위 때문에 물품과 관련된 내용이라는 사실이 분명해졌다.
여기서 오석은 발견 당시부터 도교에서 선약으로 취급하는 오석
산五石散으로 해석되었다. 이 때문에 이 목간을 도교와 관련된 자

료로 본 것이다. 이 목간의 첫 글자를 '오五'가 아닌 '옥玉'자로 보기도 하지만, 서예학적으로 볼 때 여러 서체 중 '팔분八分체'로 여겨져 '오'자로 보는 것이 타당하다고 한다. 이 목간은 머리 부분에 홈이 패여 있는 전형적인 물품 꼬리표 목간이다. 그렇다면 이 목간은 도교의 불로장생 선약을 만들기 위해 그 재료가 되는 '오석'을 운송했던 물품 꼬리표로 볼 수 있다. 이에 대해 다음 본론에서 좀 더 자세히 알아보자

삼귀 목간

능산리 삼귀 목간은 2001년 부여 능산리사지 7차 발굴조사에서 발견되었다. 목간에 있는 글자 가운데 첫 단어가 '삼귀三貴'로 읽히기 때문에 '삼귀 목간'으로 불린다. 능산리사지는 백제 사비시대의 불교 유적으로 도성의 외곽성인 동쪽 나성의 문터와 능산리고분군 사이 너른 골짜기에 자리하고 있다. 유명한 창왕명 사리감과 백제대향로가 출토된 곳이기도 하다. 바로 이곳에서 글자가 쓰인 목간들이 다수 발견되어 연구자들의 이목을 모았다.

그 가운데 상단 일부가 사선으로 잘려 나간 듯 보이는 특이한 형태의 목간이 주목을 받았다. 앞면에 실용적 용도의 명단이 적힌 것으로 보이는 이 목간은 잘려 나간 듯 보이지만, 사선 부분에도 뒷면과 앞면에 테두리 선이 지나고 있어 원래의 형태를 간직하고 있는 것으로 보인다. 앞면에는 5개의 횡선을 긋고 4개의 칸에 각각 글자를 썼다. 상하좌우 일정한 간격을 두고 인명과 관련 글자

들을 적는 방법이 일본의 7세기 대 목간과 비슷하다고 한다. 현재 남아 있는 목간의 크기는 길이 15.3cm, 너비 1.8cm, 두께 0.2cm 이다. 목간에 있는 글의 판독문은 다음과 같다.

│ 삼귀 목간(부여 능산리사지 299호 목간) │

판독문

앞면	三貴	至丈	今母	□久
	五辛	至久	女貴	□文
	□丁	□貴		

| 뒷면 | 水水水 | 水水水 | 水水水 | 水水水 |

위 판독문의 앞면에 보이는 '삼귀三貴'·'□귀□貴'·'여귀女貴'라는 말은『일본서기』에서 백제 사람의 이름에 빈번히 보이는 '귀貴'자가 쓰였다는 점에서 주목을 받았다. 이외에 '문文'자도『삼국사기』등에서 인명용 용어로 등장하고 있다. 이 점을 고려하면 이 목간의 앞면에 있는 용어들은 전체적으로 인명의 나열로 볼 수 있다. 이에 근거하여 이 목간이 능산리 절에서 지낸 제사 의례에 사용된 위패라는 견해가 제시되었다. 나아가 율령제(형벌·행정에 관한 법규와 제도)와 관련하여 사람들을 파악하고 관리하기 위해 작성된 것이라는 견해도 나왔다.

그런데 목간 뒷면에 쓰인 연속된 글자는 앞면과는 다른 무언가

앞면   뒷면

| 그림 16-2 | **삼귀 목간의 실물과 적외선 사진**

목간에 있는 글자 가운데 첫 단어가 '삼귀'로 읽히기 때문에 '삼귀 목간'으로 불린다. 뒷면의 연속된 글자를 통하여 도교의 주술적 흔적을 엿볼 수 있다.

특수한 용도의 흔적으로 보인다. 같은 글자가 연속된 모습에서 백제인의 도교적 주술 행위를 읽어 낼 수 있기 때문이다. 그렇다면 앞면의 내용도 위패나 인력 관리용이라기보다는 점복 또는 주술과 관련된 사항으로 볼 수 있다.

그러나 이 목간의 앞면과 뒷면의 내용이 같은 시기의 것이 아닐 수도 있어 섣불리 판단할 수는 없다. 즉, 앞선 시기의 목간을 뒤의 한 면을 깎아 내고 재활용한 것으로 볼 수도 있기 때문이다. 그렇다면 이 목간의 앞면과 뒷면은 서로 상관없게 된다. 그럴 경우 뒷면의 글자로 보이는 것들은 글씨를 연습하기 위해 사용한 서사용 흔적일 수도 있다. 하지만 뒷면에 있는 흔적들은 단순한 글자 연습 흔적이 아닌 무언가 의미를 지닌 상징성을 갖는 것으로 보인다. 그 의미에 대해서 다음 서술을 통하여 좀 더 알아보고자 한다.

백제 사람들에게 도교는 어떤 의미였을까

도교는 유교·불교와 더불어 백제인의 정신세계에 깊은 영향을 미쳤다. 이러한 도교 사상의 자취를 여러 문헌 자료에서 볼 수 있지만, 최근의 고고학 물질 자료들은 백제 도교의 모습을 좀 더 구체적으로 보여 주고 있다.

이쯤에서 도교의 정체가 과연 무엇인가 하는 점을 짚어 보아야 할 듯하다. 종교의 한 갈래로 이해하고 있지만 막상 정확한 내용을 정의하기 어려운 개념 중 하나가 도교이다. 여기에는 비슷하면서도 다른, 도가라는 사상이 도교와 개념상 구분하기 어렵다는 이유도 있다.

도가는 중국 선진先秦 시대 제자백가의 하나로, 노자老子와 장자莊子의 허무虛無·염담恬淡(욕심이 없고 마음이 깨끗함)·무위無爲의 설을 받드는 학파이다. 만물의 근원으로서의 자연을 숭배한 이 사상은 유가와 더불어 중국 사상의 양대 학파를 이루었다. 이에 비해 도교는 무위자연설을 근간으로 하는 중국의 다신적 종교이다. 노자를 신격화한 태상노군太上老君과 황제를 숭배하며, 노장 철학을 받아들이고 여기에 음양오행설과 신선 사상을 더하여 불로장생을 추구하였다. 후한 말기 장도릉張道陵에 의하여 종교적 틀이 갖추어져 중국의 민간 습속에 큰 영향을 미쳤다. 이렇듯 도가와 도교는 모두 중국에서 생겨난 사상과 종교로, 우리나라 삼국 시대에 도입되어 고려 시대에는 국가적 차원에서 도교를 보호하는 단계에까지 이르렀다.

삼국 가운데에서는 백제가 도가를 가장 먼저 도입하였다. 『삼국사기』에 따르면 늦어도 근초고왕 24년(369)에 도가서가 백제에 유입되었다. 당시 태자 근구수近仇首가 이끄는 백제군이 치양雉壤에서 고구려군을 크게 이기고 더 추격하려고 하자, 백제 장수 막고해莫古解가 태자 근구수에게 "만족할 줄 알면 욕되지 않고, 그칠 줄 알면 위태롭지 않다"는 『노자』의 내용을 인용하며 회군하기를 요청한 일이 있다. 이는 『노자』가 적어도 369년 이전에 백제에 유입되었음을 보여 주는 분명한 자료이다.

종교로서의 도교가 백제에 언제 전래되었는지는 알 수 없다. 백제 도교에 관한 가장 확실한 기록은 "승려 및 사찰과 탑은 많지만 도사는 없다"는 중국 역사책인 『주서周書』의 내용이다. 이를 근거로 백제에 도교 사상이 유행하지 않았다고 보던 때도 있었다. 백제에 『노자』 같은 도가 책이 4세기 후반 이전에 유입되어 널리 읽혔으나, 종교로서의 도교는 유입되지 않았거나 그 세력이 매우 미약했던 것으로 본 것이다.

그런데 최근 연구 성과에 따르면, 국가적 차원의 교단 조직은 없었지만 수련 도사와 재가 신자 등 도교적 종교 집단은 있었을 것으로 본다. 또한 도교 사원의 기능을 불교 사원이 수행하기도 하여 백제 도교의 형성에 불교가 큰 영향을 미쳤다고 한다. 그 밖에 백제의 토착신앙이나 주술·의술 등의 다양한 요소가 녹아들어 백제에서 도교가 종교로서 자리 잡았다고 한다.

백제에서 도교의 유행 상황은 물질 자료에서도 볼 수 있다. 즉, 백제와 왜의 외교 관계를 보여 주는 칠지도, 신선 사상이 반영된 연못, 금동대향로에 나타난 도교 사상, 산수풍경 무늬 벽돌의 표상, 능산리고분 사신도, 무령왕릉 동경이나 지석誌石 등 여러 자료에서 도교적 요소가 보인다는 것은 이제 통념이 되었다.

이 중에서도 무령왕릉 지석에서 도교의 주술적 요소가 보인다는 점은 흥미롭다. 백제 제25대 왕인 무령왕과 그 왕비의 무덤에서 출토된 이 지석은 중국 남조 시대의 유려하고 우아한 예서체의 필치를 보여 주며, 내용 면에서는 남조 매지권(무덤의 매매 계약서)에서 많이 나타나는 도교적 요소를 강하게 지니고 있다. 특히 지석 명문의 '율령을 따르지 않음[不從律令]'이라는 표현이 눈길을 끈다. 물론 이 문구에 대해서는 아직 정확한 의미를 알지 못하고 있으며, 이에 따라 여러 가지 견해가 제기되고 있는 형편이다. 여기서의 율령을 지하세계의 율령으로 보는 견해와 현세의 율령으로 보는 견해가 있는가 하면, 도교 신앙의 영향으로 보아야 한다는 의견도 있다. 그런데 근래 소개된 중국 남조 시대의 매지권 자료들에서 '여율령如律令'이나 '급급여율령急急如律令' 같은 용례가 발견되었는데, 이 구절들은 상투적인 도교 용례로 밝혀져 무령왕릉 지석의 성격을 이해하는 데 도움을 주고 있다.

더욱이 지석 2면의 간지가 새겨진 방위표는 이 지석의 주술적 성격을 분명하게 알려 주고 있다. 이 표는 10간干과 12지支가 음각되어 있어서 '간지도干支圖'라고 불리기도 하는데, 간지가 배열된 위치를 보면 술수에서 점을 치는 식반式盤의 그것과 거의 같다. 따라서 이 표를 통해서도 지석에 나타난 도교적 식점式占이나 복서卜筮(길하고 흉함을 점침) 사상을 살필 수 있다.

이러한 내용들은 실로 백제에서 도교가 사상 차원을 넘는 종교로서 자리 잡았음을 보여 준다. 비록 종교의 성립 조건 중 중요한 요소인 교단 조직이 없다는 점에서 종교라는 표현이 다소 조심스럽기는 하지만, 그렇다고 백제 도교의 존재 자체를 부정할 정도는 아니다. 어쩌면 이것이 백제 도교의 특수성일지도 모른다.

백제 사람들은 어떤 선약을 복용했을까

도교의 궁극적인 목적은 신선이 되는 것이다. 이를 위해 양생술養生術과 방술方術이 발전하였다. 양생술은 음식물이나 약물의 복용 또는 방중술 등을 통해 불로장생을 꾀하는 것이고, 방술은 주문이나 부적 또는 신에게 제사하는 의식 등을 통하여 귀신을 부리는 것이다. 이러한 특성으로 양생술은 도교 의학으로 발전하였고, 방술은 독특한 도교적 귀신 세계관을 형성하기에 이르렀다.

이렇게 볼 때 불로장생을 하여 신선이 되기 위한 양생술 가운데 중요한 한 가지가 약물 복용이다. 부여 쌍북리에서 발견된 '오석'이라는 글자가 쓰여 있는 목간은 백제인의 이 같은 약물 복용 흔적을 보여 준다. 오석을 도교에서 선약으로 취급하는 오석산과 관련지을 수 있기 때문이다. 선약은 신선이 만들거나 신선이 되기 위하여 복용하는 신통한 약이다.

중국 동진東晉 시대 갈홍葛洪의 『포박자抱朴子』에서는 웅황雄黃·단사丹砂·자황雌黃·반석礬石·증청曾青 등 다섯 광석을 오석이라 일컫는데, 이들을 주요 성분으로 배합하여 만든 약이 다름 아닌 오석산이다. 그런가 하면 수나라 소원방巢元方의 『제병원후론諸病源候論』에는 자석영紫石英·백석영白石英·적석지赤石脂·종유석鍾乳石·유황

硫礦 등의 다섯 광석을 들고 있다.

오석산을 복용한 뒤에는 찬 음식을 먹어야 한다고 하여 '한식산寒食散'으로 부르기도 한다. 이 약을 복용하면 몸에서 열이 나기 때문에 이를 발산하기 위해 산보나 산책을 했다고 한다. 또 몸에 꽉 끼는 옷이나 조이는 신발을 신을 수 없었다고 한다. 이 약방문藥方文은 중국 한나라 시대에 시작되었다고 하는데, 만병통치약이자 불로장생약으로 알려져 위진남북조 시대에는 한때 명사들이 이 약을 애용하다가 불구가 되거나 죽기도 하였다.

이러한 풍조가 백제에도 전해져 백제 귀족 사회에서도 이 약을 복용하는 풍습이 유행하였다고 한다. 선약 복용의 흔적은 백제 귀족 사회가 불로장생을 추구하는 중국 남조의 영향을 강하게 받았음을 알려 준다.

오석산이 선약으로서 이용되었다면 1999~2000년 풍납토성 경당 지구 발굴 당시 제사 유구에서 출토된 운모雲母도 주목할 필요가 있다. 『포박자』에서 불로장생을 할 수 있는 선약으로 언급되었기 때문이다. 조선 세종 때 편찬된 의약서인 『향약집성방鄕藥集成方』에도 "오랫동안 먹으면 몸이 가벼워지고 몸에 윤기가 돌며 늙지 않고 오래 살 수 있다"는 기록이 있는 것으로 보아, 운모는 예로부터 널리 이용되었던 약재로 여겨진다. 한편 백제 왕흥사지에서도 운모로 만든 물건이 발견되었다. 운모로 아주 얇게 만든 연꽃 모양 장식인데, 이것이 약재로 쓰인 것은 아니지만 당시 운모의 실물 자료로서 의미가 있다고 할 것이다.

결국 오석산이나 운모 등은 선약의 재료로 볼 수 있는데, 이것을 가지고 선약을 제조했던 백제 의약의 발달은 도교의 발달을 시사하는 것이라고 하겠다.

주술 흔적이 엿보이는 목간들

종교적 맥락에서 그동안의 백제 물질 자료를 다시 보면 도교적 요소를 제법 발견할 수 있다. 그중 도교에서 중시하는 종교적 행위의 하나인 주술 흔적을 엿볼 수 있는 자료도 발견되어 눈길을 끌었다. 앞에서 소개한 삼귀 목간의 경우, 뒷면에서 도교와 관련된 주술 흔적을 볼 수 있다.

삼귀 목간 뒷면에는 같은 글자가 연속해서 쓰여 있다. 이 글자를 '을乙'자로 판독하고 글자를 익히는 과정에서 남겨진 서사 흔적으로 보기도 하지만, 글자의 반복적인 표기 방식에 주목하여 주술적 의미가 있는 것으로 간주하기도 한다. 즉, 이 글자를 '을'이 아니라 '수水'의 이체자로 보고 재앙을 쫓고 복을 구하는 물과 관련된 의식에 사용된 것으로 보는 견해가 제기되어 주술적 성격이 더 강조된 것이다. 이 목간 뒷면의 흔적은 실제로 옛 글자를 설명해 놓은 책인 자서字書나 무덤에 사용했던 묘지명 등에 나오는 '수水'의 이체자와 같은 모양으로 보인다.

이러한 점으로 미루어 볼 때 삼귀 목간의 뒷면에 있는 연속된

수나라 〈장경략묘지張景略墓誌〉의 '수水'자

 『금석문자변이金石文字辨異』의 수나라 〈장경략묘지張景略墓誌〉
인용 자료

 『중정직음편重訂直音篇』의 「오음편五音篇」(금나라 한효언韓孝彦
편집) 인용 자료

문양은 물과 관련된 백제인의 주술적 도교 신앙을 엿볼 수 있는
자료로 볼 수 있다. 도교에서 주술적 방술은 신선이 되기 위한 구
체적 방법 중 하나이다.

한편 특이한 모양으로 주목받은 남근형 목간에서도 도교적 흔
적을 엿볼 수 있다. 능산리에서 출토된 남근형 목간은 2000년 부
여 능산리사지에 대한 6차 발굴조사 과정에서 발견되었다. 이 목
간의 형태가 남성의 성기를 닮아서 보통 '남근형 목간'으로 불린
다. 외형적 특징 때문에 이 목간은 발견 당시 주술성을 가진 것으
로 주목을 받았다. 자연목에다 약간의 표면 가공을 하여 한쪽 부분
을 둥글게 깎고 턱을 만들어 남성의 성기 모양으로 만든 것이다.

이 목간이 세간의 관심을 받은 것은 남근 모양이라는 점과 주술
적 성격이 보이는 글자가 쓰여 있기 때문이다. 이를 통해서도 우리
는 백제인의 도교적 의례 행위의 한 면을 엿볼 수 있다. 즉, 제사와

| 표 16-1 | 백제 목간의 도교적 요소

목간	해당 문구	내용
오석 목간	'오석(五石)'	도교적 선약 복용
삼귀 목간	뒷면의 연속된 '수(水)'	주술적 요소
남근형 목간	'무봉의(无奉義)', '무봉(无奉)' 거꾸로 쓴 '천(天)'	도교적 제사 의식과 주술 행위

관련하여 도교식 의식으로서의 주술 행위가 연상되는 것이다. 이 목간에서의 주술적 성격은 '무봉의无奉義'와 '무봉无奉'이라고 새겨진 문구에서 찾을 수 있다. '무无'자는 '아니다'라는 부정을 나타내기도 하지만 문장의 첫머리에서 의미 없이 쓰는 발어사이기도 하다. 그러나 단순한 발어사라기보다는 제사나 주술 의식용 용어로 보아야 할 듯하다. '무봉'을 '~을 받든다'라는 의미로 이해할 수 있기 때문이다. 또 이 목간에는 거꾸로 새겨진 '천天'자가 있는데 이것도 예사로 넘길 일은 아니다. 이는 민속에서 복을 기원할 때 흔히 글자의 상하 또는 좌우를 바꾸어 써서 사용한다는 점을 상기하면 이해되는 일이다. 어쨌든 '봉奉'자나 거꾸로 새겨진 '천天'자 등은 이 목간이 어떤 일정한 의식과 관련이 있음을 보여 준다.

목간에 그려진 백제의 음양오행

음양오행도 도교에서 다루는 중요한 사상이다. 이에 관한 기록은『삼국사기』의 백제 자료에서 상당수 찾아볼 수 있다. 고이왕 대 황룡의 출현이나 오행에 입각한 왕의 복식에 대한 기록이라든지, 근초고왕 대 열병 행사에서 기旗의 빛깔을 황색으로 하였다는 기록이 그것이다. 나아가『주서』와『수서』등 문헌에서 백제는 왕실 차원에서 5제帝에 대한 제사를 지냈다고 기록되어 있는데, 이는 백제 오행 사상의 적극적 행위임에 틀림없다. 5제는 하늘의 사방과 중앙을 주재하는 신적 존재로 동방의 창제蒼帝, 서방의 백제白帝, 남방의 적제赤帝, 북방의 흑제黑帝, 중앙의 황제黃帝를 말하며, 중국의 5제 신앙을 수용한 것이다. 이 사상은 유교적 색채가 농후하지만 도교에서도 양보할 수 없는 신앙의 대상으로 자리하고 있다.『주서』에서는 아예 백제인들이 "음양오행을 이해하고 있다"고 노골적으로 기록하였다. 백제 음양오행에 관한 이러한 사실을 뒷받침해 줄 만한 자료가 목간에서도 나타났다.

2008년 나주 복암리 고분군 근처의 제철 유적에서 태극문과 동심원문 흔적이 있는 목제 유물이 발견된 것이다. 백제 사비 시대(538~660)의 것으로 여겨지는 이 유물은 모두 3점인데, 그중 하나에는 태극문과 동심원문이 남아 있고, 다른 하나에서도 동심원문이 확인되었다.

문양이 먹으로 그려져 있는 이 유물들은 종교나 의례 관련 기물로 추정된다. 태극문은 음양오행과 관련된 것으로 유교나 도교에서 중시하는 기본 사상 체계의 하나이다. 그런데 태극문이 그려진 유물의 모양이 특이하게도 칼을 닮았다. 칼 중에서도 언월도

偃月刀를 닮은 이 유물은 유교보다는 도교와 더 관련 있을 것으로 생각된다. 즉, 도교적 주술 행위 또는 도관道觀에서의 무술 행위를 연상시킨다. 칼은 거울과 함께 도교에서 중시하는 기물이다. 앞서 언급한 『포박자』에서도 칼이 거울과 함께 벽사辟邪(사악한 귀신을 물리침)와 주술의 기능을 갖는 것으로 이야기하고 있다.

무속에서 언월도는 무당이 사용하는 칼 중에서 가장 큰 칼로 '월도月刀'라고도 한다. '언월'은 초승달이라는 뜻이며, 칼의 형태를 나타낸다. 언월도는 무당이 신의 성격을 드러내기 위해 사용하는 도구이자, 신의 영험함과 신의 감응을 굿판에 모인 사람들에게 보이기 위한 도구이다. 무속 행위와 도교 의례 행위가 똑같을 수는 없겠지만 주술적 행위라는 측면에서는 궤를 같이한다고 볼 수 있다.

백제 지역에서 이 목제 유물 외에 음양을 상징하는 태극 문양의 속성을 갖는 유물이 몇 개 더 있다. 공주 공산성이나 부여 부소산성의 바람개비 또는 소용돌이형 문양의 와당들인데, 그 문양 형태가 복암리 목제 유물의 태극 문양과 기본적 속성이 같다.

그런데 이런 문양들을 백제의 태극 문양으로 볼 수 있다면 시기가 더 올라가는 것도 있다. 1995년에 발견된 전남 광주 신창동 유적의 방패형 바람개비 문양 칠기 유물이 그것이다. 기원전 1세기 무렵의 이 유물에 나타나는 바람개비형 문양을 태극문의 원형으로 볼 수 있기 때문이다.

나아가 복암리 3호분에서 발견된, 붉은색 칠로 쓴 '만卍'자가

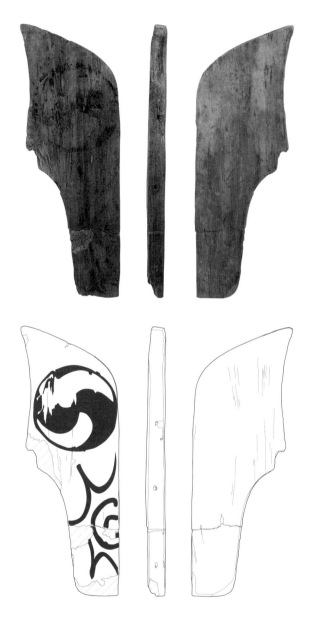

| 그림 16-3 | **나주 복암리 출토 태극문 목간의 실물 사진과 모사도**
태극문이 그려진 유물의 모양이 칼, 그중에서도 언월도를 닮았다.

있는 질그릇도 새로운 각도에서 조명할 필요가 있다. '만'자의 원형적 의미에 대해 발상의 전환이 있어야 한다는 말이다. 이 복암리 3호분은 석실묘·옹관묘·석곽묘 등 41기의 묘가 마치 시대순에 따라 차곡차곡 쌓여 있는 모양새를 하고 있어 '세계 최초의 아파트형 고분', '벌집형 고분'이라는 별명이 붙을 정도로 특이한 구조를 갖고 있다. 그런데 1996년부터 1999년까지 진행된 이 고분의 발굴조사 과정에서 '만'자가 쓰인 질그릇이 발견된 것이다. 이 그릇은 뚜껑과 몸체로 이루어져 있는데, 모두 붉은 주칠로 '만'자가 쓰여 있다. 그릇의 크기는 뚜껑의 높이가 2.4cm이고, 아가리 지름은 14cm이다. 몸체는 높이가 2.2cm이고, 아가리 지름은 12.2cm이다. 발굴보고서에 따르면 이 그릇이 출토된 복암리 3호분 제8호 석곽옹관묘의 연대는 6세기 후반에서 7세기 초로 추정된다.

일반적으로 '만'자 부호는 불교에서만 사용하는 것으로 알려져 있지만, 이는 사실이 아니다. 세계 각지의 고대 유적에서 '만'자의 흔적을 찾아볼 수 있기 때문이다. 고대 크레타, 그리스, 로마, 초기 기독교, 비잔틴 문화, 이집트, 메소포타미아, 고대 인도 및 중국 등지에서 모두 '만'자가 광범하게 나타난다. 심지어 현대에 와서 독일의 나치 정권도 그들의 상징으로 차용한 바 있다.

인류학에서는 '만'자를 '십자문+字紋' 또는 '태양문太陽紋'이라고 부르는데, 초기 인류가 태양에 대해 지니고 있던 신앙과 관련이 있다고 본다. 보편적 문화 현상의 관점에서 '만'자를 이해하는 것이다. 이러한 맥락에서 백제 지역에서 나타나는 '만'자 문양-바람

| 그림 16-4 | 광주 신창동 유적에서 발견된 바람개비 문양 칠기

바람개비형 문양은 태극문의 원형으로 볼 수 있다.

| 그림 16-5 | 나주 복암리 3호분 만자명 뚜껑 접시

'만'자의 기원은 보통 태양에 대한 신앙에서 찾는다. 사진의 왼쪽이 뚜껑, 오른쪽이 접시의 몸체이다.

개비 문양-태극 문양은 모종의 토착적 음양 사상의 전승 모습을 알려 주는 것이 아닐까?

백제 지역 외의 삼국 시대 것으로서 태극 문양은 628년(신라 진평왕 50) 건립된 경주 감은사感恩寺 금당 터 기단부 석각石刻에 새겨진 것이 있다. 또한 경주의 신라 미추왕릉에서 출토된 보검에 새겨져 있는 3태극三太極도 이 시기의 것이다. 이렇게 본다면 삼한 시대 고유의 바람개비 문양이 삼국 시대로 오면서 태극 문양으로 정형화된 것이라 할 수도 있다.

그렇다면 우리 고유의 음양 사상과 외래적인 도교 문화의 관계가 어떻게 전개되었는가에 대한 새로운 조명이 필요한 시점이라 하겠다.

도교 목간에는 어떤 의미가 담겨 있나

얼마 전까지만 하더라도 백제의 도교에 관해서는 자료 부족으로 매우 제한적인 그림만 그릴 수 있었다. 그렇다 보니 무언가 의례적이고 형식적인 면이 강하여 마치 진열장의 마네킹을 보는 것 같았다. 그런데 최근 심심찮게 출현하는 목간은 기존의 틀에 박힌 백제의 도교 인식에 변화를 주어 생동감을 불러일으키고 있다. 백제인의 역동적인 생활 모습이 도교적 목간을 통하여 드러나고 있는 것이다. 불로장생을 위한 선약 복용 풍습을 보여 주는 오석 목간, 재앙을 쫓고 복을 구하는 주술적 도교의 모습을 보여 주는 삼귀 목간과 남근형 목간 등이 그것이다. 그리고 음양 사상을 보여 주는 태극문 목제 유물은 발견된 지역과 관련하여 또 다른 시사점을 우리에게 던져 준다. 그동안 잘 알 수 없었던 영산강 중류 세력 집단의 종교 및 신앙의 또 다른 면을 보여 주는 것이다. 이 일대 거점 및 중심 도시로서 나주 지역이 차지하는 위상을 나타내는 상징적 표상인 셈이다.

이렇듯 새롭게 발견된 목간 자료들은 박제화된 미라mirra가 아닌 생생하게 살아 숨쉬는 백제인의 도교적 모습을 우리에게 보여 주고 있다.

박찬규   전 단국대학교 동양학연구원 전임연구원

참고문헌

1부   백제사 복원의 단서, 목간

1 목간이란 무엇인가

국립문화재연구소, 2010, 『목재문화재 보존』.

국립부여박물관, 2002, 『백제의 문자』.

국립부여박물관·국립가야문화재연구소, 2009, 『나무 속 암호 목간』.

국립중앙박물관, 2011, 『문자, 그 이후』, 국립중앙박물관 한국고대문자전.

국립창원문화재연구소, 2006, 『한국의 고대목간』.

손환일, 2011, 「한국고대의 문자생활」, 『문자, 그 이후』, 국립중앙박물관 한국고대문자전.

와타나베 아키히로, 2009, 「일본에서의 목간 연구의 현재」, 『나무 속 암호 목간』, 국립부여
　　박물관·국립가야문화재연구소.

윤선태, 2007, 「한국고대목간의 형태와 종류」, 『역사와 현실』 65, 한국역사연구회.

이승률, 2009, 「중국의 목간」, 『나무 속 암호 목간』, 국립부여박물관·국립가야문화재연구소.

2 백제 목간에는 어떤 것들이 있나

국립가야문화재연구소, 2011, 『한국 목간자전』.

국립부여박물관, 2008, 『백제목간』.

국립부여박물관·국립가야문화재연구소, 2009, 『나무 속 암호 목간』.

국립창원문화재연구소, 2006, 『한국의 고대목간』.

권인한·김경호·윤선태 공동편집, 2015, 『한국고대 문자자료연구 — 백제(상) 지역별』, 주
　　류성.

윤선태, 2007, 『목간이 들려주는 백제 이야기』, 주류성.

2부   백제의 정치와 경제

3 중앙행정기구를 움직이다 — 외경부 목간

권인한·김경호·윤선태 공동편집, 2015, 『한국고대 문사자료연구 — 백세(상) 지역별』, 주
　　류성.

박태우, 2009, 「목간자료를 통해 본 사비도성의 공간구조 — "외경부"명목간을 중심으로」, 『백제학보』 창간호, 백제학회.

심상육·이미현·이효중, 2011, 「부여 '중앙성결교회유적' 및 '뒷개유적' 출토 목간 보고」, 『목간과 문자』 7, 한국목간학회.

윤선태, 2007, 「백제의 문서행정과 목간」, 『한국고대사연구』 47, 한국고대사학회.

윤선태, 2007, 『목간이 들려주는 백제 이야기』, 주류성.

이문기, 2005, 「사비시대 백제 전내부체제의 운영과 변화」, 『백제연구』 42, 충남대학교백제연구소.

이병호, 2008, 「부여 능산리 출토 목간의 성격」, 『목간과 문자』 창간호, 한국목간학회.

이용현, 2013, 「나주 복암리 목간 연구 현황과 전망」, 『목간과 문자』 10, 한국목간학회.

정동준, 2013, 『동아시아 속의 백제 정치제도』, 일지사.

4 백제의 마지막 수도 사비도성을 엿보다 — 서부 후항 목간

남호현, 2009, 「부여 관북리 백제유적의 성격과 시간적 위치 — 2008년 조사구역을 중심으로」, 『백제연구』 51, 충남대학교백제연구소.

박순발, 2000, 「사비도성의 구조」, 『사비도성과 백제의 성곽』, 서경문화사.

박순발, 2000, 「사비도성의 구조에 대하여」, 『백제연구』 31, 충남대학교백제연구소.

박태우, 2010, 「목간 자료를 통해 본 사비도성의 공간구조」, 『백제학보』 창간호, 백제학회.

세오 다쓰히코 지음, 최재영 옮김, 2006, 『장안은 어떻게 세계의 수도가 되었나』, 황금가지.

이병호, 2003, 「백제 사비도성의 구조와 운영」, 『한국의 도성』, 서울학연구소.

이주헌 외, 2017, 『사비도성 GIS 연구』, 국립부여문화재연구소.

장미애, 2017, 「목간을 통해 본 사비도성의 구조와 기능」, 『사림』 61.

허진아, 2010, 「성토대지 조성을 통해 본 사비도성의 공간구조 변화와 운용」, 『호서고고학』 22.

龜田博, 2000, 『日韓古代宮都の硏究』, 學生社.

5 지방의 행정과 관리들 — 나주 복암리 목간

국립나주문화재연구소, 2010, 『나주 복암리유적』, I-1~3차 발굴조사보고서.

김근영, 2016, 「나주 복암리 출토 목간으로 본 사비시대 두힐」, 『백제학보』 18, 백제학회.

김성범, 2009, 「나주 복암리 유적 출토 백제목간과 기타 문자 관련 유물」, 『목간과 문자』 3, 한국목간학회.

김영심, 2015, 「백제의 지방통치기구와 지배의 양상 — 〈진법자묘지명〉과 나주 복암리 목간을 통한 접근」, 『한국고대사탐구』 19.

김창석, 2011, 「나주 복암리 출토 목간 연구의 쟁점과 과제」, 『백제문화』 45.

노중국, 1988, 『백제정치사연구』, 일조각.

박중환, 2007, 「백제 금석문 연구」, 전남대 박사학위논문.

박현숙, 2007, 「방-군-성 체제로의 정비」, 『백제의 정치제도와 군사』(백제문화사대계연구
 총서 8), 충청남도역사문화연구원.

윤선태, 2013, 「신출자료로 본 백제의 방과 군」, 『한국사연구』 163, 한국사연구회.

6 인구를 조사하고 세금을 걷다 ― 호적 목간

국립부여박물관·국립가야문화재연구소, 2009, 『나무 속 암호 목간』.

국립창원문화재연구소, 2004, 『한국의 고대목간』.

권인한·김경호·윤선태 공동편집, 2015, 『한국고대 문자자료연구 ― 백제(상) 지역별』, 주
 류성.

김성범, 2010, 「나주 복암리 출토 목간의 판독과 의미」, 『6~7 영산강 유역과 백제』, 국립나
 주문화재연구소.

김영심, 2005, 「백제 5방제하의 수취취체」, 『역사학보』 185.

김창석, 2011, 「7세기 초 영산강 유역의 호구와 농작 ― 나주 복암리 목간의 분석」, 『백제학
 보』 6, 백제학회.

노중국, 2010, 『백제사회사상사』, 지식산업사.

박민경, 2009, 「백제 궁남지 목간에 대한 재검토」, 『목간과 문자』 4, 한국목간학회.

박현숙, 1996, 「궁남지 출토 백제 목간과 왕도 5부제」, 『한국사연구』 92.

손환일 편, 2011, 『목간자전』, 국립가야문화재연구소.

양기석, 1987, 「백제의 세제」, 『백제연구』 18, 충남대학교백제연구소.

양기석, 2005, 『백제의 경제생활』, 주류성.

윤선태, 2004, 「한국고대목간의 출토현황과 전망」, 『한국의 고대목간』, 국립창원문화재연
 구소.

윤선태, 2007, 『목간이 들려주는 백제 이야기』, 주류성.

윤선태, 2012, 「나주 복암리 출토 백제 목간의 판독과 용도분석 ― 7세기 초 백제의 지방지
 배와 관련하여」, 『백제연구』 56, 충남대학교백제연구소.

윤선태, 2013, 「백제 목간의 연구현황과 전망」, 『백제문화』 49.

이경섭, 2010, 「궁남지 출토 목간과 백제사」, 『한국고대사연구』 57, 한국고대사학회.

이용현, 1999, 「부여 궁남지 출토 목간의 연대와 성격」, 『궁남지 발굴조사보고서』, 국립부여
 문화재연구소.

이용현, 2013, 「나주 복암리 목간 연구 현황과 전망」, 『목간과 문자』 10, 한국목간학회.

전덕재, 2012, 「한국의 고대목간과 연구동향」, 『목간과 문자』 9, 한국목간학회.

주보돈, 2008, 「한국의 목간 연구의 현황과 전망」, 『목간과 문자』 창간호, 한국목간학회.

최맹식·김용민, 1995, 「부여 궁남지내부 발굴조사개보」, 『한국상고사학보 20.

홍승우, 2013, 「부여 지역 출토 백제 목간의 연구 현황과 전망」, 『목간과 문자』 10, 한국목
간학회.

홍승우, 2015, 「목간 자료로 본 백제의 적장 문서와 수취제도」, 『한국고대사 연구』 80, 한국
고대사학회.

李成市, 2010, 「한일 고대사회에서의 나주 복암리 목간의 위치」, 『6~7 영산강 유역과 백
제』, 국립나주문화재연구소.

平川南, 2010, 「일본 고대의 지방목간과 나주목간」, 『6~7 영산강 유역과 백제』, 국립나주문
화재연구소.

7 삼국 시대 농사 일지 ─ 대사촌 목간

김성범, 2009, 「나주 복암리 유적 출토 백제 목간과 기타 문자 관련 유물」, 『백제학보』 창간
호, 백제학회.

김창석, 2012, 「나주 복암리 목간을 통해 본 영산강 유역의 호구와 농작」, 『백제와 영산강』,
학연문화사.

문동석, 2010, 「2000년대 백제의 신발견 문자자료와 연구동향」, 『한국고대사연구』 57, 한국
고대사학회.

윤선태, 2007, 『목간이 들려주는 백제 이야기』, 주류성.

이용현, 2013, 「나주 복암리 목간 연구 현황과 전망」, 『목간과 문자』 10, 한국목간학회.

홍승우, 2015, 「목간 자료로 본 백제의 적장 문서와 수취제도」, 『한국고대사연구』 80, 한국
고대사학회.

3부 백제의 사회와 문화

8 약재를 채취하여 병을 고치다 ─ 지약아식미기 목간

국립부여문화재연구소, 2009, 『부여 관북리백제유적 발굴조사 3』.

국립부여박물관, 2003, 『백제의 도량형』.

국립부여박물관, 2008, 『백제목간 ─ 소장품조사자료집』.

국립창원문화재연구소, 2004, 『한국의 고대목간』.

권인한·김경호·윤선태 공동편집, 2015, 『한국고대 문자자료연구 ─ 백제(상) 지역별』, 주

류성.

김두종, 1981, 『한국의학사』, 탐구당.

노중국, 2010, 『백제사회사상사』, 지식산업사.

윤선태, 2007, 『목간이 들려주는 백제 이야기』, 주류성.

이병호, 2008, 「부여 능산리 출토 목간의 성격」, 『목간과 문자』 창간호, 한국목간학회.

이성규, 1998, 「전한 말 郡屬吏의 숙소와 여행 ─ 尹灣漢簡〈元延二年日記〉분석」, 『경북사
　　학』 21집, 경북대학교 경북사학회.

이용현, 2007, 「목간」, 『백제의 문화와 생활』(백제문화사대계연구총서 12), 충청남도역사문
　　화연구원.

장인성, 2001, 『백제의 종교와 사회』, 서경.

三木榮, 1962, 『朝鮮醫學史及疾病史』.

丸山裕美子, 1998, 『日本古代の醫療制度』, 名著刊行會.

9 나라가 먹을 것을 빌려주고 받은 기록 ─ 좌관대식기 목간

김기섭, 2003, 「백제인의 식생활 시론 ─ 재료와 조리를 중심으로」, 『백제연구』 37, 충남대
　　학교백제연구소.

노중국, 2010, 『백제사회사상사』, 지식산업사.

박태우, 2009, 「목간자료를 통해 본 사비도성의 공간구조」, 『백제학보』 창간호, 백제학회.

서길수, 2009, 「백제의 좌관대식기와 이자」, 『백제 좌관대식기의 세계』, 국립부여박물관.

손환일, 2008, 「백제 목간 『좌관대식기』의 분류체계와 서체」, 『한국사상과 문화』 43.

이용현, 2008, 「좌관대식기와 백제대식제」, 『백제목간』, 국립부여박물관.

정훈진, 2016, 「부여 쌍북리 백제유적 출토 목간의 성격 ─ 201-4번지 및 328-2번지 출토
　　목간을 중심으로」, 『목간과 문자』 16, 한국목간학회.

홍승우, 2009, 「좌관대식기 목간에 나타난 백제의 양제와 대식제」, 『목간과 문자』 4, 한국목
　　간학회.

鈴木靖民, 2009, 「七世紀の百濟と倭國の交流 ─ 佛敎 · 貸食(出擧)を中心として」, 『백제 좌
　　관대식기의 세계』, 국립부여박물관.

劉昭民 著, 박기수 · 차경애 역, 2008, 『기후의 반역』, 성균관대학교출판부.

三上喜孝, 2009, 「百濟「佐官貸食記」木簡と日本古代の出擧制」, 『백제 좌관대식기의 세계』,
　　국립부여박물관.

10 백제인의 이름 ─ 하부 대덕 소가로 목간

국립부여박물관, 2007, 『능사 ─ 부여 능산리사지 6~8차 발굴조사보고서』.

노중국, 2010, 『백제사회사상사』, 지식산업사.

도수희, 1996, 「백제의 왕명·인명에 관한 연구(II)」, 『백제논총』 제5집.

박윤선, 2018, 「백제의 중국식 이름문화 수용 과정의 고찰 — 백제왕과 왕족의 이름을 중심으로」, 『백제학보』 25, 백제학회.

이기동, 1974, 「중국 사서에 보이는 백제왕 모도에 대하여」, 『역사학보』 62.

이수건, 2003, 『한국의 성씨와 족보』, 서울대학교출판부.

이순근, 1980, 「신라시대 성씨취득과 그 의미」, 『한국사론』 6, 서울대 국사학과.

이승재, 2013, 『한자음으로 본 백제어 자음체계』, 태학사.

이홍직, 1954, 「백제인명고」, 『논문집』 1집, 서울대인문대.

近藤浩一, 2004, 「扶餘 陵山里 羅城築造 木簡의 研究」, 『백제연구』 39, 충남대학교백제연구소.

平川南, 2009, 「百濟の都出土の'連公'木簡」, 『國立歷史民俗博物館硏究報告』 第153集.

11 문자문화의 상징 — 시가 목간과 서간 목간

권인한, 2013, 「고대 한국 습서 목간의 사례와 그 의미」, 『목간과 문자』 11, 한국목간학회.

권인한·김경호·윤선태 공동편집, 2015, 『한국고대 문자자료연구 — 백제(하) 주제별』, 주류성.

김영심, 2011, 「백제문화의 도교적 요소」, 『한국고대사연구』 64, 한국고대사학회.

김영욱, 2004, 「무령왕 지석과 목간 속의 백제 시가」, 구결학회 발표문.

김영욱, 2011, 「삼국시대 이두에 대한 기초적 논의」, 『구결연구』 27.

부여군문화재보존센터, 2012, 『부여 구아리 319 부여중앙성결교회 유적발굴조사 보고서』.

심상육·김영문, 2015, 「부여 구아리 319 유적 출토 편지목간의 이해」, 『목간과 문자』 15, 한국목간학회.

윤선태, 2013, 「백제목간의 연구현황과 전망」, 『백제문화』 49.

이성배, 2011, 「백제목간의 서체에 대한 일고」, 『목간과 문자』 7, 한국목간학회.

정재영, 2003, 「백제의 문자생활」, 『구결연구』 11.

조해숙, 2006, 「백제 목간기록 "숙세결업"에 대하여」, 『관악어문연구』 31.

홍승우, 2013, 「부여지역 출토 백제목간의 연구현황과 전망」, 『목간과 문자』 10, 한국목간학회.

山本孝文, 2003, 「백제 사비기의 도연·분류·편년과 역사적 의의」, 『백제연구』 38, 충남대학교백제연구소.

三上喜孝, 2008, 「일본 고대 목간의 계보」, 『목간과 문자』 창간호, 한국목간학회.

12 곱하기와 나누기를 배운 흔적 — 구구단 목간

가와하라 히데키 지음, 안대옥 옮김, 2017, 『조선수학사』, 예문서원.

권인한·김경호·윤선태 공동편집, 2015, 『한국고대 문자자료연구 — 백제(상) 지역별 』, 주류성.

김용운·김용국, 2009, 『한국수학사』, 살림출판사.

김일권, 2007, 「백제의 역법제도와 간지역일 문제 고찰」, 『백제의 사회경제와 과학기술』(백제문화사대계연구총서 11), 충청남도역사문화연구원.

노중국, 2010, 『백제사회사상사』, 지식산업사.

손환일, 2016, 「백제구구단의 기록체계와 서체」, 『한국사학사학보』 33, 한국사학사학회.

윤선태, 2007, 『목간이 들려주는 백제 이야기』, 주류성.

윤선태, 2016, 「백제의 '구구단' 목간과 술수학」, 『목간과 문자』 17, 한국목간학회.

정훈진, 2016, 「부여 쌍북리 백제유적 출토 목간의 성격 — 201-4번지 및 328-2번지 출토 목간을 중심으로」, 『목간과 문자』 16, 한국목간학회.

미카미 요시타카, 2011, 「일본 출토 고대목간 — 근년(2008~2011) 출토 목간」, 『목간과 문자』 7, 한국목간학회.

桑田訓也 著, 오택현 譯, 2016, 「일본의 구구단·력 관련 출토 문자자료와 그 연구 동향 — 목간을 중심으로」, 『목간과 문자』 17, 한국목간학회.

4부   백제의 종교와 신앙

13 백제인의 토착신앙 — 남근형 목간

국립부여박물관, 2003, 『백제의 문자』.

윤선태, 2007, 『목간이 들려주는 백제 이야기』, 주류성.

이용현, 2007, 「목간」, 『백제의 문화와 생활』(백제문화사대계연구총서 12), 충청남도역사문화연구원.

이재환, 2013, 「한국 고대 '주술목간'의 연구 동향과 전망」, 『목간과 문자』 10, 한국목간학회.

홍승우, 2013, 「부여 지역 출토 백제 목간의 연구 현황과 전망」, 『목간과 문자』 10, 한국목간학회.

山梨県立博物館, 2005, 『やまなしの道祖神祭り』.

平川南, 2006, 「道祖神信仰の源流」, 『国立歴史民俗博物館研究報告』 133.

14 아들을 위한 절 — 자기사 목간

국립부여박물관, 2008, 『백제목간』.

권인한·김경호·윤선태 공동편집, 2015, 『한국고대 문자자료연구 — 백제(상) 지역별』, 주류성.

노중국, 2015, 「죽은 왕자를 위해 원찰을 세운 창왕의 애도가, 왕흥사지 사리기 명문」, 『금석문으로 백제를 읽다』, 학연문화사.

문명대, 2003, 『관불과 고졸미 — 삼국시대 불교조각사 연구』, 예경.

박중환, 2002, 「부여 능산리 발굴 목간 예보」, 『한국고대사연구』 28, 한국고대사학회.

윤선태, 2007, 『목간이 들려주는 백제 이야기』, 주류성.

이병호, 2008, 「부여 능산리 출토 목간의 성격」, 『목간과 문자』 창간호, 한국목간학회.

조경철, 2009, 「백제 왕실의 3년상 — 무령왕과 성왕을 중심으로」, 『동방학지』 145.

조경철, 2010, 「백제 왕흥사의 창건과정과 미륵사」, 『사총』 70.

조경철, 2020, 『나만의 한국사』, 백두문화재연구원.

조해숙, 2006, 「백제 목간기록 '숙세결업'에 대하여」, 『관악어문연구』 31.

15 절에서 절로 소금을 보내다 ― 송염 목간

고광민 외, 2006, 『조선시대 소금 생산방식』, 신서원.

국립민속박물관, 2016, 『소금의 민속지』.

국립민속박물관, 2018, 『호모 소금 사피엔스』.

김의환, 2004, 「조선 후기 충청도의 소금생산과 생산방식 — 서산 태안을 중심으로」, 『조선시대사학보』 28.

노중국, 2005, 「백제의 대중교류—척의 변화와 서산 지역을 중심으로」, 『백제문화』 34.

박순발·이홍종, 2016, 「고대 소금생산 시론」, 『중서부지역 고고학 연구』, 진인진.

유승훈, 2012, 『작지만 큰 한국사, 소금』, 푸른역사.

이도학, 1992, 『백제국의 성장과 소금 교역강의 확보』, 충남대학교백제연구소.

이치 히로키 지음, 이병호 옮김, 2014, 『아스카의 목간』, 주류성.

최연식, 2007, 「백제 찬술문헌으로서의 《대승사론현의기》」, 『한국사연구』 136.

廣山堯道·廣山謙介, 2003, 『古代日本の塩』, 雄山閣.

馬場基 著, 이동주 역, 2008, 「고대일본의 하찰」, 『목간과 문자』 2, 한국목간학회.

16 백제 도교의 표상 ― 오석 목간과 삼귀 목간

국립광주박물관, 1997, 『광주 신창동 저습지 유적 I』.

국립나주문화재연구소, 2013, 『나주 복암리 유적 출토 목간』.

국립문화재연구소, 2001, 『나주 복암리 3호분 발굴조사보고서』.

국립창원문화재연구소, 2004, 『한국의 고대목간』.

권인한 · 김경호 · 윤선태 공동편집, 2015, 『한국고대 문자자료연구 — 백제(상) 지역별』, 주류성.

김영심, 2011, 「백제문화의 도교적 요소」, 『한국고대사연구』 64, 한국고대사학회.

김영심, 2011, 「백제의 도교 성립 문제에 대한 일고찰」, 『백제연구』 53, 충남대학교백제연구소.

노중국, 2010, 『백제사회사상사』, 지식산업사.

문동석, 2014, 「백제의 도교 사상과 대왜 교류, 청동거울에 새겨진 명문」, 『금석문으로 백제를 읽다』, 학연문화사.

윤선태, 2007, 『목간이 들려주는 백제 이야기』, 주류성.

윤선태, 2013, 「백제목간의 연구현황과 전망」, 『백제문화』 49.

장인성, 2007, 「도교문화」, 『백제의 제의와 종교』(백제문화사대계연구총서 13), 충청남도역사문화연구원.

장인성, 2017, 『한국 고대 도교』, 서경문화사.

그림 목록 및 출처

그림 1-1 경주 월성 해자에서 출토된 고(觚) 형태의 목간. 국립가야문화재연구소 제공

그림 1-2 수송을 위해 물건에 붙인 꼬리표 목간. 함안박물관 소장 ⓒ신희권

그림 1-3 함안 성산산성에서 출토된 제첨축 목간. 국립가야문화재연구소 제공

그림 2-1 한반도의 목간 출토 지역. ⓒ사회평론아카데미

그림 2-2 부여에서 목간이 발견된 지역. ⓒ사회평론아카데미

그림 2-3 부여 능산리사지에서 발견된 목간 부스러기. 국립부여박물관 제공

그림 3-1 부여 쌍북리 280-5번지 유적에서 출토된 외경부 목간. 백제문화재연구원·한국목간학회 제공

그림 3-2 부여 구아리 중앙성결교회 90호 목간. 백제고도문화재단 제공

그림 3-3 봉함목간. 국립나주문화재연구소 제공·ⓒ사회평론아카데미·정동준

그림 3-4 병여기 목간과 제첨축 목간. 국립부여문화재연구소·한국목간학회 제공

그림 4-1 서부 후항 목간 출토 당시 모습. 국립부여문화재연구소 제공

그림 4-2 사비도성의 모습을 생생하게 전해 주는 서부 후항 목간. 국립부여문화재연구소 제공

그림 4-3 북위 낙양성의 평면도(왼쪽)와 신라의 방 유적(오른쪽). 국립경주문화재연구소 제공

그림 4-4 부여에서 발견된 표석들. 국립부여박물관 제공

그림 4-5 사비도성 나성 추정도. ⓒ사회평론아카데미

그림 5-1 나주 복암리 유적 3차 발굴조사 전경. 국립나주문화재연구소 제공

그림 5-2 목간이 나온 구덩이 모양의 시설(1호 수혈). 국립나주문화재연구소 제공

그림 5-3 수혈에서 출토된 나주 복암리 3호 목간의 실물과 적외선 사진. 국립나주문화재연구소 제공

그림 5-4 나주 복암리 4호 목간의 실물 사진과 모사도. 국립나주문화재연구소 제공

그림 6-1 나주 복암리 2호 목간의 실물 사진과 모사도. 국립나주문화재연구소 제공

그림 7-1 대사촌 목간의 실물과 적외선 사진. 국립나주문화재연구소 제공

그림 7-2 대사촌 목간의 모사도. 국립나주문화재연구소 제공

그림 8-1 능산리사지 발굴에서 확인된 1탑1금당식 가람 배치. 국립부여박물관 제공

그림 8-2 지약아식미기 목간의 사면 형태. 국립부여박물관 제공

그림 8-3 백제-300호 목간에 새겨진 '삼월중경三月仲椋'. 국립부여박물관 제공

그림 8-4 백제의 질병 처방서인 『백제신집방』의 치폐옹방과 치정종 부분. 박준형 제공

저자 소개

김기섭 | 9장

한성백제박물관 관장. 주요 저서로 『21세기 한국 고대사』, 『박물관이란 무엇인가?』, 『사료를 보니 백제가 보인다(국내편)』, 『백제와 근초고왕』, 『주제별로 풀어쓴 한국사 강의록』, 『고대 한일관계사의 이해-왜』(편역), 『금석문으로 백제를 읽다』(공저) 등이 있으며, 최근 백제 시대 사회생활사에 관심이 많다.

김영관 | 12장

충북대학교 사학과 교수. 주요 저서로 『백제부흥운동연구』, 『한국 고대사 연구의 시각과 방법』(공저), 『중국 출토 백제인 묘지 집성』(공저), 『문자와 고대 한국 1·2』(공저) 등이 있으며, 백제사와 중국 출토 한국 고대 유민의 묘지명에 대해 연구하고 있다.

김영심 | 11장

한성백제박물관 전시기획과장. 주요 저·역서로 『백제의 지방통치』(공저), 『고대 동아세아와 백제』(공저), 『문자와 고대 한국 1·2』(공저), 『역주 한국고대금석문』(공역) 등이 있으며, 백제의 통치 시스템, 문자문화, 고대 여성사 등에 대해 연구하고 있다.

노중국 | 8장

계명대학교 사학과 명예교수. 주요 저서로 『백제정치사』, 『백제부흥운동사』, 『백제사회사상사』, 『백제의 대외 교섭과 교류』, 『개정증보 역주 삼국사기 Ⅰ·Ⅱ·Ⅲ·Ⅳ』(공저), 『한국고대의 수전농업과 수리시설』(공저) 등이 있으며, 한국 고대사에 대해 연구하고 있다.

문동석 | 7장

서울여자대학교 사학과 교수. 주요 논저로 「백제 시호제와 시호의 함의」, 「660년 7월 백제와 신라의 황산벌 전투」, 『서울이 품은 우리 역사』 등이 있으며, 백제의 정치체제, 서울의 역사와 문화 등에 대해 연구하고 있다.

박윤선 | 10장

대진대학교 역사문화콘텐츠학과 조교수. 주요 논저로「도일(渡日) 백제유민(百濟遺民)의 정체성 변화 고찰」,「삼국시대 명문을 가진 소금동불상 분석을 통한 고대인의 불교신앙생활」,「백제인명의 이해 시론: 막고와 해를 중심으로」,『서울 2천년사 6: 삼국의 각축과 한강』(공저) 등이 있으며, 경계인(주변인)과 성씨에 대해 관심이 많다.

박중환 | 5장

국립중앙박물관 고고역사부 학예연구관. 주요 논문 및 저서로「백제 금석문 자료의 분류와 형태적 분석」,『금석문으로 백제를 읽다』(공저) 등이 있으며, 백제 금석문과 백제인들의 제의 등에 대해 연구하고 있다.

박찬규 | 16장

전 단국대학교 동양학연구원 전임연구원. 주요 저서로『광개토왕비문의 신연구』(공저), 『금석문으로 백제를 읽다』(공저),『쉽게 읽는 서울사: 고대편』(공저) 등이 있으며, 백제와 마한사를 중심으로 한국 고대사를 연구하고 있다.

박현숙 | 6장

고려대학교 역사교육과 교수. 주요 저서로『백제 이야기』,『백제의 중앙과 지방』,『금석문으로 백제를 읽다』(공저) 등이 있으며, 백제사와 한국 고대의 대외교류사 등에 대해 연구하고 있다.

신희권 | 1장

서울시립대학교 국사학과 교수. 주요 저서로『창덕궁, 왕의 마음을 훔치다』,『문화유산학개론』,『한양도성, 서울을 흐르다』,『금석문으로 백제를 읽다』(공저) 등이 있다. 백제와 한양도성 등 도성 관련 연구를 하고 있으며, 고고학과 문화유산학에 대해 강의하고 있다.

오택현 | 2장, 13장

동국대학교 역사교육과 일반연구원. 주요 저서로『한국고대 문자자료연구: 백제(상·하)』(공동역주)이 있다. 금석문 및 목간, 한국 고대 성씨 등에 대해 한국과 다른 나라를 비교하며 연구하고 있다.

윤수희 | 15장

한성백제박물관 학예연구사. 주요 논저로 「백제의 인적 교류 연구」, 「서울 백제유적의 보존
활용과 시민참여」, 『꿈마을 백제 이야기』 등이 있다. 박물관에서 백제학의 다양한 연구 성
과를 시민들이 쉽고 재미있게 교육하는 데 관심을 쏟고 있다.

장미애 | 4장

가톨릭대학교 국사학과 강사. 주요 논문으로 「백제 후기 정치 세력 연구」, 「목간을 통해 본
사비도성의 구조와 기능」, 「5세기 후반~6세기 중반 백제의 대외 정책과 백제–신라 관계의
추이」 등이 있으며, 백제 후기 정치 및 국제 관계사에 대해 연구하고 있다.

정동준 | 3장

성균관대학교 사학과 BK21+사업단 연구교수. 주요 저서로 『동아시아 속의 백제 정치제
도』, 『古代東アジアにおける法制度受容の研究』, 『문자와 고대 한국 1』(공저), 『한국고대 문
자자료연구: 백제(상·하)』(공동역주) 등이 있으며, 한국 고대의 대외관계, 정치제도, 율령
등에 대해 연구하고 있다.

조경철 | 14장

연세대학교 사학과 객원교수. 주요 저서로 『나만의 한국사』, 『백제불교사 연구』, 『한국고대
사 2』(공저), 『한국고대사 산책』(공저), 『한국사, 한 걸음 더』(공저) 등이 있으며, 시대별 국
호, 건국과 멸망, 한국과 중국의 사상 비교 등 한국 역사의 전체적인 흐름에 대하여 연구하
고 있다.

목간으로
백제를 읽다

나뭇조각에 담겨 있는
백제인의 생활상

2020년 6월 22일 초판 1쇄 인쇄
2020년 6월 29일 초판 1쇄 발행

지은이 백제학회 한성백제연구모임
펴낸이 윤철호 · 고하영
펴낸곳 (주)사회평론아카데미
책임편집 최세정
편집 임현규 · 문정민 · 정세민 · 김혜림 · 김채린
표지·본문디자인 김진운
마케팅 최민규

등록번호 2013-000247(2013년 8월 23일)
전화 02-326-1545
팩스 02-326-1626
주소 03993 서울특별시 마포구 월드컵북로6길 56

ⓒ 백제학회 한성백제연구모임

ISBN 979-11-89946-61-6 03910